U0164140

郭店楚簡儒家哲學研究

謝君直◎著

自 序

　　1993 年出土的郭店楚墓竹簡自 1998 年公布釋文以來，所累積的研究成果與數量在當代已蔚然成為一種論述。根據本書〈附錄二〉之「郭店楚墓竹簡研究資料目錄」觀之，學者的研究題材雖然不限於道家簡與儒家簡之分，並將郭店楚簡探討的廣度擴及到先秦諸子與各種思想議題，但就哲學詮釋而言，有些論題的表述仍深度不足，令人感到意猶未盡。有關這方面的問題，筆者在本書〈附錄一〉以述評郭店楚簡的研究現況的方式，指出其中關鍵在詮釋架構與方法、思想史的脈絡以及以多元研究觀念重建古典思想等三方面。這些觀點除了指出土文獻的研究意義與價值之外，以後設的角度來看，該述評還隱含筆者研究郭店楚簡的問題意識，詳細內容請讀者參閱本書附錄。

　　郭店楚簡這批文獻資料以儒家簡佔多數，也最引起學者的青睞，研究數量當然很多。尤其在當代中國哲學研究中，由於傳統學術與學者的影響，對於郭店楚簡儒家哲學的研究，更見其多方面的探討。本書第一章即顯示郭店儒簡研究成果的特色，並指出現有子思或思孟學派的探討有其侷限性。筆者以為，研究者應該回到重新梳理郭店儒簡文獻的義理，使其對郭店楚簡儒家哲學有更深入的理解與詮釋，此纔是對待先秦儒學新資料應有的研究態度。

　　〈緇衣〉是郭店儒簡中唯一可與傳世經典對照的文獻，加上在文獻流傳中〈緇衣〉與《子思子》有關，故造成研究論著多以子思或思孟學派為郭店楚簡在思想史中的參照點，並由此顯示簡

文的歷史地位。然而就〈緇衣〉義理研究而言，我們發現楚簡〈緇衣〉與《禮記‧緇衣》對斟下出現甚多異文，這除了有文獻學上的意義之外，研究者們的初步探討還指出其中明顯有文義上的差別。因此筆者在第二章的研究方法上，藉由郭店本與《禮記》本〈緇衣〉的比較來詮釋文本文字與文句的差異所蘊含的意義。另外一方面，由於意識到我們所熟悉的〈緇衣〉原是《禮記》中的一篇，故筆者除了指出學者對楚簡〈緇衣〉異文的研究癥結，更試圖以「禮」的問題意識為出發點，在以異文意涵為線索並耙梳文獻脈絡後，進一步探討〈緇衣〉的「禮」觀念及其在道德與政治、治民與刑、君子的言行等儒學方面的義理。第二章的研究結語指出，德政觀念是孔子為實踐理論而有的哲學精神，亦成為儒家學者的真理，〈緇衣〉異文即傳達此意義之脈絡。筆者認為，楚簡〈緇衣〉在儒學史中的研究價值，更因傳統經典的存在而使得新的研究材料有多元的意義。

　　早在 1973 年馬王堆帛書〈五行〉經說的出土，儒學「五行」說即引起討論，郭店楚墓又出土〈五行〉，然因其只有經文而無說解，所以引起研究者對兩文獻比較與探討。但從另一個比較角度來看，郭店儒簡其他文獻，如〈尊德義〉、〈性自命出〉、〈六德〉等皆有「人道」一詞，唯〈五行〉還舉出「天道」，而且「人道」與「天道」相互對照，並分別賦予「善」與「德」的意涵，故筆者接續曾論述過的〈五行〉天道觀，進一步探討〈五行〉的「人道」思想。筆者在第三章中，首先歸納此一出土文獻所涉及的哲學論題有天道觀（天人合德）、倫理思想、「金聲而玉振之」的詮釋、慎獨觀念、心性論與身心觀等五方面，繼而討論善作為人道的意義及其與簡文「慎其獨」的觀念的關係。筆者還將楚簡〈五

行〉與帛書〈五行〉經說比較，並指出〈五行〉其實隱喻「心」作為「體」的含意。具體而言，「五行」人道之善涉及仁、義、禮、智的相互關係，其中以「智」概念之闡釋最為特殊，「智之思」將形於內的德之行聯繫聖之德之行，表現了人道到天道的一致性，筆者認為這樣的觀念顯示出若以道德主客體架構來詮釋〈五行〉思想當有其侷限。再者，〈五行〉另以引《詩經》作為詮釋方法，闡釋「心」固有「慎獨」之活動，並且藉由簡文、帛書經文與帛書說文三本文的比較，筆者認為它們皆傳達出「慎獨」之行為蘊含道德自覺心，另一方面也表述出慎獨之道德意義，乃從天人合德轉向強調道德自覺之實踐功夫。本章更進一步比較簡帛〈五行〉經說三本文在章法結構上的差異，並顯示它們在天人思想的哲學詮釋上具有細微的差異。根據〈五行〉的「人道」觀念，筆者認為，儒學「五行」思想的研究使我們反省到先秦儒學的發展應朝多元哲學因素來探索。

　　本書第四章探討〈窮達以時〉。筆者首先指出研究者們對〈窮達以時〉「察天人之分」之相關討論以天人有分或天人為二為其主流觀點，然而參照《孟子》文獻，筆者認為〈窮達以時〉的天人觀念實則反應更深刻的義命問題。對於先秦儒學天人關係所蘊含之義命問題，勞思光與唐君毅二位先生分別提出「義命分立」與「義命合一」二種迥異的哲學詮釋。由分析二位先生對孔子與孟子思想之理解可知，勞先生乃以應然與實然二分的架構來詮釋義命問題與天人關係，因而其說中之天（命）與道德主體並無任何意義關連。唐先生則拋開西方傳統哲學的架構，從生命實感與存在情境來聯繫義與命之關係，其所謂道德實踐乃在天之意義脈絡中直接面對人之實存，故存有與價值纔能相合。反省學者們對〈窮

達以時〉之種種有關窮達與道義之研究，筆者認為，義命合一應是最適宜的詮釋進路。

本書第五章探討〈六德〉。此篇文獻特殊處在提出聖、智、仁、義、忠、信以為德目，研究者多以為此與漢代思想有關，然筆者分析文獻脈絡，指出六德之德其實有二層意義，第一層乃指人倫之道德性與倫理之基礎，因家國組織是這些德性的實現場所，故義、忠、聖、仁、智、信開顯於君、臣、父、子、夫、婦等人倫關係中。「六德」的第二層意義則指德性有實現性，因實踐者在古代社會中有政治活動之要求，故當道德實踐從家庭活動延伸到政治活動時，不同的國政事務會涉及到不同德性，簡文遂將君臣、父子、夫婦等六位，以及使人、事人、率人、從人、教者、受者等六職，視為道德實踐的對象。簡文意指六德乃實踐人倫職能的道德原則，此與漢儒的觀念仍有明顯差異。另外，簡文雖有「仁內義外」的觀念，但非告子的仁內義外之說，而是經由描述喪禮的規範，表示仁內義外為實踐喪禮的原則，其中蘊含人倫與禮制的相互關係以及內在道德性的問題。

在本書結論中，筆者根據儒學現代化的問題意識，並綜合郭店儒簡的研究，分別指出〈緇衣〉的德政觀念可討論內聖外王的問題，〈五行〉的天人合德可討論宗教性的涵義，〈窮達以時〉所蘊含的義命關係可討論德福一致的問題，〈六德〉的倫理觀念可討論現代社羣的意義。筆者認為，儒學人文化成天下的理想乃貫穿古今中外的脈絡。

筆者因為研讀《老子》而接觸馬王堆帛書《老子》，又從帛書《老子》延伸到帛書《老子》卷前之黃老文獻。在研究過程中，由於探討《老子》本文及「道」觀念的比對而參閱郭店楚墓竹簡

《老子》，這也促使筆者對郭店楚簡作更多的研究，進而有本書的誕生。在寫作過程中，筆者深深感受到現代大學教師工作的職業化取向，而這個情況不僅對於學者的研究心志有繁雜的影響，更顯示現在的學術環境與過去的時代氣氛有很大的差異。另外，在與學界的互動中，筆者觀察到出土文獻的哲學研究在國內的哲學界是非主流中的非主流，故曾有哲學系同道以「冷門」形容筆者的研究工作。面對上述境遇，筆者自忖，學術環境的現實本非研究者致力於研究就可改善，而研究環境的客觀性更不是個人主觀意願所可以創造的，實則知其不可奈何爾。再者，當代的哲學研究領域呈現多元發展，各領域之間的關係亦複雜化，彼此該如何看待，並非學術潮流所能決定的。面對如此種種非操之在己的情況，哲學研究者其實冷暖自知。身心疲憊時，不過就是休息一下，然後再啟程罷了。

　　學問之道一路走來，有太多的人事物玉成筆者今日小小的收穫，倘若只在一篇簡短的序言後略述幾句，實難以表達筆者對他們的感激之情，故僅以謝謝上蒼象徵筆者無盡的謝意。

2008 年（戊子）8 月

目　次

第一章　　導論

一

　　當代出土的郭店楚墓竹簡之所以特別爲學術界所重，不只是因爲它提供了新的考古材料，更因爲竹簡上所記載的內容皆爲先秦時期的思想文獻，而引起文史哲學界的注目，故自這批文獻資料發表以來[1]，受到海內外學者極高的重視，專書論著紛陳，新意層出不窮。筆者綜觀其研究的重點大多集中在文字的考釋、簡文與其相關文獻的校勘，以及竹簡各篇思想內容的闡釋等。值得一提的是，在思想研究上，因爲在郭店楚簡中除了道家《老子》的部分文獻與〈太一生水〉一篇外，其它則以儒家文獻的份量最多[2]，且多未見於傳世的文獻中，所以對簡文思想的探討，除了傳統老子思想爲人所關注外，有關儒家思想的探討更盛於前者。這個情況，從基本的竹簡形制及它所反映的各篇的性質與分類中，可見一斑。比如周鳳五〈郭店竹簡的形式特徵及其分類意義〉[3]一文中指出，在漢代流傳的儒家典籍以簡策長短區分儒家經、傳的形制可以在郭店竹簡儒、道兩家之各篇中得到印證，而且他還認爲，

---

[1] 有關墓葬及竹簡背景部分，參考湖北省荊門市博物館〈荊門郭店一號楚墓〉(《文物》，1997 年第 7 期)，荊門市博物館編《郭店楚墓竹簡・前言》(北京：文物出版社，1998 年)。

[2] 其餘則是〈語叢〉四篇。四篇皆爲札記形式，未成篇幅。

[3] 收入武漢大學中國文化學院編《郭店楚簡國際學術研討會論文集》(武漢：湖北人民出版社，2000 年)。

梯形簡端是郭店竹簡儒家「子思學派」經典的主要形式特徵，而
這一類在郭店竹簡中最為重要。周先生根據簡長、簡端形狀、字
數、編線數與間距等標準，將郭店竹簡分為經典的有：《緇衣》、《五
行》、《性自命出》、《成之聞之》、《尊德義》、《六德》、《魯穆公問
子思》、《窮達以時》、甲組《老子》等九篇，而屬於傳注類的有：
乙、丙兩組《老子》、《太一生水》、《忠信之道》、《唐虞之道》、《語
叢一》、《語叢二》、《語叢三》、《語叢四》等九篇。值得注意的是，
周先生認為：「甲組《老子》修改文字，避免與儒家《五行》之說
正面衝突，是一個已經『儒家化』，甚至『子思學派化』了的道家
經典。因此，甲組《老子》在郭店竹簡之中很可能與儒家的《緇
衣》、《五行》等六篇同樣享有經典的地位」[4]。而且「郭店竹簡三
組《老子》明顯有所刪節，都是儒家『援道入儒』的產物……甲
組具體而微，是道家融入儒家的代表；乙、丙兩組各有所主，是
具有針對性的節本……至於《太一生水》則是儒家對《老子》宇
宙論的改造與嶄新的詮釋」。又針對郭店楚簡同時收有儒家典籍與
《老子》、《太一生水》這個問題，周先生認為其目的在於「填補
儒家思想中有關『宇宙論』的空白」。至於從字體字型來看，周先
生認為大部分文獻乃齊、魯地區的儒家作品，其與齊國的「稷下
學派」可能有關。

　　周鳳五先生顯然認為郭店楚簡以儒家思想為主流，而如其中
的道家資料則是受到先秦儒者的改造，並非原貌。周先生針對郭
店楚簡的特殊性所提出的說法令人耳目一新，而有關先秦儒家思
想的影響力部分也值得重視。唯令人不安的是，從考據進而推論
郭店楚簡儒道思想的關係，其論據是否充分？單憑郭店楚墓同出

---

[4] 同上註，p.54。

道家簡與儒家簡，以及竹簡《老子》文獻有異於傳世版本這兩個因素，是否即能夠說明先秦儒家與道家之間存在著「儒家化」或「援道入儒」的關係？又如果根據思想義理的考察則能否進一步說明先秦儒道思想之間的關係？李存山〈從郭店楚簡看早期道儒關係〉[5]藉由楚簡《老子》與通行本《老子》(王弼本)的比較著手，指出有無批判「仁義」與「智」乃是道家是否反儒的關鍵。李先生認為以楚簡《老子》為代表的早期道家思想沒有反儒的思想。另外，經由比較楚簡《老子》與〈太一生水〉的關係，李先生也指出通行本《老子》四十二章(「道生一」章)乃後人所加，這是受當時儒家易學相互交流與作用的結果。綜合前述，李先生認為從楚簡《老子》可以進一步探討「儒道相謀」的問題。

　　李存山先生從郭店道家簡的思想性質提出明確的說明，此雖有助於思考先秦儒道二家思想的狀況[6]，但只就「仁義」與「智」作為儒道關係的判準是否足夠？還有沒有其他的思想因素足以分辨儒家哲學與老子哲學的關係，又或者在它們之間並不存在著思想本質上的關連？尤有進者，老子哲學所批判的「仁義」與「智」是否即儒學所主張的價值觀念？此中尚有商榷的餘地。王博〈郭店楚簡所見儒道關係〉[7]認為，根據郭店楚簡討論先秦儒道兩家關

---

[5] 收入陳鼓應主編《道家文化研究》第 17 輯（「郭店楚簡」專號）（北京：三聯書店，1999 年）。

[6] 根據郭店楚簡探討儒道關係的論文，另可參考張立文〈論簡本《老子》與儒家思想的互補互濟〉（《道家文化研究》第 17 輯（「郭店楚簡」專號），1999 年 8 月），劉澤亮〈從郭店楚簡看先秦儒道關係的演變〉（《湖北大學學報》，1999 年第 2 期），劉宗漢〈有關荊門郭店一號楚墓的兩個問題——墓主人的身份與儒道兼習〉（《郭店楚簡研究》（《中國哲學》第二十輯），瀋陽：遼寧教育出版社，1999 年）。

[7] 收入《簡帛思想文獻論集》，臺北：台灣古籍出版社，2001 年。

係的重新認識，乃關涉儒家和道家基本學說的認識。王先生指出，雖然郭店《老子》甲本沒有「絕仁棄義」一詞，但郭店《老子》丙本卻有「故大道廢，安（焉）有仁義」，以及「信不足，安（焉）有不信」的文句，所以郭店《老子》還是有批評儒家的仁義說。王先生不僅以有無仁義思想來區別儒道兩家，更進而以「有爲」「無爲」來加以判斷。他指出老子思想主張無爲，並反對教化（包括學）、要求君主「不爲始」與「後其身」、以天道爲人道的基礎，而孔子儒家思想則重禮樂教化與學，要求君主上下同道，以人道爲主。老子與孔子思想的差異不只可經由《老子》與《論語》的比較得知，亦可與郭店儒簡〈六德〉等四篇竹簡形制相同的文獻比較而得。王先生更在結論中指出老子和道家對「文」的批判和放棄，與孔子以「仁」作爲「禮」和「文」的基礎，此兩者是雙方不能逾越的界限。而且他還認爲以前述觀點亦可判讀郭店儒簡〈五行〉以「善」與「德」區分人道與天道，其實是受到道家的影響。

　　王博先生從基本的儒學與老學的差異來論述，除了表示儒道兩家思想自有其分際外，更顯示郭店楚簡的儒道思想亦有其區別而不容混淆，此觀點爲郭店楚簡儒道關係之研究指出關鍵的所在，即將郭店楚簡置於思想史中來探討，更見郭店楚簡儒道關係的問題應就學理發展上來研究。惟王先生以老子思想比較郭店儒簡，雖凸顯老學或竹簡《老子》的特殊性[8]，但郭店儒簡思想的哲

---

[8] 筆者曾以〈從當代老學詮釋架構論郭店楚簡老子的天道思想〉爲文，從後設的方法指出，研究者對竹簡《老子》的哲學詮釋仍未超出當代學者對老子思想所提出的詮釋架構，因而竹簡《老子》的哲學研究也就難以引起學者的重視。從研究方法的意義而言，在方法論與詮釋架構未能有所修正或突破下，古典文獻的新材料當然沒有相應的共鳴。拙文請參考《通識教育與跨域研究》第 4 期，

學詮釋則明顯不足，令人感到意猶未盡。尤有進者，上述學者們對儒道關係的說法，皆在未詳細詮釋郭店儒簡的哲學思想下做出判斷的，故顯得論證不夠充分，著實可惜。換言之，研究者或從考據，或從文獻比較，或從學派的基本思想區別，都試圖為郭店楚簡的內容尋求一個思想的定位。然而，若未能釐清個別文獻內容即說各篇文獻間有某種思想上的關連，則此不僅會顯得論證效力只獲得推測的可能性或概然性，還會使文獻思想的實在性亦因此而模糊。如此的研究困境尤因郭店儒簡主要的研究氣氛都圍繞在子思或思孟學派上而更被凸顯出來。

二

郭店儒簡被視為子思或思孟學派的文獻線索有三：〈魯穆公問子思〉、簡帛〈五行〉和〈緇衣〉。首先，〈魯穆公問子思〉的內容符合史實[9]，此是最直接被引證的材料。再者，《荀子‧非十二子》云：「略法先王而不知其統，猶然而猶材劇志大，聞見雜博。案往舊造說，謂之五行，甚僻違而無類，幽隱而無說，閉約而無解。案飾其辭，而祇敬之，曰：此真先君子之言也。子思唱之，孟軻和之」[10]。荀子雖以「五行」的提倡將子思、孟子歸為一系，然而在荀子的評語中並未指涉「五行」的內容，所以荀子所謂思孟唱

2008 年 7 月。

[9] 《漢書‧藝文志‧諸子略》於《子思子》下自注「名伋，孔子孫，為魯穆公師」。顏師古《漢書集注》（新校本，臺北：鼎文出版社，1978）。

[10] 王先謙《荀子集解》（臺北：華正書局，1988 年）。

和的「五行」的實際內容並不清楚[11]。然而由於簡帛《五行》的出土，龐樸〈竹帛《五行》篇與思孟五行說〉[12]卻認爲「五行」說與思孟的關係的答案已被揭曉。更重要的是，李學勤〈荊門郭店楚簡中的《子思子》〉[13]文中指出，從南北朝至唐代以來，如《隋書・音樂志》引梁人沈約說〈緇衣〉出於《子思子》，唐代《意林》、李善《文選注》引《子思子》皆有〈緇衣〉文句，故證明〈緇衣〉確實出於《子思子》。

　　李學勤先生從文獻考證所作的判斷，以及前述思孟五行說、〈魯穆公問子思〉與子思的關連等，皆引起學界一定的回應。如姜廣輝〈郭店楚簡與《子思子》〉[14]除了根據上述所言，另外又根據《中庸》的學說、前人所謂的子思的性格以及子思的學術主旨在「求己」等觀點，推斷〈唐虞之道〉、〈緇衣〉、〈五行〉、〈性自命出〉、〈成之聞之〉的前半部、〈魯穆公問子思〉、〈六德〉等皆出自《子思子》。又李景林〈從郭店簡看思孟學派的性與天道論〉[15]雖接受李學勤先生的判斷，但亦強調思想討論的重要性，故其文中先以治道、教化與人生、性與天道界說儒家思想，並認爲前二者是儒家的共性，而性與天道論則是儒家內部派別劃分的依據。李先生據此討論〈性自命出〉、〈成之聞之〉、〈尊德義〉、〈六德〉等四篇竹簡形制相同的文獻，並指出它們共同涉及「性與天道」的問題，謂其思想與《中庸》《孟子》一致。李先生還指出〈唐虞之

---

[11] 唐人楊倞注「五行」云：「仁、義、禮、智、信」，但此乃根據漢人的觀點。

[12] 《哲學與文化》26 卷 5 期，1999 年 5 月。

[13] 收入《郭店楚簡研究》（《中國哲學》第二十輯）。

[14] 該文副標爲「兼談郭店楚簡的思想史意義」，收入《郭店楚簡研究》（《中國哲學》第 20 輯）。

[15] 該文副標題爲「兼談郭店簡儒家類著作的學派歸屬問題」。收入武漢大學中國文化學院編《郭店楚簡國際學術研討會論文集》。

道〉的內容為孟子所闡發，故前者可視為子思的作品。尤有進者，如楊儒賓〈子思學派試探〉[16]具體分析子思學派的思想內容，指出《禮記》的〈中庸〉、〈緇衣〉、〈表記〉和〈坊記〉，以及簡帛〈五行〉、〈魯穆公問子思〉、〈窮達以時〉、〈唐虞之道〉、〈忠信之道〉等皆出於《子思子》，楊先生並根據這些文獻內容分析子思思想為5種理論：心行論、體現論、悅樂論、誠德論、感化論。楊先生認為由此還可申論〈性自命出〉等四篇竹簡形制相同的文獻亦與《子思子》有關。可以補充的是，所謂子思的作品或《子思子》，研究者們都認為其相關文獻應非出自一人之手，而是子思弟子或後學所為。

　　上述研究現況說明郭店楚簡儒家哲學的研究，主要是以子思或思孟學派來形成探討，進而討論此一學派有何思想內容。換言之，其作法乃先斷定郭店儒簡歸屬哪一學派，再來論說學派的內容為何，而非先探討各篇文獻的思想內容，再根據其思想來討論是否能歸納出某種學說方向。就方法而言，後者才是合乎理則的研究程序，尤其在子思文本不明的情況下，更應經由不同文獻的分析，指出其所以成為學派的本質意義，抑或它祇是紹述先哲之思想。再者，從文獻材料觀之，其實所謂子思思想只有《中庸》可供參考，而我們發現研究者也都僅只云此乃中庸某某思想或子思傳述孔子思想，而不是說此乃子思某某思想，又相較於古今學者據《孟子》七篇論孟子思想或謂孟子哲學的內容，皆只云孟子之學，而不至於在孟子之前冠上子思。由此可見，在討論子思與

---

[16] 該文收入武漢大學中國文化學院編《郭店楚簡國際學術研討會論文集》。楊先生認為〈五行〉、〈緇衣〉、〈窮達以時〉、〈唐虞之道〉、〈忠信之道〉皆為子思學派的作品。

孟子二者間的問題時，學者們在研究資料的掌握與看待典籍的態度上有明顯的差別。茲因《中庸》本文在文獻學中尚存爭議，故從作者的問題探討《中庸》究竟代表孔子思想、子思思想、某種儒學觀念或禮的精神的闡釋等等議題，其中就不只涉及儒家的道統問題，它還涉及《中庸》的哲學詮釋的問題。

　　雖然因爲出土文獻才增加討論子思思想或學派的可能性，但如筆者上文所提問的，從文獻考證論斷思想型態，與根據文獻內容來詮釋，何者才是理解古代思想較好的進路？尤有進者，雖然將古代哲人的著作或思想歸爲某一學派的說法可以有其立場，例如思想史中將孔、孟、荀歸納爲儒家，或將老、莊歸屬於道家，然而他們思想之間的異同能否在分家分派底下仍有詳細的分辨？筆者不安的是，縱然有子思學派，則此學派的真相爲何？我們如何知道該學派的真相？單憑歷史上曾經存在但未流傳至今的《子思子》或其輯佚本，我們有多少論據可下判斷？易言之，現在我們有了出土文獻，這是否意味著已有充分的證據可以積極地論斷子思思想的內容必然是什麼，還是只能就有限的證據來消極地推測子思學派的可能內容是什麼？我們甚至可以反省，有無子思學派的說法是否影響研究者對出土文獻思想的理解？筆者認爲，文獻足不足徵雖然會影響研究者的判斷，但是此判斷亦僅止於思想史的某個面向。既然歷史是由思想所提供的，而我們瞭解思想的範圍又本於文獻所提供的，則當研究者能夠深入瞭解文獻的意義時，方是建立思想歷史的基礎，而此亦是慎重地保留古典文獻意義之研究態度，更是面對出土文獻所蘊含之先秦儒學的研究取向。

　　上文乃本書研究意識的說明，下文則藉由前輩先生對郭店楚簡的討論，說明以下各章的研究意義。

三

　　關於郭店儒簡的發現，陳來〈儒家系譜之重建與史料困境之突破──郭店楚簡儒書與先秦儒學研究〉[17]認為，它進一步證明了儒家思想文化在當時包括楚國在內的戰國各國的廣泛而重要的影響。他指出，「郭店一號楚墓竹簡儒書各篇，與今存傳世文獻相比，在思想、內容、文字上，與《禮記》最為接近。上海簡雖尚未公佈，據已披露的情況，其內容與郭店楚簡具有類似的特點，即也是接近於《禮記》。加上《禮記》的《緇衣》等篇即見於湖北竹簡，所以這些竹簡的發現，除其本身的研究價值而外，必將連帶地對《禮記》一書的時代和價值之研究，帶來重要的推動，從而對整個先秦儒學思想史、學術史的研究帶來重大和積極的影響」。上海博物館自 1994 年陸續從香港古董市場買回數批戰國楚簡[18]，而其中亦有〈緇衣〉一篇，這顯示原作為《禮記》中的一篇的〈緇衣〉，在戰國儒學流傳中具有一定的重要性，並且由此也引起研究者對作為儒學載體的《禮記》的關注。又陳來先生之所以對郭店儒簡做出如此的評價，實有鑑於他對先秦儒學發展的觀察，他說：「不用特別觀察就可發現，在從孔子到戰國末期，其著作保存並傳流下來的儒家學者只有孔子、孟子、荀子，也就是說，先秦經歷三百多年發展的儒家思想，我們今天真正瞭解的只不過是其中的三

---

[17] 收入武漢大學中國文化學院編《郭店楚簡國際學術研討會論文集》。

[18] 相關的過程與背景，請參考馬承源編《上海博物館藏戰國楚竹書》（一）的〈前言〉（上海：上海古籍出版社，2001 年），以及濮茅左〈上博館藏戰國楚竹書的發現收購過程〉（發表於「簡帛研究」網站 http://www.jianbo.org/，2007 年 12 月 4 日）

個人而已……這三個人可以說是這三百年間最重要的儒家思想家，但僅有這三個點，對於真正瞭解先秦兩漢古書中反復提及的先秦儒家蓬勃發展、代代相傳的圖景，明顯是遠遠不夠的。而孔、孟、荀三書之外的載述先秦儒學的資料，今人又不敢貿然信用，這就是現代先秦儒學研究的『史料困境』」。在陳先生看來，今人從事先秦儒學的研究時，往往因為「史料困境」而導致詮釋上的障礙，其中最明顯的例子，即如對《禮記》的詮釋。陳先生指出，對漢唐學者而言，使用《禮記》的困難主要是「未能盡知所記之人」，但對《禮記》所收在主體上為先秦戰國時之文獻是沒有懷疑的，而宋儒也是從中擇取早期儒家的材料來建立早期儒家的系譜和道統。「然而，關於《大學》、《中庸》的作者，從宋代至清代已經是聚訟紛紜……近代古史辨運動興起，疑古風潮流行一時，整部《禮記》的真偽都成了問題」，又「不少學者皆認為《禮記》中多有漢儒的作品，而即使有戰國時的資料，也大抵不能早于戰國末年，所以多主張《禮記》不能代表先秦思想，只能作為漢代思想來論述。結果是，先秦儒家只能講孔、孟、荀，先秦三百年繁盛的儒學史只成三人之歷史，造成了先秦儒學研究的『史料困境』，迄今仍難以超拔，這是很可令人慨歎的」。換言之，陳先生認為，包含有《禮記》中若干篇章的荊門竹簡儒書的發現，為我們擺脫上述先秦思想研究的「史料困境」，重建原始儒家的系譜，帶來了令人興奮的曙光。

陳來先生的反省有二點值得思考，一是先秦儒學的代表者的問題，二是由前者延伸至先秦儒學著作的問題。首先，由於古典的完整，孔（《論語》）、孟、荀三家當然成為先秦儒學研究的主體。惟從儒學史來看，先秦儒學之發展歷程曾出現過分化的情況，《韓

非子‧顯學》所謂「儒分爲八」即爲戰國末年的觀點，不過更根本的依據是，《論語‧先進》記載孔門存在著德行、言語、政事、文學等不同學門思想的傳承，故古今學者皆主張孔子之後儒者有不同的分流[19]。雖然歷史傳達了先秦儒者的分流現象，但在文獻不足徵的情況下，就經典與學說的完整性而言，先秦儒學的代表哲人依然還是孔子、孟子與荀子，而且他們仍舊是研究者探討先秦儒學的主要參考對象。再者，由於漢代學者所提供的歷史觀察與其建立的學術活動，造成研究先秦儒學所要根據的材料範圍大爲增加，而這也在後世的疑古氣氛下成爲被檢討的對象，然而它同時也啓發了研究者思索先秦儒學文獻的劃分問題。換言之，若我們能將其人、其書、其思想綜合考量，則上述《禮記》在先秦儒學中的意義當可重新審視，亦即郭店儒簡〈緇衣〉的出土證明《禮記》雖在漢代編輯成書，但該書各篇章的成文時間確實存在著年代先後的問題[20]。尤有進者，漢代以來的學者雖然已指出《禮記》某些文獻的作者，但文獻義理應是作者致力之所在，而它也才是形成先秦儒學的主要因素。因此，〈緇衣〉作爲出土文獻即顯出它被收編爲《禮記》之一篇的意義，亦即顯示了該文獻傳承先秦儒學思想發展之過程，故郭店儒簡〈緇衣〉有必要成爲研究者重新

---

[19] 參考《史記‧仲尼弟子列傳》，（日）瀧川龜太郎《史記會注考證》（臺北：漢京文化，1983 年）。蔡仁厚《孔孟荀哲學‧第九章 孔門弟子及其流派》（臺北：學生書局，1984 年）

[20] 例如陳來先生認爲郭店竹簡對《緇衣》出於子思的支持，也可連帶成爲對《禮記》書中的《中庸》、《表記》、《坊記》幾篇出於子思之儒的支持。然而筆者認爲，採取保守卻又不會淪於推測的說法是，《禮記》中〈中庸〉等四篇的傳述與子思有關，又根據〈非十二子〉的評論，所謂「五行」說與思孟的唱和有關。至於子思本人有沒有獨立的思想，所謂子思之學的真實內容是什麼？我們仍處於文獻不足徵的狀態中。因而專就文獻本身來探討，應是理解古代哲學思想的主要研究態度。

理解與詮釋儒學的材料。

值得成為研究者理解儒學的新材料還有上述之〈五行〉。〈五行〉最早因作為 1973 年馬王堆帛書的一部份而為研究者所熟知，然而由於出土於漢墓，又因體例分成經與說（傳），故該文獻被判在《孟子》之後[21]。陳來先生於上引文中說：「由於竹簡《五行》的出現，從前學術界籠統地把《五行》的經說都看成孟子以後、戰國後期之作的看法，是無法成立了。也由於《五行》經的部分早於孟子，使得其在思想史上的地位也必須重加討論了。荀子說五行之說是子思倡之，孟子和之，現在郭店竹簡既然已經證明帛書《五行》的經部成於孟子之前，則竹簡《五行》應屬子思之作，作於戰國前期。《子思》二十三篇，漢以後漸漸失傳，《五行》的出土為子思思想的研究確立了一個支點，而且對比孟子，可看出從思到孟的發展脈絡」。竹簡〈五行〉的出土確實改變了文獻年代的判斷[22]，而思孟五行說依然還是主流觀點，但是如筆者上文所詰問的，去掉「思孟」是否會影響我們對「五行說」的理解？易言之，「五行」觀念屬不屬於思孟是否能決定其作為先秦儒學的意義？因而筆者試圖以研究者對簡帛〈五行〉的問題意識為探討的起點，分析儒學「五行說」的意蘊。

再者，〈五行〉思想之所以為研究者所關注，乃因其為郭店儒簡中少數直接論述天人關係的文獻。如龐樸〈天人三式—郭店楚

---

[21] 最早率先如此論斷者乃是龐樸〈馬王堆帛書解開了思孟五行說古謎〉，原發表於《文物》1977 年第 10 期，後收入《竹帛〈五行〉篇校注及研究・附錄》（臺北：萬卷樓圖書公司，2000 年）。

[22] 龐樸〈竹帛《五行》篇與思孟五行說〉即修改了早先的觀點，（《哲學與文化》26 卷 5 期，1999 年 5 月）。

簡所見天人關係試說〉[23]即將〈五行〉所論視為「天人合一」的形式，並說：「天人關係之所以如此合一，非他，蓋以此時所談論的『天』和『人』，都限定在道德範圍內，所討論的問題，未曾越出道德領域使然，道德是什麼？無非是人的一定的心理定式和行為規範。這些定式和規範，不是天上掉下來的，也不是娘胎裏帶出來的，而是人們共處於社會中時逐漸形成起來的。離開了人，便無所謂道德，也無從談論道德；道德只能是人道，只能是人德。《五行》篇中所以謂之為天道者，實乃一種神道設教的把戲，企圖假借超人的形上的力量，來肯定理想的秩序，來範圍人心與人行。其實第一，所謂天道，不過是人間道德的『天化』，是被宣佈為天道了的人道；第二，它仍需返回人間，通過人心人行來顯現來落實，否則便只能天馬行空，便是空話。所以，在道德領域裏，天和人，只能是合一的，也必然是合一的」。筆者認為，道德固然離不開人，而道德規範也與人的社會有關，但是若將與人相關的天道視為神道設教與形上的力量，則天道是否成為虛設的架構或因素，這其中不無商榷之地。儒學的天人合一思想本來就與道德有關，也可被詮釋為「天人合德」[24]，故其德性意義與〈五行〉所謂「善，人道也」之間所蘊含天人關係的涵義，應當還有釐清的必要。

　　尤有進者，筆者更注意到上引龐樸先生所論天人關係中，以天人有分（天人為二）指涉郭店儒簡〈窮達以時〉，其論據之一即〈窮達以時〉起首云：「有天有人，天人有分。察天人之分，而知

---

[23] 收入武漢大學中國文化學院編《郭店楚簡國際學術研討會論文集》。
[24] 張亨〈「天人合一」的原始及其轉化〉即當代詮釋儒學「天人合德」觀的代表。該文收入張亨《思文之際論集—儒道思想的現代詮釋》（臺北：允晨文化實業，1997年）。

所行矣」，又郭店楚簡〈語叢〉（一）云：「知天所爲，知人所爲，然後知道，知道然後知命」，由出土文獻可見天人關係作爲儒學的核心課題並非晚出，而且藉由簡文更可重新理解儒學天道觀所涉及的人與天命的問題。楊朝明〈從《窮達以時》看孔子的「時遇」思想〉[25]亦主天人二分，並且將簡文與《論語》、《孔子家語》等材料相互對照，進而重新認識孔子的天命思想。楊先生說：「無論『天』、『命』還是『時』、『世』，作爲一種外在的、不以人的意志爲轉移的、不可抗拒的力量，人在其面前無能爲力，但卻不應無所作爲，不應只聽從天命的擺佈……人應該採取怎樣的應對態度，在孔子那裡，答案是十分明確的，用《窮達以時》的話說，就是『君子敦於反己』，用《論語‧衛靈公》中孔子的說法便是：『君子求諸己』。既然窮達取決於時運，毀譽在於他人，這些都屬於天，是自身無法決定的，那麼人就應當求於自己，因爲人的德行如何只能取決於自己，與『天』無關。正因如此，人不應該停頓在現實的『不遇』中不能自拔，應當『盡人事以待天命』，努力完善德行，並以之作爲追求的目標」。職是，筆者要問的是，道德實踐固然強調操之在己，但是若將其置於天或天命的觀念中，則人面對天或天命是否只能束手無策，所以才轉向砥礪自己？換言之，天或天命果真最終只是外在於人的現實因素，它與人的道德實踐沒有直接關連？〈窮達以時〉所蘊含的天人關係是否即天人二分，而無其他理解的空間？有鑑於此，筆者將天命觀轉向提問天人關係之意義在先秦儒學中具有何種問題意識，並試圖就〈窮達以時〉所涵蘊的天與人的關係意涵提出解答。

---

[25] 副標題「兼談《論語》「學而時習之」章的理解問題」，收入《出土文獻與儒家學術研究》（臺北：台灣古籍，2007 年）。

　　郭店儒簡〈六德〉因提出六種排序不同於先秦儒學文獻的德性觀念而被研究者所關注，然而在考證學者的眼中，它還有其特殊意義。李學勤〈郭店楚簡《六德》的文獻學意義〉[26]認爲〈六德〉曾爲漢初賈誼《新書・六術、道德說》所引據，但因賈誼有所改造，而留下蛛絲馬跡。李先生並非以詳細分析與說明二種文獻之異同做爲證明，而是條列文獻指出其相似處，故其說法實乃推測大於論斷，因爲賈誼是以六理（道、德、性、神、明、命）指涉「六德」一詞，再以之說六法六行，顯然與〈六德〉的內容不同。雖然，李先生類比式的說法啓發我們思索先秦儒學德性觀念的義理，尤其李先生在文中還指出〈六德〉有關喪服的文獻與《禮記》、《大戴禮記》、《儀禮》論喪禮的段落有直接的關係，甚至是一致的。但是，對哲學研究者而言，不只注意到〈六德〉與傳世文獻有所關連，更關心〈六德〉所蘊含實踐禮的儒學精神，以及進一步探討德性觀念與禮的關係。

　　最後，筆者以爲，哲學研究者皆有其時代背景，並依其背景環境提出相應的反省，郭店楚簡的出土亦自有其時代意義，如杜維明先生的觀察即爲代表。杜先生雖非專攻出土文獻者，但以其長年在國外的學術研究經驗，他在接觸郭店楚簡之後指出，簡文思想蘊含著中國文化的內在精神及核心價值觀念，亦是一種人文精神，可爲文化中國在當今世界的文明對話提供豐富的思想資源，他說：「任何一種文明，除了經濟資本之外必須有社會資本，除了科技能力還要有文化能力，除了智商還要有情商（以及倫理智慧），除了物質條件還要發展精神價值。人文學就是指涉人類精神的科學，它關注人的自我認識與反思、個人與社群的關係、

[26] 收入武漢大學中國文化學院編《郭店楚簡國際學術研討會論文集》。

人類與自然的和諧乃至人心與天道相應合德等課題」[27]。杜先生所
說可歸納爲當代中國哲學面對現代化的問題，此問題在百年來中
國哲學的發展中存在著很深刻的問題意識，涉及層面也很廣。石
元康先生在〈現代化與中國當前的哲學課題〉[28]文中指出，現代化
是一個全盤性的革命，涉及科學、政治、經濟、宗教等革命在文
化中所帶來的新秩序，現代性哲學體系則以笛卡爾（Descartes）
的主體性哲學爲代表，在此新哲學體系下，人們對於自我、大自
然、社會、人與人的關係、人與自然的關係等哲學問題，都有新
看法。而面對現代化，我們有何可資以反省的架構？石先生藉由
麥肯泰爾（MacIntyre）對黑格爾（Hegel）的看法來提出說明：「黑
格爾認爲哲學是把時代的精神把握在思想中，因此，哲學工作可
以說是對於時代精神的描述。黑格爾又提到哲學式的歷史
（philosophical history）這個概念。它就是一種對於一個文化的精
神的發展途徑及軌跡，麥肯泰爾認爲只有透過這種哲學式的歷史
的工作，指出一個文化的精神的發展途徑及軌跡，我們才能對當
今我們的處境，無論是主觀的部分或客觀的部分有所瞭解。也只
有透過這樣一種敘述式的（narrative）對於精神發展的描述，我們
才能對爲什麼我們會處在當前的這個處境中（主觀的及客觀的），
能夠提出一個解釋。歷史知識可以說是自我瞭解的模式，因爲人
是歷史的存在，所以，只有透過歷史，我們才能瞭解自己」。石先
生的論文主要在分析現代化問題如何產生，該文中並沒有給出明
確的答案，然而他所指導的思考方向與上引杜維明先生所說的有

---

[27] 〈郭店楚簡的人文精神〉，收入武漢大學中國文化學院編《郭店楚簡國際學術
研討會論文集》。
[28] 《哲學雜誌》第 17 期，1996 年 8 月。

相互呼應之處，即作為歷史的存在，當我們研究郭店儒簡的人文精神時，除了瞭解古代哲學精神的發展外，郭店楚簡儒家哲學在當今歷史處境裏是否可以提供相應於時代的解釋。筆者試圖反省，郭店楚簡問世於二十世紀最後的 10 年，就其處於中國哲學的歷史發展中來看，對郭店儒簡的哲學研究除了回溯到古代的傳統思想外，筆者在承先啓後的學術活動中，還想進一步探索古代思想對現代心靈的啓發，而此亦是儒家哲學研究者所應面對的，故對現代化意義的問題當然要有所回應。

第二章 〈緇衣〉異文詮釋及其儒學意涵

第一節 前言

郭店楚簡〈緇衣〉[1]除了作爲出土文獻爲研究者所關注之外，更由於《禮記‧緇衣》[2]在文獻出處上曾被視爲《子思子》之一篇[3]，所以又引起研究者有關子思學派的討論[4]。然而，若不只是將〈緇衣〉視爲《禮記》的一篇，而是從「禮」的記文來審視〈緇衣〉，並且暫時放下〈緇衣〉文本出自何處的分判[5]，僅就其所蘊含的儒

---

[1] 郭店本〈緇衣〉釋文參考荊門市博物館編《郭店楚墓竹簡》（北京：文物出版社，1998 年）與涂宗流、劉祖信《郭店楚簡先秦儒家佚書校釋》（臺北：萬卷樓圖書，2001 年）。在異文釋讀方面，另外參考李零《郭店楚簡校讀記（增訂本）》（北京：北京大學出版社，2002 年）；劉信芳〈郭店簡《緇衣》解詁〉；上海博物館藏戰國楚簡〈緇衣〉，收入馬承源主編《上海博物館藏戰國楚竹書（一）》（上海：上海古籍出版社，2001 年）。筆者逕自引用，特殊者另外註明。

[2] 以下稱今本〈緇衣〉，原文參考孫希旦《禮記集解》（臺北：文史哲出版社，1990 年），今本章序也以此爲主。他篇《禮記》原文亦引自此，後文不再註出。

[3] 《隋書‧音樂志》記載蕭梁時人沈約云：「中庸、表記、坊記、緇衣，皆取子思子」。魏徵《隋書》（臺北：臺灣商務印書館，1988 年）。

[4] 李學勤〈荊門楚簡中的《子思子》〉可爲代表。該文收入《郭店楚簡研究》（《中國哲學》第二十輯，瀋陽：遼寧教育出版社，1999 年）。

[5] 程元敏〈《禮記‧中庸、坊記、緇衣》非出於《子思子》考〉（《張以仁先生七秩壽慶論文集》，臺北：學生書局，1999 年）考證〈緇衣〉既非子思所作，也不是出自《子思子》。程先生的論點主要有二個：一、因爲《公孫尼子》的佚文與竹簡〈緇衣〉相同，而且南齊劉瓛比南梁沈約更早提出〈緇衣〉出於《公孫尼子》，所以〈緇衣〉爲公孫尼子所作，且出於《公孫尼子》；二、李學勤先生所說的《子思子》三條佚文，在竹簡〈緇衣〉中僅有半句，而此殘句乃是儒家思想的共語，非《子思子》所獨有。然而虞萬里先生亦從考證角度反對程先生的判斷，認爲〈緇衣〉與《子思子》有形式上的聯繫，並肯定劉瓛的說法。參見〈儒家經典《緇衣》的形成〉，發表於中央研究院中國文哲研究所主辦之

家哲學來考察其文義，如此是否能使楚簡〈緇衣〉在考證工作之外，還具有其它研究的意義呢？

在研究方法上，筆者採取楚簡〈緇衣〉與《禮記・緇衣》比較的方式，選擇其中具有對比意義的內容以爲詮釋。此一方法的論證效力從楚簡〈緇衣〉的既有研究可見一斑。例如針對楚簡〈緇衣〉「子曰大臣之不親」章（19～23 簡）的異文，劉信芳先生說：

> 竹簡本「大臣之不親」，《禮記・緇衣》作「大臣不親」，少
> 一「之」字。然一字之差，句法結構全然不同，「之」字的
> 語法作用在於取消句子的獨立性，使「大臣之不親」成為
> 「忠敬不足」、「富貴已過」的原因或條件。而一旦作「大
> 臣不親」，則成了相對獨立的主謂句。[6]

又，針對楚簡〈緇衣〉首句「好美如好緇衣，惡惡如惡巷伯」，李學勤先生說：

> 今傳本「好賢」，簡本則作「好美」這個區別是很大的。「賢」、
> 「美」都可與「惡」對立，但是「賢惡」與「美惡」的意
> 義有根本的不同，前者有明確的道德價值意涵，後者沒有。
> 好賢就是尊賢，是一種美德，好美卻蘊含著明顯的危險，
> 是不應當提倡的，這在儒家觀點來說，是無須爭論的事。

「儒家經典之形成」專題演講，2006 年 11 月 10 日。以此觀之，除非有《子思子》出土，否則在未有更多文獻證據前，實不宜肯定〈緇衣〉是屬於某一書籍。

[6] 劉信芳〈郭店簡《緇衣》解詁〉，收入武漢大學中國文化學院編《郭店楚簡國際學術研討會論文集》（武漢：湖北人民出版社，2000 年）。

在這一點上，今傳本勝於簡本。[7]

而針對簡本第 11 章「邦家之不寧也，則大臣不治，而褻臣託也」（20～21 簡），彭浩先生說：

> 今本的「百姓不寧」，簡本作「邦家之不寧」；前者位於「大臣不親」句後，後者位於「而富貴已過也」句後。從上下文看「邦家之不寧」顯然比「百姓不寧」更貼切。因為該章所論為君臣的關係，它涉及國家的安危。由於君臣之間的疏遠，君不敬臣，臣不忠君，轉而追求個人的富貴。邦家不寧，則大臣不治政事，褻臣比黨。由此看來，簡本之序更優於今本。[8]

李先生與彭先生的判斷提醒了我們，在沒有所謂祖本或原本出現之前，何種版本必然優勝，實是未定之論，但從義理的發展上，不同版本皆有闡釋上的價值。值得注意的是，劉先生的考察反映了出土文獻所涉及的語言學或文句解讀的問題，其實是我們理解古典義理的基礎。換言之，古典文獻的語文脈絡，不僅是傳達文字通假或缺漏字的可能性，而且藉由文句記錄的不同，還蘊藏著深層的詮釋空間。此種詮釋空間的出現，除了來白歷史因素[9]所

7　〈論楚簡《緇衣》首句〉（廖名春編《清華簡帛研究》第二輯，北京：清華大學思想文化研究所，2002 年 3 月）。

8　〈郭店楚簡《緇衣》的分章及相關問題〉（《簡帛研究》第三輯，桂林：廣西教育出版社，1998 年）。

9　有些研究者推論漢代政治氣氛不同於先秦，故漢人在編輯《禮記》時對文句作了調整，例如王博〈郭店楚簡《緇衣》研究〉（同作者《簡帛思想文獻論集》，臺北：台灣古籍出版社，2001 年），歐陽禎人〈郭店簡〈緇衣〉與《禮記‧緇

顯現出的思想發展過程之外，楚簡〈緇衣〉與《禮記·緇衣》二
者的本文差異，實亦蘊含著孔門及其後學對孔子思想的理解[10]。故
本章的研究乃從文本比較角度出發，通過文字的表意作用來探索
文字背後的意義世界，亦由此見理論發展的脈絡。同時為了豁顯
〈緇衣〉作為「禮」的記文的哲學意涵，筆者亦就異文詮釋所指
出的觀念，表明該文獻所蘊含的儒學。

第二節　郭店本與今本〈緇衣〉異文比較及其詮釋

　　以下所引郭店楚簡本與今本皆於每章之前以括弧（）標明各
本章序，並依簡本章序與今本比較，有詮釋意義的異文用粗體字
以為對照，另外今本有而簡本無的文句，筆者用底線標明，也一
併討論。

（一）

【簡本】（1）夫子曰：好**美**如**好**緇衣，惡惡如**惡**巷伯，則民咸扐[11]

　　衣〉的思想異同〉（丁四新主編《楚地出土簡帛文獻思想研究（二）》，武漢：
　　湖北教育出版社，2005年）。劉信芳先生則是很特殊地推測〈緇衣〉可能是當
　　時南方學者的作品，詳見〈郭店簡《緇衣》解詁〉（武漢大學中國文化學院編
　　《郭店楚簡國際學術研討會論文集》）。唯筆者認為，從哲學史的角度來看，楚
　　簡〈緇衣〉與《禮記·緇衣》之間的異文存在著意義脈絡，乃是以哲學史為內
　　部因素來觀察。
[10] 對於〈緇衣〉「子曰」的記錄體例，李零先生認為「《緇衣》是記孔子之言，
　　子思子和公孫尼子都是傳述者」。換言之，《子思子》與《公孫尼子》可能都有
　　〈緇衣〉這一篇，子思子和公孫尼子同時傳述〈緇衣〉，孔子才是作者。詳見
　　《郭店楚簡校讀記（增訂本）》，p.70-71。
[11] 原釋文作「臧扐」，對照上海博物館藏戰國楚竹書〈緇衣〉應作「咸扐」，詳

而刑不屯。《詩》云：「儀刑文王，萬邦作孚」。

【今本】（2）子曰：好<u>賢</u>如緇衣，惡惡如巷伯，<u>則爵不瀆而民作愿</u>，刑不試而民咸服。《大雅》曰：「儀刑文王，萬國作孚」。

　　此章主題在「該如何使人民真正地好善惡惡」，而其實踐目的在形成有效且能夠樹立典範的政治活動，〈大雅·文王〉可爲引證。爲了形成風行草偃[12]之效，在上位者的好善惡惡當展現其意志對象，〈緇衣〉詩意中善的象徵與〈巷伯〉詩意中惡的象徵即爲代表。特殊的是，對於在上位者道德政治的展現，簡本的記錄用「美善」，今本的記錄用「賢能」，這是否意味著爲政者在施政行爲中的不同意義？因爲美善所涉及的是（道德）觀念的完善，所以簡本的記錄反映出「好」「惡」的意向；而賢能所涉及的是政治能力，所以今本的記錄通過「爵不瀆而民作愿」，以示其擁有爵位者的正當性。林素英先生指出：

> 今本多出的「爵不瀆而民作愿」正好近可與「刑不試而民咸服」相對成文，使說明具有清晰語義之效果。同時此一情形又可與今本與簡本第13章「故上不可以褻刑而輕爵」遙相呼應。凡此皆具有提醒君主不僅應該「明德慎罰」，而且不可輕玩褻瀆爵賞，以免造成賞罰不明、政令不行，庶

見李零《上博楚簡三篇校讀記》（臺北：萬卷樓圖書，2002 年），p.49。「扐」，段玉裁云：「權度多少中其節謂之扐」，詳見《說文解字注·十二篇上·手部》（臺北：天工書局，1987 年），p.607。

[12] 《論語·顏淵》：「季康子問政於孔子曰：『如殺無道，以就有道，何如』？孔子對曰：「子爲政，焉用殺？子欲善，而民善矣。君子之德風，小人之德草。草上之風，必偃」。原文參考朱熹《四書章句集註》（臺北：鵝湖出版社，2000 年）。以下引《論語》與朱注同此，不再重複註明。

幾可臻於「刑不試」與「刑不煩」之施政效果。[13]

　　換言之，今本的記錄意謂賢者的爵位來自爲政者具備良好的施政能力，才會有施政效果。再者，簡本、今本本文意義之差異，在描述政治效果上亦有不同指向。二者最終雖都肯定刑罰能夠備而不用，但是簡本「咸扐」傾向從人民的主觀能動性上說[14]，以顯現民眾道德能力的養成。今本則順著爲政者在分位上的能力表現，導致人民向上「咸服」。由此可知，〈緇衣〉這章在傳播過程中，存在著兩種相關的意涵，但卻又有著細微的差異。簡本所述除了表示爲政者應有政治方面的道德表現之外，還蘊含此一價值活動應包含被教化對象在行爲上的落實。而今本的記錄則著重在爲政者的自我肯定，它表現出對上位者在行政能力方面的道德理想。尤有進者，「爲政以德」（《論語・爲政》）固然是君子的責任，然就施政的對象與德治的效果，人民當包含在其中，《論語・陽貨》記載：「子之武城，聞弦歌之聲。夫子莞爾而笑，曰：『割雞焉用牛刀？』子游對曰：『昔者偃也聞諸夫子曰：「君子學道則愛人，小人學道則易使也」。』子曰：『二三子！偃之言是也。前言戲之耳』」。就德政爲道德實踐的一環，實踐者當是爲政者，然而道德實踐乃有其普遍性，此一價值的展現亦不限於爲政者，人民亦能有所回應。儒家哲學既以倫理道德爲其政治基礎，則統治者與人民之分只是古代階級制度使然，就德性價值的開顯對象而言，人人皆應被視爲是道德的存在。有關德政活動中之爲政者與人民這

---

[13] 〈從施政策略論〈緇衣〉對孔子理想君道思想之繼承—兼論簡本與今本〈緇衣〉差異現象之意義〉（《哲學與文化》第 34 卷第 3 期，2007 年 3 月）。

[14] 根據註 11，「扐」有思考、忖度之義，民之扐則比民之服較顯道德觀念上的啓發。

兩端，簡本與今本的記錄顯示出其敘述語境的差別與意義。

（二）

【簡本】（2）子曰：有國者章好章惡，以視民厚，則民情不弍。《詩》云：「靖共爾位，好是正直」。

【今本】（11）子曰：有國家者章善癉惡，以示民厚，則民情不貳。《詩》云：「靖共爾位，好是正直」。

　　此章的命題在「主政者好善惡惡，則人民必有情理」，〈小雅‧小明〉可為證。然而二本文一作「章好章惡」，一作「章善癉惡」，雖都意在表現主政者的意志乃有所肯定與否定，但若行為者的表現方法各有所屬，則其義理亦當有所差別。其中的關鍵有二，一是行為的對象在價值上的肯定與否定，另一則是主政者自身的價值表現。簡本「章好章惡」的表述是顯示對象之善惡，今本「章善癉惡」的表述是顯示對象之善與癉憎對象之惡，二者雖都表示善惡之存在，但若考慮在上位者的主動表現，其於實踐作用上則有成效之別，所以對於民眾的影響，一是造成民情無差失，另一則造成民無二情。質言之，在上位者若僅是顯示善惡之對象，亦即只是單純地顯示善惡的存在，則施政效果上或許促成民情瞭解價值與否的對象而已。然而在上位者若能在行為上，針對是非價值者，表現自己對善的肯定與對惡之痛恨，如此對人民所展現的教化，則可更進於對善惡的區別，促使民情有積極的道德表現，呂大臨曰：「好善惡惡，則民壹歸於義理，此民情所以不貳也」[15]。民情之所以不弍且能不貳，不只是認識善惡，而是民眾本有內在價值性被啟發出來後，主動而積極地實踐好惡，這也纔相合於儒

---

[15] 引自《禮記集解》，p.1326。

學道德自覺之意涵。

（三）

【簡本】（4）子曰：上人疑則百姓惑，下難知則君長勞。故君民者，章好以視民**欲**，謹惡以**渫**[16]民淫，則民不惑。臣**事君，言其所不能，不詒其所能**，則君不勞。《大雅》云：「上帝板板，下民卒癉」。《小雅》云：「非其止共，唯王之邛」[17]。

【今本】（12）子曰：上人疑則百姓惑，下難知則君長勞。故君民者，章好以示民**俗**，慎惡以**御**民之淫，則民不惑矣。臣**儀行**，不重辭，**不援其所不及，不煩其所不知**，則君不勞矣。《詩》云：「上帝板板，下民卒擅」。《小雅》曰：「匪其止共，惟王之邛」。

此章主題分別論述教化對人民百姓的作用，以及君臣上下相互之道。就君上而言，行政態度明確，對價值有所堅持，則能使民眾對道德對象有所肯認，此所以民不惑。故君上「章好」固能導引民風習俗，但是就「欲」作爲行爲根源而言，君上之好善當影響「民俗」之根源—「民欲」，如此治民才有深層的德治意義。再者，謹慎地惡惡固是對治民淫之工夫，然而其導正作用不應只有防治民淫[18]，而要能化除民淫才有教化意義，所以筆者認爲簡文「渫」比今本「御」字在文脈中更具有積極意義。至於臣下對君

[16] 許慎云：「渫，除去也」。段注引證該字有「清潔之意」。《說文解字注・十一篇上二・水部》，p.564。

[17] 原作「非其止之共唯王恭」，筆者斷句及釋文參考上博簡〈緇衣〉及廖名春〈郭店楚簡〈緇衣〉篇引《詩》考〉（《華學》第 4 輯，北京：紫禁城出版社，2000 年）。

[18] 陳偉先生將「謹惡以渫民淫」的「以」下一字釋爲「涃」，讀爲「困」，並說「困有阻礙的意思，與『御』義相近」。詳見《郭店竹書別釋》（武漢：湖北教育出版社，2003 年），p.36。

上，簡本「臣事君」的喻意指出，對於表明自身爲政能力的運用
與界限，臣下當有所確認而不欺紿。此乃呼應「下難知則君長勞」。
至於今本「不重辭，不援其所不及，不煩其所不知」，則是喻示臣
下對君上的體諒，其本文「臣儀行」乃喻臣下應該知曉君上能力
之所在，方不致逾越彼此的理分。簡本與今本皆隱喻政治責任中
的權分。

（四）

【簡本】（5）子曰：民以君爲心，君以民爲體。心好則**體**安之，
君好則民**裕**之。故心以體**廢**，君以民亡。《詩》云：「誰秉國成，
不自爲貞，卒勞百姓」。《君牙》曰：「日溶雨，小民惟日怨，晉冬
耆滄，小民亦惟日怨」。

【今本】（17）子曰：民以君爲心，君以民爲體。<u>心莊則體舒，心
肅則容敬</u>。心好之，**身**必安之；君好之，民必**欲**之。<u>心以體全，
亦以體傷；君以民存</u>，亦以民亡。《詩》云：「<u>昔吾有先正，其言
明且清，國家以寧，都邑以成，庶民以生</u>。誰能秉國成，不自爲
正，卒勞百姓」。《君雅》曰：「夏日暑雨，小民惟曰怨，資多祁寒，
小民亦惟曰怨」。

　　此章以「心」「體」的相互和諧比喻君民關係，其特色不像現
代政治從執政者與人民之間的權利義務的分配上著手，而以互動
的結構考慮一個國家該如何運作。若此一結構有所偏失，則將造
成政治的不穩定。然而就簡本與今本的章法結構來看，其以心、
體來比喻君民關係實隱含不同的考量：

【簡本】

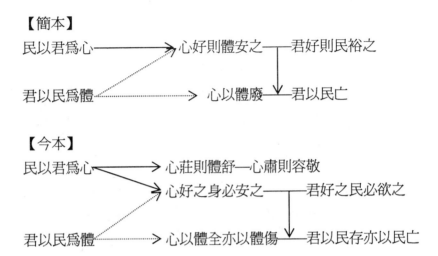

【今本】

「民以君爲心」當然是「心好則體安之（心好之身必安之），君好則民裕之（君好之民必欲之）」，然而加進「君以民爲體」，方顯君民的相互關係，進而才顯「心以體廢（心以體全亦以體傷），君以民亡（君以民存亦以民亡）」，而這也是隱隱地將「君心」的重要性引導到以「民體」爲必然的聯繫，並顯示君民整全性關係。但是比較簡本「心好則體安之，君好則民裕之」與今本「心好之身必安之，君好之民必欲之」的表述，前者乃以心關連至體的安好，喻意君主當使人民裕如，而後者在「好之…必安之」、「好之…必欲之」的語法以及「身」字的使用上，其所謂心、體關係隱含著以主從、內外之別來詮釋君民關係。再者，比較簡本「心以體廢，君以民亡」與今本「心以體全亦以體傷，君以民存亦以民亡」，前者直接指向以民爲體（國家存在的具體基礎）的重要性，後者則是藉由「體全」與「民存」的表述，強調國君與民眾共同作爲整體

的重要性。此外,「君心」的重要性在風行草偃、上行下效之喻中甚是明顯,所以今本的記錄多了「心莊則體舒」、「心肅則容敬」、「心以體全」等三句以君心爲主語的文句,前二句積極地表示心爲主體的重要性,君心的任何價值性行爲將可使外在之體容擁有正面意義,今本逸詩正可引證。「心以體全」則凸顯心「亦以體傷」,消極地警示心、體是一完整結構,國家的存在不能單單依恃以君爲心,亦須以民爲體才能運作。綜而言之,簡本較樸實地展示其政治觀念,對於國家運作的考量不在單向地上對下的掌握,良好的政治運作應有上下回饋的模式纔是。至於今本的記述雖亦肯定君民互爲一體的觀念,但是其文字記錄中則隱含著君心的統御作用,亦即傾向於保留上對下之間的主從關係。

（五）
【簡本】（6）子曰:上好仁,則下之爲仁也爭先。故長民者,章志以**昭**百姓,則民致行己以悅上。《詩》云:「有梏德行,四方順之」。
【今本】（6）子曰:上好仁,則下之爲仁爭先人。故長民者,章志、<u>貞教、尊仁</u>以**子愛**百姓,民致行己以說其上矣。《詩》云:「有梏德行,四國順之」。

　　此章以「仁」爲行爲對象,論述上行下效之功。此章的作者認爲仁政之施行方式重在「章志」,亦即顯現主政者意志之價值所在,簡本以「昭」字示之,乃將德性意義帶入政治以示核心價值在「仁」;而今本在章志之後另有「貞教、尊仁」,同時以「子愛」表現對百姓的關照,孔穎達疏云:「言尊長於人爲君者,當須章明

己志，爲貞正之教，尊敬仁道，以子愛百姓也」[19]，這除了是對好仁與章志的闡釋，亦是具體地道出「仁」之內容，以明行仁者之具有普遍性。[20]簡本的記錄顯示「仁」的觀念從何處發出，今本的記錄則顯示「仁」的觀念在何處完成。

（六）

【簡本】（7）子曰：禹立三年，百姓以仁道，豈必盡仁？《詩》云：「成王之孚，下土之式」。《呂刑》曰：「一人有慶，萬民賴之」。

【今本】（5）子曰：禹立三年，百姓以仁遂焉，豈必盡仁？《詩》云：「赫赫師尹，民具爾瞻」。《甫刑》曰：「一人有慶，兆民賴之」。《大雅》曰：「成王之孚，下土之式」。

　　此章意在彰顯風行草偃之效，故舉歷史上的聖王禹爲典範，引〈大雅・下武〉爲證即是此意。觀其文意重心不僅在於仁政的實行，更在於強調爲政者的表率作用，故曰「豈必盡仁」，陳澔云：「豈必盡仁者，言不必朝廷盡是仁人而後足以化民也，得一仁人爲民之表，則天下皆仁矣。所謂君仁莫不仁也」[21]，孫希旦云：「……非民之皆能仁也，由禹好仁，故民皆化於仁爾」[22]。換言之，若只看在上位者或人民百姓有否實際表現，則容易忽略施政效力的真正因素，即有效的施政其實在教化與引導之實施。由此反觀此章所云，簡本「百姓以仁道」之記錄即注意到教導方面的觀念，而

---

[19]　鄭玄注、孔穎達疏《禮記注疏》，本自阮元重刻《十三經注疏》（臺北：藝文印書館，1989 年）。下引鄭玄注與孔穎達疏文同此，不再註出。

[20]　〈顏淵〉記載：「樊遲問仁，子曰：『愛人』」，孔子的指點表現在爲政上就是「君子學道則愛人」（〈陽貨〉）。

[21]　《禮記集說》（臺北：世界書局，1962 年）。

[22]　同註 2。

今本「百姓以仁遂」則蘊含對實踐之完成的肯定，反映對政治功效的說明。

（七）

【簡本】（8）子曰：下之事上也，不從其所命，而從其所行。上好此物也，下必有甚焉者矣。故上之好惡，不可不慎也，民之柬[23]也。《詩》云：「赫赫師尹，民具爾瞻」。

【今本】（4）子曰：下之事上也，不從其所令，从其所行。上好是物，下必有甚者矣。故上之所好惡，不可不慎也，是民之表也。

　　此章指出，從在下者的角度來觀察為政者的政令與行為，其二者的影響力當屬行為為最，人民對主政者的跟從，主要是以其實際的行為為範式，而人民可以有具體實踐的對象。《論語・子路》：「其身正，不令而行，其身不正，雖令不從」，孔子主張「為政以德」不是考慮人民對政令的認知，而是為政者自身行為對下位者所產生的引導作用及此作用的對象，「上好此物也，下必有甚焉者矣」即是從反面來思考此義。此章的理論關乎二個面向，一個是作用得以產生的根源，另一是作用的對象及其效果，此分別對應簡本與今本的記錄。簡本「上之好惡，不可不慎也，民之柬也」所述乃指上位者謹慎於好善惡惡之行為的發動，因其所影響者乃是人民之揀別（判斷）能力的形成，也就是它涉及人民內在道德能力的擴充。今本「上之所好惡，不可不慎也，是民之表也」則陳述上位者謹慎於好善惡惡之對象，因其所影響者不僅指這些對象可成為人民實踐的對象，而且指出為政者自身亦是一對象，

---

[23] 許慎云：「柬，分別簡之也」，段注引《爾雅・釋詁》曰：「流差柬擇也」。詳見《說文解字注・六篇下・柬部》，p.276。

故今本本文意涵傾向於就外在行爲之效果之實現而言。

（八）

【簡本】（9）子曰：長民者，衣服不改，從容有常，則民德一。《詩》云：「其容不改，出言有訓，黎民所信」。

【今本】（9）子曰：長民者，衣服不貳，從容有常，以齊其民，則民德壹。《詩》云：「彼都人士，狐裘黃黃，其容不改，出言有章；行歸于周，萬民所望」。

假設「民德一」的觀念具有德性意義，則長民者之治民乃啓發人內在價值意涵，其具體實踐可以「衣服不改，從容有常」爲代表，此乃本章之命題。今本正文較簡本多一句「以齊其民」，並與「衣服不改，從容有常」相聯繫，共同成爲「民德壹」的先行條件。林素英先生指出：「今本多出的『以齊其民』，乃是『長民者章志、貞教、尊仁，以子愛百姓』率民以仁之結果」[24]。上文第五則已說明今本第 6 章的記錄，闡釋了仁的觀念在實踐「章志、貞教、尊仁、子愛百姓」，故今本的第 9 章含意除了肯定化民之德外，還通過齊民的行爲來隱喻政治的作用，以回應長民者的爲政意義；而簡本的記錄則沒有顯示政治活動的具體對象與效果。

（九）

【簡本】（10）子曰：大人不親其所賢，而信其所賤，教此以**失**，民此以**變**。《詩》云：「彼求我則，如不我得。執我仇仇，亦不我力」。《君陳》曰：「未見聖，如其弗克見；我既見，我弗迪聖」。

【今本】（15）子曰：大人不親其所賢，而信其所賤；民是以**親失**，

---

[24] 同註 13，p.25。

而教是以**煩**[25]。《詩》云：「彼求我則，如我不得。執我仇仇，亦不我力」。《君陳》曰：「未見聖，若己弗克見；既見聖，亦不克由聖」。

　　此章引《詩》、《書》以證為政者用人之道當秉持親賢賤不肖，勿反其道，以免政教有所失當。對於政教之失的內容，簡本的記錄強調教化之淪喪，意即「親其所賢而信其所賤」將導致無法執行教化，而施教之對象則改其常態，故「民此以變」，亦即成為非正常施教之對象。今本的記錄著重於指出施教對象將無親親之行，亦即「民是以親失」，如此所造成的教化之不當，足以煩擾為政者之施政。易言之，簡本對政教之失的記載，應是隱喻教民之失不僅關係到倫理失常，實則應該返回教化失序的源頭，亦即其肇始於為政者未將好善惡惡的德性意義顯示出來。而今本對政教之失的記載則是反應教化對象的不倫，以此反省政教之煩之所由；它注意的是為政者之用人不當所產生的負面影響，也就是指「親其所賢而信其所賤」所直接造成的後果是政教的失效，而未隱喻德性之要求。

（十）

【簡本】(11) 子曰：大臣之不親也，則忠敬不足，而富貴已過也。邦家之不寧也，則大臣不治，而褻臣託也。此以大臣不可不敬，民之蕝也。故君不與小謀大，則大臣不怨。《祭公之顧命》云：「毋以小謀敗大作，毋以嬖御息莊后，毋以嬖士息大夫、卿士」。

【今本】(14) 子曰：大臣不親，百姓不寧，則忠敬不足，而富貴已過也。大臣不治，而邇臣比矣。故大臣不可不敬也，是民之表也；邇臣不可不慎也，是民之道也。君毋以小謀大，<u>毋以遠言近，</u>

---

[25] 孔穎達疏云：「教是以煩者，言群小被親，既無一德政，教所以煩亂也」。

毋以內圖外，則大臣不怨，邇臣不疾，而遠臣不蔽矣。《葉公之顧命》曰：「毋以小謀敗大作，毋以嬖御人疾莊后，毋以嬖御士疾莊士、大夫、卿士」。

　　比較簡本與今本的章法：

【簡本】
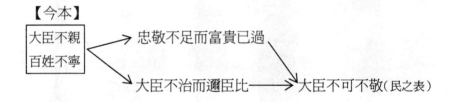

【今本】

　　簡本之所論表示，大臣不親意謂著忠敬的缺乏與富貴的過當，而邦家不寧則意謂著大臣失治與佞臣得勢，實則前後二項互為因果，而且在如此的關係下，應得出大臣當敬並以為民之表率之義理。至於今本所論乃以忠敬的缺乏、富貴的過當、大臣失治、佞臣得勢等全都包含在大臣不親與百姓不寧的現象中，藉此指出君臣之道的理則。兩相比較，簡本本文將大臣不親與邦家不寧當作二種因素來說明政治中的損益關係，乃是較為獨立地呈現忠敬的原因性。而今本則將忠敬與政治因素合在一起，以反映出為政的重要性，所以其本文記錄著毋以小謀大則大臣不怨、毋以遠言近則邇臣不疾、毋以內圖外則遠臣不蔽等等政治道理。質言之，

簡本與今本的記錄雖然都表示著君臣當以（忠）敬互為主體[26]，亦即君臣之間應以價值觀念維繫之，然而在豁顯君臣之道的德性義蘊上，今本本文傾向於表述君臣關係在政治運作中的重要性。

（十一）

【簡本】（12）子曰：**長民者**教之以德，齊之以禮，則民有**勸**心；教之以政，齊之以刑，則民有欺[27]心。故慈以愛之，則民有親；信以結之，則民不倍；恭以蒞之，則民有遜心。《詩》云：「吾大夫恭且儉，靡人不斂」。《呂刑》云：「非用臸，制以刑，惟作五虐之刑曰法」。

【今本】（3）子曰：**夫民**，教之以德，齊之以禮，則民有**格**心；教之以政，齊之以刑，則民有遜心。故**君民者**，子以愛之，則民親之；信以結之，則民不倍；恭以蒞之，則民有孫心。《甫刑》曰：「苗民匪用命，制以刑，惟作五虐之刑曰法」。是以民有惡德，而遂絕其世也。[28]

此章文義明顯相合於《論語・為政》：「道之以政，齊之以刑，民免而無恥；道之以德，齊之以禮，有恥且格」。簡本與今本的記錄分別發展了孔子德政之道的精神，亦即論述政治的根本在導入

---

26 《論語・里仁》記載「曾子曰：『夫子之道，忠恕而已矣』」，朱子注云：「盡己之謂忠」。

27 「欺」字從劉信芳〈郭店簡《緇衣》解詁〉與白於藍〈釋「欺」、「綦」〉（《古文字研究》第 22 輯，2000 年 7 月）釋文。又李零先生釋該字為「免」，上博簡〈緇衣〉對應「民有欺心」作「民有免心」，李零先生說「免」與「遜」含意相近（《郭店楚簡校讀記（增訂本）》p.65）。白於藍先生之文中將《論語・為政》：「民免而無恥」的「免」字與今本之「遜」、簡本之「欺」相對，且讀為「謾」，其與遜、欺義同。

28 加底線文句乃直接闡釋該章所引證之《尚書》，又因簡本及上博簡〈緇衣〉皆未有此二句話，故本文不討論。

德禮[29]，而不在以政刑爲工具。然就異文觀之，簡本「長民者」乃爲政者之謂，今本「夫民」則就接受政教者而言。簡本「民有勸心」意謂受教者有致力於道德實踐之自覺。今本「民有格心」意謂受教者致力於改正其不良之行爲以使之合於道德的規範[30]，即隱含對行爲之調整。換句話說，簡本之記錄蘊含道德自覺應從爲政者延伸到受教者，以使受治之民眾亦有德性內涵，如此方是掌握了儒學爲政以德之義理。而今本之記錄傾向於從爲政者到教化對象這二端的聯繫，隱約地指出「君民者」在爲政中的領導作用。相較之下，今本的文義強調了政治作用這一面向。唯從簡本、今本對「心」字的使用，可見其對道德根源意義的掌握，實有進於《論語》的記載。

（十二）

【簡本】（16）子曰：君子道人以言，而**恆**[31]以行。故言則慮其所終，行則稽其所敝；則民慎於言而謹於行。《詩》云：「穆穆文王，於緝熙敬止」。

【今本】（8）子曰：君子道人以言，而**禁人**以行。故言必慮其所終，而行必稽其所敝；則民謹於言而慎於行。《詩》云：「慎爾出話，敬爾威儀」。《大雅》曰：「穆穆文王，於緝熙敬止」。

　　「聽其言而觀其行」（〈公冶長〉）乃孔子對人有所肯定的方法之一，而且強調「君子恥其言而過其行」（〈憲問〉），並依此來治民。

---

[29] 虞萬里先生指出，此章引《甫刑》之深意，寓有苗民最終賓服於虞帝之德的傳聞，有強調禮、德之治之意。參見〈儒家經典《緇衣》的形成〉。

[30] 朱子注「道之以政」章云：「格，至也」，又云：「一說，格，正也」。

[31] 涂宗流・劉祖信《郭店楚簡先秦儒家佚書校釋》將「恆」字釋作「亙」，「窮盡」之義。詳見該書 p.363。

此章若就行政效果而言，當是教導人民謹慎其言行。然若考慮言行配合一致之有價值性可言，則此章所意謂者，不僅要表述以言導人為善與以行防人為惡，更要透過言行的實踐來展現為政者的德性，而其具體內容就是「言則慮其所終，行則稽其所敝」，亦即言而有信，行而有言[32]。換言之，言行所展現的是意志的貫徹。因此，簡本「恆以行」不僅是以行竟成其言[33]或是強調行對言的重要性[34]，更是藉由言行表達出意志的恆常性，而使人有價值意義。

（十三）

【簡本】（17）子曰：言從行之，則行不可匿。故君子顧言而行，以成其信，則民不能大其美而小其惡。《大雅》云：「白珪之石，尚可磨也；此言之玷，不可為也」。《小雅》曰：「允也君子，則也大成」。《君奭》曰：「昔在上帝，割紳觀文王之德，其集大命于厥身」。

【今本】（24）子曰：言從而行之，則言不可飾也；行從而言之，則行不可飾也。故君子寡言而行，以成其信，則民不得大其美而小其惡。《詩》云：「白圭之玷，尚可磨也；斯言之玷，不可為也」。《小雅》曰：「允也君子，展也大成」。《君奭》曰：「在昔上帝，周田觀文王之德，其集大命于厥躬」。

　　今本「言從而行之，則言不可飾也；行從而言之，則行不可

---

[32] 《論語・為政》：「子貢問君子，子曰：『先行其言，而後從之』」。

[33] 劉信芳〈郭店簡《緇衣》解詁〉解「恆」為「竟」義，並說：「蓋君子既道人以言矣，則竟以行，終言所之境以行」。

[34] 楊澤生先生釋作「極以行」，「極」訓作「終或者盡頭、終止、終極」，並解「君子道人以言，而極以行」為：「君子用言來教導或引導人，而最終要通過行（來『導人』），也就是最終要落實到行，或者說『言』最終要以『行』為依歸」。詳見〈關於郭店楚簡《緇衣》篇的兩處異文〉（《孔子研究》，2002年第1期）。

飾也」明顯表達出言行相互配合而使言行有一致性的重要性[35]。簡本的記錄沒有「則言不可飾也」及「行從而言之」，故在文義上對於言行之相互關係不若今本完整。然就孔子云「言必信，行必果，硜硜然小人哉」（〈子路〉）一語來看，則言行的相合當不是君子所應必然完成，而是應有「言從行之」之實踐意志的表現，如此方能「行不可匿」。「君子顧言而行」即是強調先行於言以完成「信」，將其落實在治民之教化上，即使人民有「不得大其美而小其惡」的行為表現。比較上博簡〈緇衣〉，首句作「子曰言率行之」，其意雖可反向地以行從言來詮釋「信」，然從今本強調「故君子寡言而行」觀之，對於呈現「信」的價值，「行」的優先性甚是明顯，故上博本「言率行之」之意義仍是順向地以言從行來理解為佳。綜而言之，今本、簡本、上博本皆意謂人之言行之有意義，乃在實踐意志之方向上的一致性，亦即言行之配合得當纔蘊含「信」之德性，如此不僅肯定實踐者的人格，更有政治效果。

（十四）

【簡本】（20）子曰：私惠不**懷**德，君子不自留焉。《詩》云：「人之好我，旨我周行」。

【今本】（22）子曰：私惠不**歸**德，君子不自留焉。《詩》云：「人之好我，示我周行」。

《論語・里仁》云：「君子懷德，小人懷土。君子懷刑，小人懷惠」。私惠乃不合道義者，鄭玄注云：「相惠以褻瀆邪辟之物是

---

[35] 虞萬里先生指出，根據《論語・里仁》：「子曰：古者言之不出，恥躬之不逮也」，以及《中庸》：「庸德之行，庸言之謹，有所不足，不敢不勉，有餘不敢盡。言顧行，行顧言，君子胡不慥慥爾」，今本之增飾是撮取孔子在不同場合所言之意旨來完足句意。詳見〈儒家經典《緇衣》的形成〉。

爲不歸於德」，然而不僅是私惠之物不德，更根本的是，私惠本身就是不德，此乃因其行爲之不公來自存心之不公，故君子之思當常存德性。簡本「懷德」顯德性，而今本「歸德」顯德行，就內在道德性乃儒學哲理之根據而言，簡本文字之記錄於義較勝。

（十五）

【簡本】（22）子曰：輕絕貧賤，而重絕富貴，則好仁不堅，而惡惡不著也。人雖曰「不利」，吾弗信之矣。《詩》云：「朋友攸攝，攝以畏儀」。

【今本】（21）子曰：輕絕貧賤，而重絕富貴，則好賢不堅，而惡惡不著也。人雖曰「不利」，吾不信也。《詩》云：「朋友攸攝，攝以威儀」。

儒學的實踐性乃在道德自覺之擴充，與人交往亦是如此，義利之別即是具體標準，而此一標準不僅用在交往的對象上，同時也由此來考察實踐者自身之行爲根源是否存在著德性。質言之，君子的交友行爲不僅能看到交往對象的屬性，還能反應出交友者自身的實踐依據。今本「好賢」固有肯定道德能力之謂，然而簡本「好仁」則直指道德能力的根源，且仁者亦顯交友者道德意識之所在，故就二者文義而言，當以簡本較勝。

（十六）

【簡本】（23）子曰：宋人有言曰：「人而亡恆，不可爲卜筮也」。其古之遺言與？龜筮猶弗知，而況於人乎？《詩》云：「我龜既厭，不我告猷」。

【今本】（25）子曰：南人有言曰：「人而無恒，不可以爲卜筮」。

古之遺言與？龜筮猶不能知也，而況於人乎？《詩》云：「我龜既厭，不我告猶」。《兌命》曰：「爵無及惡德，民立而正事」。「純而祭祀，是爲不敬；事煩則亂，事神則難」。《易》曰：「不恒其德，或承之羞」。「恒其德偵，婦人吉，夫子凶」。

　　此章所論乃恆之德，其引《小雅・小旻》則證無恆者難以聽天命，故此章命題隱含德性與天命的聯繫，而探知天命在古代即表現爲占卜活動。今本引《尙書》《周易》爲證，其實是延伸本章之宗教特色，所以引《商書・說命》述及祀神，而《周易》雖本爲卜卦而設，但因其以推衍恆之德爲要，故引述「爵無及惡德，民立而正事」以及「不恒其德，或承之羞」。易言之，有德者方能傾聽天意是簡本與今本共同的命題，然而今本的記錄則將其中義理推廣開來以顯現其形而上的思維。

　　綜合上文的分析可知，簡本與今本對於儒學德政之思想皆有所肯定，唯對照其理論結構之要素與敘述概念之分配，則可發現二本文對於掌握儒學之義理方面各有其發展。簡本的記錄單純地保持儒學的德性意涵，而今本的記錄則是傾向於將儒學實踐在爲政中的政治作用表述出來。進而言之，《禮記・緇衣》本文傾向於在爲政以德中表現出行政上的作用面，以指出治民固然在展現德性意義，但現實政治上的效果亦不得不考慮，即如〈樂記〉所云：「禮以道其志，樂以和其聲，政以一其行，刑以防其姦。禮、樂、刑、政，其極一也，所以同民心而出治道也」。若以技術性思想來考量治道，則禮、樂、刑、政就單純是外在的規範，只顯其強制力。然而外在規範之教化作用若來自於內在道德性，則治道方有其儒學意義，而若爲政者以此觀念開展政治，則其效果才具有普遍性。在儒學理論所開顯的論域中，簡本〈緇衣〉傾向於觀念性

的鋪陳，而今本則強調其效果性。

第三節 〈緇衣〉所蘊含的「禮」觀念及其儒學

〈緇衣〉在漢代被收編為「禮」的記文，卻只在《禮記》本第 3 章「夫民，教之以德，齊之以禮，則民有格心」[36]出現「禮」一詞，由此顯示出漢人編輯《禮記》時已意識到孔子的「禮」觀念不只停留在禮儀文飾的作用[37]，而且還認為「禮」的執行上還可普遍到其他對象。

> 〈衛靈公〉：「子曰：『君子義以為質，禮以行之』」。
> 〈微子〉：「不仕無義……君子之仕，行其義也」。[38]
> 〈先進〉：「子曰：『為國以禮』」。
> 〈里仁〉：「子曰：『能以禮讓為國乎？何有？不能以禮讓為國，如禮何？」

「禮」在孔子之學中當然首重其道德的價值意涵[39]，因而在實踐的過程中，禮作為道義的載體，有德者之行義非自拘於個我，而是在出仕中展現義之禮的意義。換言之，孔學視政治活動為道德活動的延伸，故藉由政治道德化以實現仁義禮的天下，此即建構了後世儒學之發展必包含為政（人文化成天下）之結構。進而

---

[36] 簡本第 12 章寫作「長民者，教之以德，齊之以禮，則民有勸心」。
[37] 〈陽貨〉記載：「子曰：『禮云禮云，玉帛云乎哉？樂云樂云，鐘鼓云乎哉？』」。
[38] 雖是子路語隱者之言，然就故事脈絡觀之，子路所言亦是孔子意思。
[39] 〈八佾〉記載：「子曰：『人而不仁，如禮何？人而不仁，如樂何？』」。

言之,「禮」的實踐有二個面向,一是士人通過義理的自覺,將傳統制度儀文賦予價值意義,亦即將「禮」原具的秩序性轉化爲道德的秩序。另一則是士人對具有價值意義的「禮」的展現,即透過士人的身份,從自我完成擴及家庭、社會乃至國家,意即在歷史條件中尋求實踐「禮」的最大效力,這在古代就是爲政[40],而其中的主要架構即是君臣之道。孔子所開創的儒學視君臣關係不單是上下位置的區分,在政治的體制中亦涉及「權分」的問題[41],孔子所謂「君君,臣臣」之觀念即爲明證[42]。然而君之所以爲君,臣之所以爲臣該如何展現呢?〈八佾〉記載:「定公問:『君使臣,臣事君,如之何』?孔子對曰:『君使臣以禮,臣事君以忠』」。〈微子〉記載孔子遣子路回覆隱者的話:「不仕無義……君臣之義,如之何其廢之?欲潔其身,而亂大倫。君子之仕也,行其義也」。君臣關係雖是因應制度的需求而出現,然其間的維繫不僅是在制度的功能或「禮」之名,而且還在於將義的內涵延伸進制度裏,所以臣之忠是行義,亦是真正有禮,此即所謂君臣之義。「義」乃意謂道德責任,然而責任不單單是在臣下,君主亦有其責。亦即藉由上下責任的聯繫,擴展到家、國、天下,如此,人倫方有倫理可言,而政治秩序也纔有其普遍性。因此,〈緇衣〉的「禮」觀念

---

[40] 《禮記·經解》與《孝經·廣要道》皆記載孔子曰:「安上治民,莫善於禮」。唐玄宗注、邢昺疏《孝經注疏》,本自阮元重刻《十三經注疏》(臺北:藝文印書館,1989 年)。

[41] 勞思光先生申論孔子正名觀念:「爲政以『正名』爲本,即是說以劃定『權分』爲本;蓋一切秩序制度,基本上皆以決定權利義務爲目的。在一社群中,權分之劃分既明,即可建立一生活秩序;如專就政治秩序說,一切政治制度之主要作用亦只是權分之劃定」。《新編中國哲學史(一)》(臺北:三民書局,1991年),p.123。

[42] 〈顏淵〉:「齊景公問政於孔子。孔子對曰:『君君,臣臣,父父,子子』」。

不是直接在字面上陳述[43]，而是蘊含在爲政主體之君、臣、人民的相互和諧運作中，以透顯「禮之本」[44]之實存及其道理[45]。

　　根據上節所詮釋之〈緇衣〉異文，其爲政觀念之儒學義理可從三個面向來論證。

（一）道德價值與政治意義

　　孔子所創建之儒家哲學的特色之一在於重新界定生活世界的秩序，並以人倫道德作爲行爲處事的基礎。道德價值是有志者在世活動的充分條件，〈爲政〉：「或謂孔子曰：『子奚不爲政』？子曰：『書云：「孝乎惟孝、友于兄弟，施於有政」。是亦爲政，奚其爲爲政』」。爲政的客觀環境是在階級地位與掌握權力上，而有德者並沒有必然的能力可以創造它們，唯以操之在己的道德實踐來面對爲政的可能性。孔子藉由《尙書》喻示從政活動主要是爲了展現「政」的精神—親情倫理，亦即國政以家政爲其基礎，而爲政之行爲以倫理爲其先決條件。〈子路〉記載：

> 子路曰：「衛君待子而爲政，子將奚先？」子曰：「必也正名乎！」子路曰：「有是哉，子之迂也！奚其正？」子曰：「野哉由也！君子於其所不知，蓋闕如也。名不正，則言不順；言不順，則事不成；事不成，則禮樂不興；禮樂不

---

[43] 孔穎達疏文引鄭玄《禮記目錄》所述劉向《目錄》，屬「通論」類十六篇，這些篇文的內容除了論「禮」的相關問題，其中也包含政治、教育、學術、修養等理論，可見「禮」觀念之多元。詳見《禮記注疏》中孔穎達於每篇名下的疏文。

[44] 〈八佾〉：「林放問禮之本。子曰：『大哉問！禮，與其奢也，寧儉；喪，與其易也，寧戚』」。

[45] 《禮記‧仲尼燕居》：「子曰：『禮也者，理也』」。

興，則刑罰不中；刑罰不中，則民無所措手足」。

　　此謂政治秩序來自於正名，其實踐在於「正」，孔子曰：「政者，正也。子帥以正，孰敢不正」（〈顏淵〉），上引文指出「正（政）」的活動保障了名－言－事－禮樂－刑罰－民之間的蘊含關係。文中的觀念在於以德性引導教化，亦即在宗法社會中如不確認自己在倫理上的正當性，則一切行為活動的展現將無理序可言，故正名不只有「君君、臣臣」，亦必有「父父、子子」。如此關注倫理與政治的實踐性的思想，亦反映在〈緇衣〉中，例如簡本第 6 章的好仁、簡本第 12 章（今本第 3 章）的慈、信、恭等德目的實踐對象皆在民眾。再如「信」，〈顏淵〉記載孔子強調：「民無信不立」，比較簡本第 9 章引詩「其容不改，出言有訓，黎民所信」證「衣服不改，從容有常」，其指出為政者與人民之間的穩固關係，除了透過言的聯繫外，儀表容貌的恆常性亦是維繫民眾的方法之一。再舉上節第十則所探討的「大臣之不親也，則忠敬不足」章[46]為例，其論乃指君上對待臣下之道；而君臣關係於儒學中乃人倫的延伸，「君使臣以禮」（〈八佾〉）、「君臣之義」（〈微子〉）皆說明孔子以道德意義為人君之理分，所以君臣關係不當以行政順遂與否或符合國家體制為考量，亦即只徒恃體制形式來約束君臣關係。反之，君臣間的互動其實應存在著德性因素，且使其普遍化至臣民之中。故〈緇衣〉所述皆說明了孔學的脈絡乃依循人倫價值而擴大到政治行為。

　　鄭玄為《禮記》作序云：「禮者，體也，履也。統之於心曰體，

---

[46] 簡本第 11 章，對照今本為 14 章，寫作「大臣不親，百姓不寧，則忠敬不足」。

踐而行之曰履」[47]。此謂儒學理論將道德價值與政治意義結合爲體用關係，亦即道德價值爲體，政治意義爲用。人是以道德存有爲基礎，並藉由存在活動彰顯其德性意涵，故用之有體乃爲必然，亦即爲政、從政、施政、行政種種政治活動必以德性觀念爲依歸，此非以政治蘊含道德，而是強調道德蘊含政治。參照此蘊含關係，〈緇衣〉云：「爲下可述而志也，則君不疑於其臣」（簡本 3 章、今本10 章），意謂從政者之有志纔爲臣道。〈緇衣〉又云：「唯君子能好其匹，小人豈能好其匹（今本作「小人毒其正」）。故君子之友也有向，其惡有方。此以邇者不惑，而遠者不疑」（簡本 21 章、今本 22 章），對照〈子路〉記載：「葉公問政。子曰：『近者說，遠者來』」，由此可知，君子與小人交友之道之別可申論爲政之道。再如簡本無而今本有之文章：「下之事上也，身不正，言不信，則義不壹，行無類也」（今本 18 章），意謂從政之道著重於表現其道義責任，此不亦是孔子所謂：「苟正其身矣，於從政乎何有？不能正其身，如正人何？」（〈子路〉）之意。易言之，即簡本、今本第 9 章所謂長民者在「民德一」。二本文皆揭示道德政治乃是有體有用，亦即體用一源，而以內在道德性爲主體。惟簡本在論述的語境中傾向於表達出道德意義，如 1 章之「好美」、2 章之「章好章惡」、4 章之「潆民淫」、8 章之「民之柬」、16 章之「恆以行」、20 章之「懷德」等。而今本則傾向於表述出其政治作用之意義，如 2 章之「好賢」、6章之「貞教」、9 章之「以齊其民」、11 章之「章好癉惡」、12 章之「御民之淫」、17 章之以心體關係喻君民關係等。然而二者文義之異乃同中有異，即在孔學義理之傳衍中，隨著文本意義的開顯而展現其儒學之脈絡與詮釋。

---

[47] 引自《禮記注疏》之序言。

（二）治民與刑

今本第 1 章為簡本所無，其記載：「子言之曰：『為上易事也，為下易知也，則刑不煩矣』」。筆者認為此章總要〈緇衣〉的政治思想包括刑的問題[48]，亦即治民行為可能須用到消極的約束力。〈為政〉篇記載：

> 子曰：「道之以政，齊之以刑，民免而無恥；道之以德，齊之以禮，有恥且格」。

「民免而無恥」與「有恥且格」，簡本第 12 章作「民有欺心」與「民有勸心」，而今本第 3 章則作「民有遯心」與「民有格心」。「心」字的概念表示二本文皆依孔子學說來申說內在道德根源當可由為政者啟發之，而其關鍵在施政方法不同而有不同的結果。進而論之，對於治民之教化可區分為施教者與受教者，而其中亦包括施教活動，三者構成一為政過程。施教者乃理論的實踐者，而施教活動則指實踐之方法，至於受教者乃則是理論實踐的對象與成效之所在。〈為政〉之義指出一般政治觀念只考量其效果問題，所以注重施政的工具，這反映了該思維僅問成效，不論人（民）之道德性，當然亦無內在價值之謂與恆常性，如此並非國家長久之道。對於為政，孔子之學所重者在於內在道德性之啟發，意即思考實踐的根源，而不僅止於考量外在之效用。故德禮的施行乃

---

[48] 對於〈坊記〉首章以「子言之」發端，孔疏云：「此一章稱子言之者，以是諸章之首一篇總要故重之，特稱子言之也」。因而今本〈緇衣〉首章應是記錄者表達其對該篇思想之總括。

在轉化政刑的工具性，即將外在制約轉成內在服膺秩序的動力，而其大前提則為德禮本身就是施教者，亦即為政者，如此方顯風行草偃之效。質言之，能顯示德禮之教化者方具有長久的效力，而其效力就是來自於人民自願致力於價值活動，亦即其有效性來自於道德的普遍性。

〈緇衣〉對於刑的觀念亦不外乎孔學的脈絡，孔子曰：「君子懷德，小人懷土。君子懷刑，小人懷惠」（〈里仁〉），意謂此一君子若為為政者，只要秉持懷德與懷刑來施政，就能達到「民咸扢而刑不屯」（簡本第 1 章）與「刑不試而民咸服」（今本第 2 章），而其先決條件就是為政者須有相應的道德能力與道德活動，亦即「好美惡惡」（簡本第 1 章）或「好賢惡惡」（今本第 2 章）。〈緇衣〉第 13 章亦涉及治民與刑的關係，其云：「政之不行，教之不成也，則刑罰不足恥，而爵不足勸也。故上不可以褻刑而輕爵。《康誥》云：『敬明乃罰』。《呂刑》云：『播刑之迪』」[49]。此章由於表明政教蘊含刑罰，以及引《尚書》證刑罰之道，故文義不顯懷德[50]，然而「緇衣」章已指出好善惡惡乃人君明德慎罰的先決條件，故政教之有刑罰，當以道德為其內涵，而非唯依外在賞罰來勸民。《左傳·昭公二十九年》記載晉鑄刑鼎，而孔子評論道：

> 晉其亡乎，失其度矣。夫晉國將守唐叔之所受法度，以經緯其民，卿大夫以序守之，民是以能尊其貴，貴是以能守其業。貴賤不愆，所謂度也……今棄是度也，而為刑鼎，

---

[49] 簡本、今本章序相同，其異文在今本作「爵祿不足勸也，刑罰不足恥也」，與引《尚書》作「播刑之不迪」。

[50] 今本以「政不行、教不成、爵祿不足勸、刑罰不足恥」等現象為「不可褻刑而輕爵」的原因，亦隱喻賞罰為政治技術。

> 民在鼎矣，何以尊貴？貴何業之守？貴賤無序，何以為國？
> 51

　　法度的作用在於保守倫理，然其乃消極意義，故說「貴賤不愆，所謂度也」。唯一旦形式化，有如刑鼎的設置，則此法度完全由外在規範所決定，即「民在鼎矣」，是以國家倫理將失序。上引文雖不就德禮的積極意義說，但是對於顯示孔子思想如何看待刑罰的消極作用，卻有參考的意義。此可從二方面來看，一是研究者多能指出楚簡〈緇衣〉表達「尊德抑刑」或「明德慎罰」的觀念[52]，即當依道德意識操作刑罰。二是刑（法）的效用出自於對後果的畏懼—制約，而禮的約束力則來自於內在道德性對規範的跟隨—導引，亦如上文所引孔子對「正名」觀念的內涵：「禮樂不興則刑罰不中」，即外在規範可以有很多種，但是規範性的產生則只由德性所決定，故云：「人而不仁，如禮何？人而不仁，如樂何？」（〈八佾〉）。將此觀念擴大到政治活動，必有施政之效果，故孔子曰：「上好禮，則民莫敢不敬；上好義，則民莫敢不服；上好信，則民莫敢不用情」（〈子路〉），不亦表示政治的意義與作用蘊含在道德價值中。

51　杜預注、孔穎達疏《春秋左傳正義》，本自阮元重刻《十三經注疏》（臺北：藝文印書館發行，1989年）。
52　前者如韓碧琴〈《禮記‧緇衣》與郭店楚簡〈緇衣〉之比較〉（《興大人文學報》第33期，2003年6月）、虞萬里〈儒家經典《緇衣》的形成〉，後者如林素英〈從施政策略論〈緇衣〉對孔子理想君道思想之繼承—兼論簡本與今本〈緇衣〉差異現象之意義〉。

（三）君子之言行

　　儒家哲學之目的固在成德行爲之表現，故實踐的精神不在於
精細其理論，而是完滿達至行爲才有最終意義，所以儒學在「言」
之問題上當然不多辯說，而是強調「行」之工夫纔能表達君子志
向之所在。然而，語言能力是人類的特質之一，生而爲人不可能
不面對這個存在，故有德者成就人之所以爲人時亦須處理此一課
題。

　　　〈爲政〉：「子貢問君子。子曰：『先行其言，而後從之』」。
　　　〈里仁〉：「子曰：『古者言之不出，恥躬之不逮也』」。
　　　〈里仁〉：「子曰：『君子欲訥於言，而敏於行』」。
　　　〈憲問〉：「子曰：『君子恥其言之過其行也』」。

　　由此可知，孔子的學說對言行問題雖已預認兩者的存在，唯
其關注者乃在「行」的完成，至於「言」所需注意者，則在言過
其行，故孔子說：「其言之不怍，則爲之也難」（〈憲問〉），其中的觀
念在於道德意識有無反映在言行上，是以上引文以「恥」明之。
易言之，行比言更能考察道德意志之貫徹。雖然理想的情況是言
行合一，但是就言、行個別活動上來看，言比行更容易表現，故
造成現實上，往往須以行符合言，故說「先行其言」與「訥於言
而敏於行」，即意謂行爲者的意志乃是言行相符的關鍵，因而在成
德的表現上，孔子肯定「行」有優先性。此中不啻因爲以「言」
合「行」較爲順當，更是由於「行」才是德性內涵在經驗世界中
的代表者。〈顏淵〉篇記載：

> 顏淵問仁。子曰：「克己復禮為仁。一日克己復禮，天下歸仁焉。為仁由己，而由人乎哉」。顏淵曰：「請問其目」。子曰：「非禮勿視，非禮勿聽，非禮勿言，非禮勿動」。

　　禮以視、聽、言、動為其具體展現，而其活動產生之根源當來自內在道德性—仁，此即具有天下歸仁的普遍性。上引文除了說明禮之本外，孔子亦界定禮之行為德目，而且指出言不只是禮的一部份。廣義地說，言其實即包含在「行」之中。進而言之，言行合一的極致表現乃以行為言，〈陽貨〉篇記載：

> 子曰：「予欲無言。」子貢曰：「子如不言，則小子何述焉」。子曰：「天何言哉？四時行焉，百物生焉，天何言哉」。

　　以此觀之，「先行其言」的深層意涵在於以「行」蘊含「言」，亦即通過「行」的活動來完成「言」的合理性，而其前提當然是以德性灌注到「言－行」中，故孔子云：「有德者，必有言。有言者，不必有德」(〈憲問〉)，意謂「德」是「言」的必要條件。再者，面對子張問「行」，孔子曰：「言忠信，行篤敬」(〈衛靈公〉)，更是證明「行」乃以「言－行」之有道德價值為其內涵。
　　既然先行其言是一道德活動，當其展現到政治活動上，亦有其價值意義。孔子教導子路「正名」觀念，其結論云：「君子名之必可言也，言之必可行也。君子於其言，無所苟而已矣」，由此可知，「言－行」的必然性是君子身為為政者的要件，此理同簡本〈緇衣〉第 15 章所云：「可言不可行，君子弗言；可行不可言，君子

弗行。則民言不危行，行不危言」[53]。簡文除了說明君子之「言－
行」無所苟之外，還表示出君子之「言－行」亦是爲政之要素。
前者之無所苟，是因爲「人苟有言，必聞其聲；苟有行，必見其
成」（簡本 19 章）[54]。言行必有驗證，甚至從君王的位階還有擴大作
用的現象——「王言如絲，其出如緡，王言如索；其出如綍」（簡本
14 章）[55]。此種敘述表明在上位者的言（行）舉止會產生極大的教
化作用，故此章結語「大人不倡流言」（今本作「游言」）。就君主言
（行）活動之積極面觀之，亦有「民慎於言而謹於行」（簡本 16 章）
[56]之施政效果，甚至可以導引出「民不能（得）大其美而小其惡」
（簡本 17 章、今本第 8 章）之道德行爲。儒家哲學對言行之觀念不單
從人的活動作用來考量，而且將有德者的成德之教蘊含於其中，
以啓發人（民）之道德價值，進而致力於政治意義的呈現，以人
文化成有價值理序的天下。

第四節　〈緇衣〉的研究意義

　　〈緇衣〉所提供的思想不是從政治層面來思考道德的功能，
而是從道德層面來思考政治的功能。茲因爲政在當時是士人必須
面對的現實，而且此一現實具有由上而下的推動力，故由此來實
踐理論，必能普遍化該理論的實際效力。這就是「爲政以德」的

---

[53] 今本爲第 7 章後半部，其文作「可言也，不可行，君子弗言也；可行也，不
可言，君子弗行也。則民言不危行，而行不危言矣」。
[54] 今本第 23 章作「人苟或言之，必見其聲；苟或行之，必見其成」。
[55] 今本第 7 章前半部作「王言如絲，其出如綸；王言如綸，其出如綍」。
[56] 今本第 8 章作「民謹於言而慎於行」。

觀念。德政觀念乃回應道德如何面對客觀世界的現實的問題,具
體而言,孟子以仁義觀念回應梁惠王詢問國家利益即是問題的答
案的代表[57],而答案的根據不外乎孔子之「夫仁者,己欲立而立人,
己欲達而達人」(〈雍也〉)與孟子之「君子以仁存心,以禮存心」(〈離
婁下〉),凡此皆意謂君子之仁不但可以作為生命存在之意義,更能
以仁而有禮應對客觀制度的問題,此乃古典儒學內聖外王的基礎
觀念。就內聖而言,孔子云:「禮云禮云,玉帛云乎哉?樂云樂云,
鐘鼓云乎哉」(〈陽貨〉),又云:「人而不仁,如禮何?人而不仁,如
樂何」(〈八佾〉)。由於當時周文之禮樂作為客觀形式,已無價值內
涵可言,故孔子極力賦予其深刻的德性意義以為維繫,並且進而
以人的意義與人道思想為其著力點,以建構起儒家倫理學的核
心。就〈緇衣〉作為孔子學說的脈絡而言,其以好善惡惡、盡仁、
章志、德禮、忠信、懷德、有恆等德性觀念呼應之。再就外王而
言,在當時的體制中,教化成敗與否,端賴為政者或君主能否負
責任,且應該負最大的責任,所以《論語》中可以看到孔子對天
下政治有相當多的理想;甚至在孔子的傳記中,我們也可以看到
這位古代哲學家在顛沛流離中,試圖成為使天下有道者,此乃為
實踐理論而有的哲學精神。〈微子〉篇記載隱者間接向孔子提出避
人與避世的選擇,孔子回答:「**鳥獸不可與同群,吾非斯人之徒與
而誰與?天下有道,丘不與易也**」。孔子之所以參與天下政道,乃
是秉持著為政以德的觀念來證成人之道德的普遍性,故其所謂避
人乃是要避開不是的人君,而非逃避人作為一個道德存在的真

---

[57] 〈梁惠王上〉:「孟子見梁惠王。王曰:『叟不遠千里而來,亦將有以利吾國乎』。
孟子對曰:『王何必曰利?亦有仁義而已矣……苟為後義而先利,不奪不饜。
未有仁而遺其親者也,未有義而後其君者也。王亦曰仁義而已矣,何必曰利』」。
原文參考《四書章句集註》。

理。因此，世道不彰無關乎理論，德政能否徹底實踐有其客觀條件的限制，然而建構德政之德性理想纔是儒學真理所在。回顧本章的研究，簡本或今本〈緇衣〉皆是在德政意義的脈絡中發展，而文獻所蘊含的種種政治意涵則是該文本在詮釋儒學中所透露出的時代氣氛。

　　就方法而言，思想乃藉由語言文字來傳達。吾人研究古代經典的語文固然會面對傳抄筆誤的可能，然而立於考證及文獻學的基礎以排除文本形式上的訛誤，並且通過字裡行間的紬繹，應能在差異中發掘經典的哲學意義。易言之，〈緇衣〉本文在流傳的過程中，文獻文句之差異乃傳達經典意蘊之思想，並顯示儒學存在著詮釋的歷程，此亦即儒學發展的累積過程；而此一歷程與過程所蘊含之義理，則是經由古代學者對文獻的記載乃得以顯現。進而言之，循著孔子思想的脈絡，在同中有異的表述之間，當可比較出孔子儒學在歷史發展中如何被詮釋，抑或有多面向的意義。楚簡〈緇衣〉的出土不只提供考證與文獻學上的研究意義，而且就其作為儒學著作，從思想的聯繫性來反思，楚簡〈緇衣〉所引領我們探討先秦儒學之闡釋的開展角度，亦是提供學者研究出土文獻之契機。

第三章　簡帛〈五行〉的人道思想

第一節　問題的提出

　　1973 年出土之帛書〈五行〉經、說（傳）及 1993 出土之楚簡〈五行〉經文[1]，目前除了考據方面的研究外，主要還呈現出二個面向的研究。一是在思想史上，根據《荀子・非十二子》對「思孟五行」的批評，意謂〈五行〉經說解決了一個思想史的公案[2]，或者據史傳子思的相關著作，使〈五行〉的相關討論延伸到〈中庸〉與〈大學〉[3]；此外，筆者視楚簡〈五行〉到帛書〈五行〉經說的形成是一發展過程[4]，故簡帛〈五行〉文獻的異同比較亦作思想史的研究看待[5]。簡帛〈五行〉所引發探討的第二個研究面向則

---

[1]　本章所引〈五行〉文獻以荊門市博物館所編《郭店楚墓竹簡》（北京：文物出版社，1998 年）爲主，另參考李零《郭店楚簡校讀記（增訂本）》（北京：北京大學出版社，2002 年），劉信芳《簡帛五行解詁》（臺北：藝文印書館，2000 年），魏啓鵬《簡帛〈五行〉箋釋》（臺北：萬卷樓圖書，2000 年），龐樸《竹帛《五行》篇校注及研究》（臺北：萬卷樓圖書，2000 年），本文有關帛書〈五行〉及其〈說〉的文獻皆參考自後三者的著作，行文中不再另外註出。

[2]　此可參考龐樸〈竹帛《五行》篇與思孟「五行」說〉，收入《竹帛〈五行〉篇校注及研究》。

[3]　此可參考丁四新《郭店楚墓竹簡思想研究・第三章 簡帛《五行》經說研究》（北京：東方出版社，2000 年）。李學勤〈從簡帛佚籍〈五行〉談到〈大學〉〉（《孔子研究》，1998 年第 3 期）。

[4]　或謂筆者在版本上預設了竹簡本在帛書本之前，然解說應在原典之後乃合理地預設，且本論文主要乃進行二冊文本的比較研究，因而簡本與帛書在版本上也可當作共時的文本，故有文獻差異可論，亦可作思想史研究。

[5]　此可參考陳麗桂〈從郭店竹簡〈五行〉檢視帛書〈五行〉說文對經文的依違情況〉（《哲學與文化》第 26 卷第 5 期，1999 年 5 月）。龐樸〈竹帛《五行》篇

是與道德哲學相關的問題，可歸納為五個主要論題：

1. 形上學、天道觀、天人合一或合德。研究者或認為〈五行〉之德是一形上形下的融合[6]，或論述〈五行〉的主題旨在強調道德的內在性與形上性[7]，或指出〈五行〉透過形於內的德之行使天人可以溝通[8]。筆者綜觀其論述焦點皆在「德之行」之天道思想與人道之善的關係，故歸納其問題意識為天人關係的模式該如何詮釋的這個問題上。[9]

2. 倫理道德思想。研究者或主張〈五行〉思想具備雙重道德律[10]，或認為五種德之行的和是屬於「三重道德」裏的天地

比較〉與《〈五行〉補注》（發表於「簡帛研究」網站 http://www.jianbo.org/，2001 年 7 月 7 日）。徐少華〈楚簡與帛書〈五行〉篇章結構及其相關問題〉（《中國哲學史》，2001 年第 3 期）。周鋒利〈簡帛〈五行〉經說的詮釋特色初探〉（發表於「簡帛研究」網站，2003 年 11 月 16 日）。林志鵬〈簡帛「五行」篇文本差異析論〉（《中國文學研究》第 15 期，2001 年 6 月）。邢文〈楚簡〈五行〉試論〉（《文物》，1998 年第 10 期）。梁濤〈簡帛《五行》經文比較〉（收入龐樸等著《古墓新知》，臺北：台灣古籍出版社，2002 年）。李存山〈從簡本《五行》到帛書《五行》〉（武漢大學中國文化學院編《郭店楚簡國際學術研討會論文集》，武漢：湖北人民出版社，2000 年）。丁四新《郭店楚墓竹簡思想研究・第三章・第一節 簡帛《五行》文本比較》。

6 黃熹〈儒學形而上系統的最初建構—〈五行〉所展示的儒學形而上體系〉（《中國哲學史》，2001 年第 3 期）。

7 郭齊勇〈郭店楚簡《五行》的心術觀〉，收入龐樸等著《古墓新知》。

8 詹群慧〈試論楚簡《五行》篇的「德之行」〉（《管子學刊》，2003 年第 1 期）。

9 此可參考林素英《從郭店簡〈探究其倫常觀念・第四章 以「五行之和」凸顯天道之德性〉（臺北：萬卷樓圖書，2003 年。郭梨華〈「德之行」與「行」的哲學意義〉（《簡帛研究彙刊》第一輯（第一屆簡帛學術討論會論文集），臺北：中國文化大學史學系與簡帛學文教基金會籌備處，2003 年 5 月）。郭齊勇〈再論「五行」與「聖智」〉（《中國哲學史》，2001 年第 3 期）。

10 梁濤〈荀子對思孟「五行」說的批判〉（《中國文化研究》，2001 年夏之卷）。梁濤〈簡帛《五行》新探—兼論《五行》在思想史的地位〉，收入龐樸等著《古墓新知》。張衛紅〈試論《五行》的成德進路〉（《石河子大學學報》（哲學社會科學版），第 3 卷第 4 期，2003 年 12 月）。

道德或宇宙道德[11]。凡此皆探討〈五行〉所蘊含之道德哲學
型態為何，筆者認為該論題實涉及詮釋架構應否再精確。

3. 「金聲而玉振之」之相關問題。研究者或指出金聲玉音之
和為音聲相應，或是論述「和」的效力在於保持不同質素
之間的平衡[12]。主要探討範圍在樂音如何與德行聯繫，甚至
與傳統「五行」有何關連[13]，筆者認為重點在「金聲而玉振
之」的譬喻的實質意義為何？

4. 「慎獨」觀念。由於《荀子‧不苟》、《禮記‧禮器、大學、
中庸》皆有「慎其獨」一詞，故四篇文獻引為與〈五行〉「君
子慎其獨」相互比較[14]，或與孟、荀思想比較[15]，或認為慎
獨之修養工夫在慎德[16]，更甚者，以為慎獨攸關群體與個體
意識[17]，筆者認為還可追問這四個慎獨概念在思想史的確義
為何？

5. 心性論與身心觀。由於〈五行〉標舉「形於內」與「不形
於內」、「中心」與「外心」在道德行為中的差異，另一方

---

[11] 龐樸〈三重道德論〉，收入《竹帛〈五行〉篇校注及研究》。

[12] 郭梨華〈竹簡《五行》的「五行」研究〉，收入武漢大學中國文化學院編《郭
店楚簡國際學術研討會論文集》。

[13] 此可參考郭梨華〈簡帛〈五行〉的禮樂考述〉（《哲學與文化》26 卷第 5 期，
1999 年 5 月）。劉信芳〈「金聲玉振之」及相關問題〉，收入《簡帛五行解詁》。
邢文〈《孟子‧萬章》與楚簡《五行》〉（姜廣輝主編《郭店楚簡研究》（《中國
哲學》第 20 輯），瀋陽：遼寧教育出版社，1999 年）。

[14] 此可參考梁濤〈郭店楚簡與「君子慎獨」〉，收入廖名春編《清華簡帛研究》
第 1 輯（北京：清華大學思想研究所，2000 年 8 月）。錢遜〈是誰誤解了「慎
獨」〉，收入全前。

[15] 潘小慧〈《五行篇》的人學初探—以「心－身」關係的考察為核心展開〉（《哲
學與文化》26 卷第 5 期期，1999 年 5 月）。

[16] 朱心怡《天之道與人之道：郭店楚簡儒道思想研究‧第四章‧第三節 具五行
與慎獨》（臺北：文津出版社，2004 年）。

面帛書〈五行說〉對「慎獨」以「體」解釋之，故引發學者從心性論探索先秦之身心關係問題[18]，或認為慎獨之心在排除身體的影響[19]，或以為外心、中心作為心的不同發用皆是形於內[20]。該論題實涉及當代哲學的問題意識，即思考儒學中的身心問題是否與「身／體」相關？

關於第 1 個論題—「天人關係」的哲學詮釋，筆者已在拙文《郭店楚簡的天道思想・第四章 竹簡〈五行〉的天道思想》[21]中研究過，亦對第 3 個論題—「金聲而玉振之」的命題—依「天道思想」的問題意識加以探討。筆者認為簡文義理乃強調道德價值雖由人道賦予，然此一價值之普遍性的根源不在人文活動，而是上溯至形而上的天道，並藉由樂音的和諧性表達天人合德的完滿互動，以呈現人道與天道在價值意涵上的整體性。囿於問題意識與探究範圍，筆者曩昔之研究未能就「五行」人道思想多加著墨，因而對簡帛〈五行〉之相關哲學問題有所保留。故本章針對〈五行〉本文所道出之「人道」一詞及其相關內容進行紬繹，並且經由簡帛〈五行〉章法的比較，論述其所蘊含之人道思想的異同。

---

[17] 劉信芳〈簡帛《五行》慎獨及其相關問題〉，收入《簡帛五行解詁》。

[18] 此可參考郭齊勇〈郭店楚簡《五行》的儒家身心觀與道德論〉（發表於東吳大學哲學系主辦「中國哲學與全球倫理學術研討會」，2000 年 5 月 20–21 日）。黃俊傑〈孟子後學對身心關係的看法—以馬王堆漢墓帛書《五行篇》為中心〉、〈馬王堆帛書《五行篇》「形於內」的意涵—孟子後學身心觀中的一個關鍵問題〉，皆收入《孟學思想史論（卷一）》（臺北：東大圖書，1991 年）。

[19] 同註 15。

[20] 同註 16。

[21] 中國文化大學哲學研究所博士論文，2004 年 5 月。

第二節　善指謂人道

竹簡〈五行〉提出「四行和謂之善。善，人道也」，人道的內涵在善，善的落實依於仁義禮智四德行的諧和實踐。簡文又強調「仁，義禮所由生也，四行之所和也。和則同，同則善」，人道以「仁」為首出，仁是善與人道的開始。勞思光先生分析孔子思想時曾說：「禮以義為其實質，義又以仁為其基礎。此是理論程序；人由守禮而養成『求正當』（義）之意志，即由此一意志喚起『公心』（仁），此是實踐程序。就理論程序講，「義」之地位甚為明顯；就實踐程序講，則禮義相連，不能分別實踐」[22]。依此反省，〈五行〉文獻對「五行」的論述除了聖、智觀念外，之所以論仁的篇幅居多，其緣由即在儒家哲學中，仁（心）的概念乃其核心結構，亦為人道之善的基礎。以下列舉相關文獻析論仁的意涵。

1. 仁形於內謂之德之行，不形於內謂之行。
2. 不仁，思不能清。
3. 不仁不智，未見君子，憂心不能，惙惙。[23]
4. 不仁不聖，未見君子，憂心不能，忡忡。
5. 仁之思也清，清則察，察則安，安則溫，溫則悅，悅則戚，戚則親，親則愛，愛則玉色，玉色則形，形則仁。
6. 不聰不明，不聖不智，不智不仁，不仁不安，不安不樂，不樂無德。

---

[22] 《新編中國哲學史（一）》（臺北：三民書局，1991年），p.121。
[23] 原釋文作「憂心不能惙惙」，然文意不順，故從魏啟鵬先生斷句，詳見《簡帛〈五行〉箋釋》，p.15-16。

7. 不變不悦，不悦不戚，不戚不親，不親不愛，不愛不仁。

8. 知而安之，仁也。

9. 顏色容貌溫，變也。以其中心與人交，悦也。中心悦焉遷與於兄弟，戚也。戚而信之，親也。親而篤之，愛也。愛父，其攸愛人，仁也。

10. 匿之爲言也猶匿匿也，小而軫者也……匿，仁之方也。

11. 聞道而悦者，好仁者也。

簡文「仁」字皆寫作「悬」，「心」與「身」的結合，「身」爲聲符。從文字結構來看，簡文已預認仁之德行應以內心爲根據，故與仁有關的實踐或謂「悁」（溫）、「悦」、「戚」、「親」、「忎」（愛）、「匿」（暱）[24]，皆與心之意義有關，並強調「以其中心與人交」者斯可稱仁，乃至仁與智、聖之互動亦有憂心之喻。面對郭店簡文一律將現行「仁」字寫作「悬」的情形，龐樸先生認爲郭店楚簡的思想「表明他們對於仁的理解，已從求諸野的階段，進入到心性論的時期。這時候，仁義聖智等道德規範，已不再被認爲是君臨於常人的超人們的特殊天賦，或者是先進於禮樂的野人們的淳樸遺風，而被相信爲是每一個人的內心世界所具有的稟性，是受於天命、藏於身心、見於人情的德行，問題只在於你是如何用心而已」[25]。換言之，孔子思想中所預認之道德自覺心的思想，郭店楚簡藉由文字明確表達出來，而成爲可與孟子學說相較的古代思想文獻[26]。

---

[24] 「暱」有親近意，從魏啓鵬先生所考，詳見同上註，p.45。

[25] 〈郢書燕說—郭店楚簡中山三器心旁文字試說〉，收入武漢大學中國文化學院編《郭店楚簡國際學術研討會論文集》。

[26] 雖未見《孟子》相關出土文獻，然筆者認爲孟子思想是在理論陳述上揭發心

　　尤有進者,〈五行〉雖未在文獻中對道德價值意識多作著墨,卻對成德之功夫甚為強調,除了仁、義、禮之外,〈五行〉云:「善弗為亡近,德弗志不成,智弗思不得」的觀念,此亦反映出簡文對於道德實踐之論述凸顯了「智」概念的重要性。由於古文「智」「知」相通,遂有研究者將〈五行〉詮釋為具備(道德)認識論思想[27],然而根據簡文作者認為:「君子無中心之憂則無中心之智,無中心之智則無中心之悅,無中心之悅則不安,不安則不樂,不樂則亡德」,意謂道德實踐起於心中的憂思,藉由憂思才能升起實踐之智慧,具備智慧才能達至內心之悅與安,內心的安頓固有樂以興德,參照子曰「仁者不憂」(《論語·子罕》)、「仁者安仁,知者利仁」(《論語·里仁》)[28],不正說明〈五行〉肯認仁與智的相互作用可呼應孔子的思想。易言之,仁是形成道德判斷的基礎,智是解決道德憂思與逐行道德判斷之表現。不啻如此,〈五行〉對「智」尚有特殊的表述,強調「智」是人道與天道的銜接處。簡文云:

> 未嘗聞君子道,謂之不聰。未嘗見賢人,謂之不明。聞君子道而不知其君子道也,謂之不聖。見賢人而不知其有德也,謂之不智。

　　引文意謂聖之聰表現在聞知君子之道,智之明表現在見知賢

性論,與楚簡在文字上採取預先肯認則有不同。然而〈五行〉的論述亦蘊含心的觀念,詳見下節的討論。

[27] 參見劉信芳〈簡帛《五行》認識論術語試解四則〉(收入劉信芳《簡帛五行解詁·簡帛《五行》綜合研究》),以及龐樸《〈五行〉補注》。

[28] 原文參考朱熹《四書章句集註》(臺北:鵝湖出版社,2000年)。以下引《學》《庸》《論》《孟》與朱注皆同此,不再註出。

人之德,更甚者,除了上引文所云:「見賢人而不知其有德也,謂之不智」之外,簡文又云:「聞君子道,聰也。聞而知之,聖也。聖人知天道也」,可見智之知「德」與聖人知「天道」對舉,故「善弗爲亡近,德弗之(志)不成,智弗思不得」,即強調了智在人道之善與天道之德之間的聯繫性。「智」之所以是成就「人道」的最後目標,在於它表現爲道德實踐者對價值的思考,〈五行〉云:「智之思也長,長則得,得則不忘,不忘則明,明則見賢人,見賢人則玉色,玉色則形,形則智」,又強調「玉音,聖也」,簡文以玉爲譬喻,智形爲色,聖顯爲音,意謂二者一體同源,在「德,天道也。唯有德者,然後能金聲而玉振之」的觀念下,「智」作爲實踐智慧,終有朝向價值根源(天道)之哲思。故「君子之爲善也,有與始,有與終也」,正說明仁、智分別是人道的開始與結束,然在人道與天道間猶存有君子道以爲橋樑,此即以智之德行爲傳達天道的開始,故進入天道的聖之德行而有聖人之典範,亦即「君子之爲德也,有與始,無與終也」,人道的結束正是天道的開始,亦謂君子道進入到成聖之一往無盡。[29]

職是之故,〈五行〉雖區分形於內之五種德行與形於內之四種善行,然而後者作爲人道,其價值性不只侷限在人道,更在於「中心之智」的運思下,反省到以仁爲表徵之人道善行,應朝向擁有所有「形於內」之因素的「五行」來踐履道德。換句話說,人道固然有價值,但其意義乃在於彰顯「心」的存在[30],而心之因素即

---

[29] 馬王堆帛書〈四行〉(德聖)亦云:「知人道曰智,知天道曰聖」。引文參見同註23,p.136。

[30] 楚簡〈五行〉云:「仁,義禮所由生也,四行之所和也。和則同,同則善」,又云:「耳目鼻口手足六者,心之所役也。心曰唯,莫敢不唯;心曰唯,莫敢不唯;諾,莫敢不諾;進,莫敢不進;後,莫敢不後;深,莫敢不深;淺,莫

呼應人作為道德存在之普遍客觀性—「天道」，這其中的轉折就是「智之思」。藉由強調智之思的運作，〈五行〉表達了由人道到天道之道德意義的一致性，這也就是為何「聖不形於內」依然是「德之行」的緣故。因此，筆者不認為簡文〈五行〉「聖不形於內謂之德之行」的「德之」二字是衍文[31]，理由是：首先，由於帛書本此句殘缺，只剩「之行」二字，在它們的前面是否沒有「之德」二字，並無法確定；再者，根據上文的分析，〈五行〉不只強調了仁義禮智聖形於內的重要性，而且還有「聖不形於內」依然是「德之行」的表述，此即意謂從人道到天道的連貫性，並由此呈顯道德價值的整體性。

　　回顧本文第一節歸納〈五行〉所涉及的道德論述，大部份仍依據主體性及自律道德的架構進行闡釋。筆者以為，它們作為分析「五行」思想的哲學詮釋理論，固然可對應各種道德命題，但相較於人的實存性，更應反省道德主體思維在現實的倫理生活中如何實際操持的問題。亦即當各種價值抉擇呈現在眼前時，懷抱著道德的主體與客體的觀念將如何使人面對真實的道德困境，並在經驗衝突中給予人們實踐的準則呢？龐樸先生認為「五行」學說屬於郭店儒簡「三重道德」中的天地道德，並就人作為精神存在之特質予以推論。他說：

　　　作為精神存在，人卻可以了悟其所在社會不過是天地間的

敢不淺。和則同，同則善」。四行之和由於仁，然仁之作用實因於心，人道之價值雖依仁心而彰顯，但〈五行〉於此不只說明仁心的作用，而是透過仁心的存在，指出心的普遍性，即它可運作在義、禮、智，乃至於聖。
[31] 竹簡整理者認為據簡文文例與帛書本，「德之」二字為衍文，詳見《郭店楚墓竹簡》，p.151，注釋〔四〕。

　　一點和一瞬，洞悉社會所謂的善行不過是天道之見諸一地
與一時，覺解自己雖一粟於天地，卻可備萬物於我心，因
而遂能超出其所在的社會乃至一切社會，超出其自己的社
會存在乃至自然存在，而「與天地合其德，與日月合其明，
與四時合其序，與鬼神合其吉凶」，「獨與天地精神往來」；
這便是五行範圍裏的事。[32]

　　由此可知，人之精神性正是人比其它生命更能超越現實困境
的根據，然而作爲實踐哲學的儒學，其解決道德問題亦當堅持回
歸到人間來落實，否則何以成就其爲人之意義。由《論語》的父
子相隱[33]與《孟子》所載舜爲瞽瞍棄天下[34]等敘述觀之，孔孟儒家
思想應是視人與經驗世界爲一體。當真正的道德衝突迎面而至，
道德實踐者不會機械地依種種道德律令分裂自我的道德人格，而
是會勇於挺身來表現出他的道德真我，並做出符合「人」此一道
德存在的最終抉擇。因此，根據〈五行〉所蘊含之道德觀來看，
縱使人的修養工夫上升到天道聖德之階段，「聖形於內」之道德活
動依然與前面四行之人道德行聯繫著，而所有的人倫秩序、社會
關係，乃至天地世界，皆安頓於「五行」之一貫性的價值意義中，
這是人之道德自覺意識的最終歸屬，也是〈五行〉人道思想中「心」
之含意的哲學性之所在。

---

[32]〈三重道德論〉，同註2，p.115。
[33]〈子路〉：「葉公語孔子曰：『吾黨有直躬者，其父攘羊，而子證之』。孔子曰：『吾黨之直者異於是。父爲子隱，子爲父隱，直在其中矣』」。
[34]〈盡心上〉：「桃應問曰：『舜爲天子，皋陶爲士，瞽瞍殺人，則如之何』？孟子曰：『執之而已矣』。『然則舜不禁與』？曰：『夫舜惡得而禁之？夫有所受之也』。『然則舜如之何』？曰：『舜視棄天下，猶棄敝蹝也。竊負而逃，遵海濱而處，終身訢然，樂而忘天下』」。

第三節　心與慎獨的關係

> 德之行五和謂之德，四行和謂之善。善，人道也。德，天
> 道也。君子亡中心之憂則亡中心之智，亡中心之智則亡中
> 心之悅，亡中心之悅則不安，不安則不樂，不樂則亡德。

引文以君子之憂指出「心」如何導致中心之智，而且由心之
憂思導向溝通天道與人道，再者，〈五行〉另引《詩經・召南・蟲
草》「憂心惙惙」、「憂心忡忡」以譬喻未見君子之不悅，此皆反映
了〈五行〉關注「心」之聯繫五行與四行的重要性。研究者多能
論述〈五行〉之「心」觀念具有價值判斷之能力[35]，並指出其儒學
心性論之特色，這固然與〈五行〉後段主張心在實踐君子道中的
主宰性有關，但更多地是受帛書〈五行說〉以大體小體解心之主
宰性的影響。申而言之，郭店楚簡〈五行〉未出土以前，研究者
咸認為〈五行〉思想在孟子之後[36]；簡本〈五行〉文獻公佈後，研
究者多將其思想年代往前移，以為〈五行〉處於子思孟子之間，
甚至有人認為它是思孟自著的。此雖反映出舊時的判斷乃基於考
據的因素，然亦受帛書本之說涵有孟子心性論色彩的影響。問題
是，假如簡本出土的時間在前而帛書本在後，而就目前所見，尚
無明確而直接的證據證明〈五行〉在孟子其人其書之前，那麼，
判斷〈五行〉思想在孟子之後就無法成立嗎？還是說，單憑這些

---

[35] 黃俊傑《孟學思想史論（卷一）・第三章　孟子後學對身心關係的看法─以馬
王堆漢墓帛書《五行篇》為中心》。
[36] 龐樸〈馬王堆帛書解開了思孟五行說古謎〉可為代表，收入《竹帛《五行》
篇校注及研究》。

偶然出土的文獻即決定了思想發展的前後關係嗎[37]？意即儒學的發展是否有其必然性，而出土文獻作為論據之一，能否傳達其中的關連呢？筆者認為應先考察文獻的義理，再將其放回思想史的脈絡中，如此，上述問題纔能獲得解決。進而言之，〈五行〉有關「慎獨」的觀念正是探討的契機之一，此由於研究者莫不把簡文與帛書〈五行說〉之以「心」解「獨」、以「舍體」解「慎獨」的論述相參照，並且直指說文之後經文而出，由此觀之，從經文原典到說文詮釋之發展過程正顯出儒學有關「心」的觀念之思想史意義。下文即以簡、帛、說分列比較的方式來進行討論。

簡文：「淑人君子，其義一也」。能為一，然後能為君子，慎其獨也。

帛書：「鳲鳩在桑，其子七兮。淑人君子，其宜一兮」。能為一，然後能為君子，君子慎其獨也。

帛書說：「鳲鳩在桑」。直也。

　　　　「其子七兮」。鳲鳩二子耳，曰七也，興言也。

　　　　「淑人君子，其儀一兮[38]」。淑人者……儀者，義也。言其所以行之義之一心也。

　　　　「能為一，然後能為君子」。能為一者，言能以多為一；以多為一也者，言能以夫五為一也。

---

[37] 最明顯的例子就是註 35 所引黃俊傑先生之論文。該文從身心關係的連續性審視〈五行〉作為儒學（孟子後學）的另一發展面貌，此一論題極有意義，然若將〈五行〉思想放在孟子之前，這裡是否會出現倒果為因的論述呢？再者，先秦儒學中身心觀念發展的脈絡是否失去其必然性呢？

[38] 「其儀一兮」原文殘缺只存「其」字，特以《毛詩》補之以明簡帛用字差異。毛亨傳、鄭玄箋、孔穎達疏《毛詩正義》，本自阮元重刻《十三經注疏》（臺北：藝文印書館，1989 年）。下引詩同此。

「*君子慎其獨*」。慎其獨也者，言舍夫五而慎其心之謂也。
獨然後一，一也者，夫五夫爲一心也，然後德之一也，
乃德已。德猶天也，天乃德已。

　　由上列可知，〈五行〉引《詩經・曹風・鳲鳩》喻君子慎獨，
根據該詩首章云：「*鳲鳩在桑，其子七兮。淑人君子，其儀一兮。
其儀一兮，心如結兮*」，可見簡文、帛書二文引詩不全，但這無礙
於其以「一心」喻慎獨之義。然察簡文該節上接「聖之思也輕……
聞君子道則玉音」之節[39]，下接「金聲而玉振之，有德者也」節，
則知慎獨不僅指此一心，且亦有天人合德而爲一之謂。易言之，
形於內的德之行雖有五種，然卻歸諸一心之運作，而「呈顯」出
人道之內在道德性[40]，進而與天道相呼應，並強調唯有道德心纔能
與天道相聯繫，藉此形塑由人道到天道的反思。

　　帛書本引詩多「鳲鳩在桑，其子七兮」句，凸顯「七」與「一」
在數量上的對比，相合歷來以「心之均一」解此詩之詮釋[41]，故帛
書本引詩應傾向譬喻慎獨之功夫義，亦即強調心與實踐行爲之均
一，而與簡文隱喻天人互動之表述有異。進而言之，帛書本「然
後能爲君子」（184行）後之重文符號應有義理上的用意，亦即該句
接下言「君子慎其獨」乃著重道德行爲者的實際活動之表述，而
與簡文單述「慎其獨」以顯一心之道德性的表達有別。換言之，

---

[39]　筆者分章節是以楚簡〈五行〉之墨釘符號▃簡別。下同此。
[40]　黃俊傑先生曾謂「形於內」的「形」字「應作呈顯解，意指將內在於心的『五
　　形』（仁義禮智聖）彰顯出來的狀態」。〈馬王堆帛書《五行篇》「形於內」的意
　　涵〉，收入《孟學思想史論（卷一）・附錄（二）》。
[41]　根據清人胡承珙整理各家之說與引詩用意，〈鳲鳩〉當在諷刺用心不一，而顯
　　用心心均一之重要。參見《毛詩後箋》（合肥：黃山書社，1999年），p.662-663。

雖然簡文帛書二者在章法結構上皆透過引詩以隱喻天人合德中「心」之關鍵性，然而在個別字句表述上，簡文文本傾向表達天人架構的互動，而帛書文本則傾向彰顯天人架構中「心」之因素的活動義，這點在帛書〈五行說〉中則顯然可見。

　　帛書說解「淑人君子，其儀一兮」重在「言其所以行之義之一心也」，乃是強調人道實踐中之「一心」概念，更甚者，在解釋「為一」與「為君子」的關係上主張「以多為一」與「以夫五為一也」，即意謂道德對象上的統攝，故帛書說進一步解釋該統攝為「慎其心之謂也」，亦即「慎獨」。然而在帛書說的理解中，以心解「獨」須進一步演繹為「一」，而且此一是「五夫為一心」，亦即強調心之唯一，由此纔有「德之一」，然後完成天道之德。易言之，〈五行說〉之慎獨觀念不僅指明心之道德義，還在「獨」的特性上顯現心之「一德」，而且此一德之價值只能指涉天道，再經「乃德已」功夫纔有道德之完成，這也就是君子為何須以「一心」行義。故整個天人合德的過程雖指出天人之二端，然而沒有「心」之實踐活動在其中保持聯繫，則天人之間將無互動之可能[42]，這是帛書〈五行說〉的詮釋特色，順此可再對比另一段有關慎獨的文獻。

簡文：「瞻望弗及，泣涕如雨」。能差池其羽，然後能至哀。君子
　　　慎其獨也。
帛書：「燕燕于飛，差池其羽。之子于歸，遠送于野。瞻望弗及，

---

[42] 魏啓鵬先生通過訓詁將慎獨之「慎」讀為「順」(《簡帛《五行》箋釋》p.22)。慎獨解作順心與君子行義相對照，其所蘊含之操持義則更符合帛書〈五行說〉的詮釋脈絡，甚且孟子曾云：「乃若其情，則可以為善矣，乃所謂善也」(〈告子上〉)，不亦著重人在行為中蘊含道德心的實情。

泣涕如雨」。能差池其羽，然後能至哀。君子慎其獨也。
帛書說：「燕燕于飛，差池其羽」。燕燕，興也，言其相送晦也。
　　方其化，不在其羽矣。
　　「之子于歸，遠送于野。瞻望弗及，泣涕如雨。能差池其
　　羽，然後能至哀」。言至也。差池者，言不在衰経，不在
　　衰経也，然後能至哀。夫喪，正経修領而哀殺矣，言至
　　内者之不在外也，是之謂獨。獨也者，舍體也。

　　若不考慮〈邶風·燕燕〉詩序的典故及其史實的考據[43]，則〈五行〉引詩有二種寓意，一是用歸妹時所提到的婦德[44]，以喻合本節之「金聲而玉振之，有德者也」的從一而終。另一是藉由未引之詩句「瞻望弗及，佇立以泣」與「瞻望弗及，實勞我心」，暗示至哀之在「心」，以此隱喻君子慎獨之「用心」。後一寓意是簡文與帛書相同的地方。值得一提的是，簡文至此纔有「君子慎其獨」的功夫。接續該文上節慎獨之意，簡本〈五行〉乃通過引詩來形容行為者應有內在之道德活動（至哀），意即表達「行」亦有形於內之德之行，而指引行向德之行轉化，如此方能形成人道與天道的相互呼應（金聲而玉振之）。

　　帛書多引「燕燕于飛，差池其羽。之子于歸，遠送于野」詩句，不僅呼應經文原有之「差池其羽」，更藉由全引〈燕燕〉首章

---

[43] 相關考據參考裴普賢《詩經評註讀本》（臺北：三民書局，1990 年），p.103-104；以及胡承珙《毛詩後箋》，p.114-115。然而儒學著作引詩未必合於詩旨，此可詳參楊晉龍〈《五行篇》引用《詩經》文本述論〉，發表於政治大學中文系主辦之「出土簡帛文獻與古代學術國際研討會」，2005 年 12 月 2-3 日。

[44] 〈燕燕〉：「仲氏任只，其心塞淵。終溫且惠，淑慎其身。先君之思，以勗寡人」。

詩文所顯之連貫性，提示由衷之感，而顯道德行爲之內在根據，意即行爲與內心之一致。帛書引詩以隱喻行爲之有內在道德心的重要性，並且帛書之說解以服喪致哀不重喪服，而在哀心之真誠，如此詮釋正合孔子所謂「禮，與其奢也，寧儉；喪，與其易也，寧戚」（《論語・八佾》）之精神。尤有進者，帛書〈五行說〉解釋此精神亦爲「獨」，而且是「舍體」之獨。研究者一般以孟子（或帛書說）「大體」「小體」觀念來理解「舍體」之說，並將其演繹爲身心觀念的討論[45]，甚至還以外在禮儀形式來理解「體」，以強調帛書〈五行說〉「貴心」之觀念[46]。諸種哲學詮釋皆符合儒學的發展，然而考慮「舍體」的觀念與〈五行〉引〈燕燕〉節後之論君子爲善爲德一段有關，這裡或有再討論的餘地。

帛書說：「**君子之為善也，有與始，有與終**」。言與其體始與其體終也。

「**君子之為德也，有與始，无與終**」。有與始者，言與其體始；无與終者，言舍其體而獨其心也。

〈五行〉以「金聲而玉振之，有德者也」喻終始之關係，之後又謂「金聲，善也；玉音，聖也。善，人道也；德，天道也。唯有德者，然後能金聲而玉振之」。關於這部分，筆者在拙文〈竹

---

[45] 黃俊傑《孟學思想史論（卷一）・第三章 孟子後學對身心關係的看法—以馬王堆漢墓帛書《五行篇》爲中心》。楊儒賓《儒家身體觀・第六章 德之行與德之氣—帛書《五行篇》、《德聖篇》論道德、心性與形體的關聯》（臺北：中研院文哲所籌備處，1996 年）。池田知久〈馬王堆漢墓帛書《五行篇》所見之身心問題〉，收入楊儒賓主編《中國古代思想中的氣論及身體觀》（臺北：巨流圖書公司，1993 年）。
[46] 李景林〈帛書《五行》慎獨說小議〉（《人文雜誌》，2003 年第 6 期）。

簡〈五行〉的天道思想〉的研究中指出,「金聲而玉振之」乃藉由樂音之和諧以喻「智」、「聖」之互動,進而表達人道天道之融通。此謂由於人道之行是善始善終,然而因「聖」而躍入符合天道之德行,則在價值根源之探索下,該進程之道德性將是一往無盡[47]。因此,帛書〈五行說〉針對人道之有始有終所指涉之「體」應是「人」這個實踐者自身,因為善是由人而行的。然而面對天道之有始無終,體之指涉在德之形而上意涵中被解除,而保留人道之心與天道之德的永恆互動。所以在帛書說的詮釋脈絡下,天人合德的「心」觀念特別被保留,這也就是為什麼至哀在「獨」的工夫,因為「舍體」之「獨」正凸顯「心」之道德性在天道中的真實恆常,故帛書〈五行說〉之詮釋特色著重在彰顯天人二端間「心」運作的因素。陳麗桂先生曾在比較經說文獻時強調帛書說傾向仁義[48],丁四新先生則認為帛書的編者偏重於向構造聖智的內在心性學原理來進行開拓[49],其實,更細部地分析帛書說的詮釋,心之操持工夫的表現(舍其體而獨其心)應是它論述的核心。職是之故,面對天人合一作為道德理論的對象,簡文傾向天道觀之表述,帛書經文則傾向人道實踐義,這從第 23 節簡述天人關係,而帛書本在該節後多「其人施諸人,不得其人不為法」亦可得知。至於帛書說文則明確將人道的實踐者具體指涉出來[50]。限於篇幅,例多不殫舉。

---

[47] 同註 21。

[48] 〈從郭店竹簡〈五行〉檢視帛書〈五行〉說文對經文的依違情況〉。

[49] 丁四新《郭店楚墓竹簡思想研究‧第三章‧第四節 簡帛《五行》文本比較》,p.129。

[50] 帛書說云:「『其人施諸人,不得其人不為法』。言所施之者,不得如散宜生、弘夭者也,則弗為法矣」。

第四節 簡帛〈五行〉文獻義理的異同

由上述可知,簡文、帛書經及其說三者在天人合德之大方向上皆符合儒學之宗旨,然在曉喻道德性之理論結構方面,三者卻有著細微的差異,這是簡帛〈五行〉在儒家哲學發展中值得探討的地方。筆者以為,藉由簡帛二本文間的章法可進一步闡明它們的發展脈絡。以下先以墨釘符號━━簡別楚簡〈五行〉分節次序及其主要內容:

> 序論:以形不形於內區分五種德之行與四種行。
> 1. 強調天(五行)人(四行)的聯繫與合德在「中心之智」。
> 2. 敘述形於內的五行與君子道的關係,並指出智思對為善與成德的重要性而隱指仁、智有思纔能有德。
> 3. 引《詩經・召南・草蟲》啟發仁與智、聖之間的關連性在「思」。
> 4. 「仁」之思的論述。
> 5. 「智」之思的論述。
> 6. 「聖」之思的論述。
> 7. 引《詩經・曹風・鳲鳩》喻「慎獨」。
> 8. 引《詩經・邶風・燕燕》論「慎獨」,兼述「金聲而玉振之」。
> 9. 再述「金聲而玉振之」,兼敘聖智仁的相互聯繫,並說明「仁」。

10.說明「義」。

11.說明「禮」。

12.敘述「君子道」與「智」的聯繫。

13.敘述「智」與「聖」的聯繫，並引《詩經·大雅·大明》喻之。

14.敘述「君子道」與「聖」、「天道」的關係，兼述「智」與「義」、「仁」、「禮」的關係，並引《詩經·大雅·文王》喻「聖」之五行和。

15.論四行和，「和則同，同則樂」。

16.以「中心」解釋仁。

17.以「中心」解釋義。

18.以「外心」解釋禮。

19.申論 17 節之解「義」。

20.申論上節所述與「仁」的關係，並以《詩經·商頌·長發》譬喻之。

21.君子集大成即做到尊賢之君子道，並且傳達「心」在君子道中的重要性。[51]

22.引《詩經·大雅·大明》喻「天」，並以此暗示上節所謂君子道與此節「天」之關連。[52]

23.簡述天人關係。

24.以「好德」總括仁、義、禮。

---

[51] 簡本「智而事之」帛書本作「君子從而事之」；帛書本在「後，士之尊賢者也」有「前，王公之尊賢者」。

[52] 簡文陳述順序：目而知之→喻而知之→譬而知之→幾而知之。
帛書經說陳述順序：目而知之→譬而知之→喻而知之→鐵而知之（帛書經文據說文補）。

　　上表方框內的 12 到 15 節，帛書本調到 18 節以外心解釋禮之後，這是簡帛〈五行〉經文在章法上最大的差異，故研究者多集中討論此一敘述順序上的不同，並探討簡帛二文所表現出來的論述傾向有何殊異？就文本整體論述結構來看，天人關係的相互呼應是二篇〈五行〉思想的特色，這點也反應在上表方框的內容中，比如智與聖、五行與四行、君子道與天道都是天人關係的表述。然而在細部文句上，簡帛二者仍有著些微的不同，一是在 14 節有關智與義、仁、禮的關係的敘述，簡文云：「聖智（知）禮樂所由生」；帛書說的引經文云：「仁義禮樂所由生」；帛書經文部份則缺損。在沒有更多的版本可供對照的情況下，我們無由說帛書〈五行說〉所引的經文必定有缺漏，而且其解說也是針對仁義禮樂而言，故帛書經說關注仁義與禮樂之關係則無疑。然而這就與經文 14 節表述天人和諧之論述有異，畢竟簡文的「聖智」與帛書說的「仁義」在概念指涉上有一定距離。簡文聖智之「智」無論是否作「知」讀，該文脈確實含有天道意涵，然而帛書說則落在仁義而言，此屬人道。另一些微不同在 15 節論四行和前，簡文云：「仁義禮所由生」；帛書云：「仁義禮知之所由生」；帛書說引經文云：「仁知禮之所由生」。在不考慮增減字解讀文獻下，簡文之意乃著重四行中之仁的關鍵性，即仁在理論次序上的核心；而帛書則重在四行的平衡，此相應該節所述「見而知之，智也。知而安之，仁也。安而行之，義也。行而敬之，禮也」；至於帛書說所引的經文則與帛書正文差異甚大，但從帛書說解 15 節引文云：「禮□生於仁義也」來看，則帛書說亦重在仁義觀。

　　綜合上述可見，簡帛經文及帛書說的些微差異反映了三者文獻義理上的不同傾向。上表方框內的章法結構合於其前後文之天

人關係的反覆陳述，而帛書經文則在人道表述上有所著墨，故章法結構上先仁義禮，然後再小結以天人關係。觀察原在簡本第 9 節所述的「不聰不明，不聖不智，不智不仁，不仁不安，不安不樂，不樂亡德」，帛書本將這幾句有關聖、智、仁關係的敘述，放在其文本第 11 節說明禮之後，而且在帛書說的引文中增入「不聰明則不聖」句，以聯繫「不聰不明」與「不聖不智」。換言之，帛書的文本所重在由人道到天道的論述中的前者，這也是為何帛書說的解釋重在人道的仁義觀。

　　在比較簡帛〈五行〉的差異方面，研究者雖注意到帛書本弱化簡本原文「聖智」之脈絡[53]，然而，若從其他節看來，帛書本並未全都如此表達，例如帛書本序論部份所云之「聖不形於內」後面由於殘缺而只存「行」字，在沒有絕對可靠的參照本下，「聖不形於內」可能是「行」，也可能如簡本作「德之行」。若依前者，則意謂保留天道觀的客觀性，不將心的價值性賦予其中；若是後者，則蘊含其與「聖形於內」的關連，即以內在道德性解釋天道，換言之，聖若無心之結構，則其行無德可言[54]。另外，如果帛書經文「聖不形於內謂之行」可以成立，則亦合乎〈五行〉天人關係之主旨。再者，帛書本序論的五行順序是仁、智、義、禮、聖，與簡本的仁、義、禮、智、聖有別，倘若排序隱含重要次序，則帛書本亦重視「智」之地位。尤有進者，在第 1 節表述天人的聯繫與合德乃在「中心之智」等相關敘述之後，帛書本接以「中心

---

[53] 李存山〈從簡本《五行》到帛書《五行》〉，邢文〈《孟子‧萬章》與楚簡《五行》〉、〈楚簡《五行》試論〉（《文物》，1998 年第 10 期），丁四新《郭店楚墓竹簡思想研究‧第三章‧第一節　簡帛《五行》文本比較》。

[54] 「聖不形於內謂之德之行」所蘊含之形而上的價值解釋，請參考拙文〈五行的天道思想‧第一節　以德指謂天道〉。同註 21

之聖」的觀念，龐樸先生認為帛書本多「君子無中心憂則無中心之聖」等相關文句是誤衍。這是因為「中心之智」的觀念已包含天人相通的結構，即以中心之智作為（道德）認識上的「思」（而非德行上的智），以成為達成人道之善與天道之德的手段[55]。但綜觀簡文章法結構，「**君子無中心憂則無中心之智，無中心之智則無中心之說，無中心之說則不安，不安則不樂，不樂則無德**」乃在表述人道如何昇華到天道之德，它所強調的是四行到五行的反省，所以該段前接「德之行五和謂之德，四行和謂之善。善，人道也。德，天道也」，下啟「五行皆形於內而時行之，謂之君子。士有志於君子道謂之志士。善弗為亡近，德弗志不成，智弗思不得」。「中心之智」固有「思」之意味，然應是形於內之心思，亦即一種道德性的思考。而帛書本多「中心之聖」是針對五行而言，它所強調的是心之因素使五行結構更為完整。換句話說，就經文以「中心與人交」解「仁」、「中心辯而正行」解「義」、「外心與人交」解「禮」來看，此當與中心之「智」「聖」合為五種德之行的整體。而且第 2 節談到仁、智有「思」纔能有「德」，帛書本多「思不輕不形」以與第 6 節「聖」之思「輕」與「形」之特質相呼應。凡此，不可謂帛書本忽略聖智觀念。

　　龐樸先生比較簡帛〈五行〉後說：

> 竹書《五行》篇如果起始便有「說」，則無須如此周詳豐滿，一覽無餘；而應該提綱挈領，把許多解釋性的語句，留給「說」文去說。現在的《五行》篇既然不是這樣，因此可以推想，它的「說」文，不是原定計畫的一個必要部份，

---

[55] 《五行》補注。

而是後綴上去的。[56]

　　面對簡帛〈五行〉文本，研究者或謂楚簡本優於帛書本[57]，或謂帛書本優於楚簡本[58]，然而比較竹簡本、帛書本與帛書說這三文獻有關儒學之天人觀的論述，它們之間表現出細微的差異，由此可知，保持文本的多元性纔是詮釋〈五行〉之哲學性的前提。

第五節　先秦儒學發展的再省思

根據上文對簡帛〈五行〉人道思想的分析，筆者有幾點推斷與反省：

1.　〈五行〉經文重在思辨天人關係，並建立人道與天道的聯繫。但帛書經文則略微增改經文，使之傾向（回歸、凸顯）儒學心性論的本懷，而帛書說文即順此脈絡明確演繹之，同時也可以推斷帛書經文所據以抄寫的文本並非竹簡的文本。

2.　有研究指出，從孟子與荀子思想的對立性觀察，荀子批評思孟五行實即以天人之分反對思孟的天人合一[59]。換句話說，天道是否蘊含價值性乃思孟與荀子彼此理論張力之所在，故從儒學史的角度而言，荀子針對簡帛〈五行〉有關天人關係的內容進行批評是有其可能性的。但筆者認爲這也只能推測荀子乃針對〈五行〉經文評論，未必反應帛書說文有意識與荀

---

[56]　〈竹帛《五行》篇比較〉，《竹帛〈五行〉篇校注及研究》，p.96。

[57]　邢文〈《孟子・萬章》與楚簡《五行》〉與〈楚簡《五行》試論〉。

[58]　梁濤〈簡帛《五行》經文比較〉。

[59]　李景林〈思孟五行說與思孟學派〉（《吉林大學社會科學學報》，1997 年第 1 期）。

子對話。因為帛書說文作者以仁義內在之道德自覺解釋〈五行〉，其實乃就心性論的角度詮釋經文，果如思孟學派是〈五行說〉的作者，並且是在回應他人對經文的批評[60]，那麼面對荀子所主張的天人之分，我們未能從該學派的詮釋中，讀到任何內容可以正面地回應荀子對天人合德的質疑。

3. 《荀子·非十二子》批評思孟五行所使用之「無類」、「無說」、「無解」等評語皆為描述詞語，據此無由得知荀子所指之「五行」概念的內容。而且荀子如何說明該「五行」是「略法先王而不知其統」與「案往舊造說」，其相關內容在《荀子》中也找不到明確陳述，所以需要有更多的證據才能下定論說荀子所聞見的「五行」思想就是簡帛〈五行〉的版本，尤其從簡帛文句差異來看，筆者推斷〈五行〉另有其他抄本。

4. 筆者並非正面地否定簡帛〈五行〉與「思孟五行」間的聯繫，因為我們沒有充分的證據得以論證它們的必然性，而只能從儒學理論的不同發展面向，消極地聯繫思孟學派與荀子之間的對立關係。換言之，目前只有充分條件（簡帛〈五行〉及其說）論證思孟學派存在的可能，卻沒有必要條件（先秦某學者或某文獻言必宗子思與孟子）證明思孟學派之思想的傳衍脈絡，意即在《子思子》已佚的情況下，除非有積極而絕對有效的文獻證據，否則思孟學派仍只保存於荀子的敘述中。

5. 假設沒有荀子的批評，除了思孟學派，是否還有其他儒學研究進路可以探討簡帛〈五行〉的思想？陳麗桂先生曾根據馬王堆帛書與郭店楚簡殉葬典籍的狀況，推斷戰國中晚期前後

---

[60] 龐樸先生推斷帛書本的解說是孟子後學出來回應荀子以「無說」、「無解」批評「思孟五行」。詳參註 2。

的楚地，儒家後期學說與老子是同步流行，而且戰國中晚期前後至漢初，〈五行〉可能是楚地極流行的儒家思想的代表[61]。果如此，在豁顯心性論爲主要脈絡的孔孟儒學，與強調外在規範性之「師法之化，禮義之道」（〈性惡〉）的荀子儒學之外，如《中庸》、《易傳》般以天道觀爲問題意識的儒學發展，亦應是孔門之後必有的方向。進而言之，在思想發展的多元脈絡與因素下，先秦儒家處理天道問題未必歸於晚出[62]，而是當德性觀念亦須解釋天地萬物的存在理據時，儒者對於德性價值的開展因而有不同面向的思考與詮釋。通過考古而有文獻足徵的情況下，簡帛〈五行〉啓發我們面對先秦儒學的發展，除了以道德主體或倫理規範的模式進行探討外，其實還有其他思辨觀念值得考慮。

6.　從儒學史中孔、孟、荀之間的學說差異觀之，儒學的發展乃分別處理前代儒者所遺留下來而未處理的問題。而如簡帛〈五行〉以人道之善與天道之德的關係來論述儒學的義理，則是先秦傳統儒家文獻中甚爲特殊的情況，這也是學者們試圖爲〈五行〉在先秦儒學中定位的緣故。從《論語》、《孟子》到《荀子》，乃至後世對先秦儒學的詮釋，其中所載諸子思想之豐富面貌，無不提醒我們，面對儒學之研究當不止於分家分派之歸納，或是執著於某種哲學理路之詮釋。故本文認爲，〈五

---

[61]　同註 48。

[62]　例如勞思光先生將《中庸》、《易傳》放在「漢代哲學」中討論，詳見《新編中國哲學史（二）・第一章》（臺北：三民書局，1988 年）。唯勞先生之所以這麼做，是因爲先判定《中庸》、《易傳》爲秦漢之際或戰國末期之後的作品，故筆者認爲，造成勞先生之所以視此二著作之思想屬於漢儒型態，其客觀因素乃由於文獻不足徵。

行〉的儒學特色應引領我們從思孟學派的可能性調整爲先秦
儒學的多元性。唯上述涉及思孟學派、孟荀思想的比較、楚
地儒學等諸論點，乃關乎從歷史角度來探討先秦儒學，筆者
將另爲文討論。

第四章　〈窮達以時〉所蘊含的義命問題

第一節　問題的提出

　　對於郭店楚墓儒簡所述的天人關係，龐樸先生曾以「天人三式」來加以歸類，而〈窮達以時〉被分類為天人有分、天人為二思想之代表。換言之，該文獻內容在傳達命運之天是一種客觀且獨立於個人之外的實體[1]。然而，同樣的文本亦有其殊異之理解，如張立文先生認為「窮達以時」的「時」若理解為「遇不遇，時也」（《荀子‧宥坐》），並配合原文所云「遇不遇，天也」，則「遇不遇」作為「天時」與商周「君權天授說」合而觀之，窮困和顯達取決於「天時」，此即天人相合的思想；然而就忠臣遇暴君之感嘆看來，那也是一種對主體人格的尊重，它表示了天人相分的蘊涵[2]。由於〈窮達以時〉的研究者皆能指出儒家天人關係中的道德性，可知論點的差異不在人是否有內在價值性，而是研究者對天人關係的解讀。例如，李零先生認為郭店儒簡的天道觀有一特點：「它（儒家）對『天道』的關心，與其說是『天道』本身（即宇宙論或天人感應一類問題），倒不如說是『天道』對『人事』的影響，

1　〈天人三式─郭店楚簡所見天人關係試說〉，武漢大學中國文化學院編《郭店楚簡國際學術研討會論文集》（武漢：湖北人民出版社，2000年）。其他二類是：天人合一，見於〈五行〉、〈成之聞之〉；天人非一非二、亦一亦二，見於〈性自命出〉。
2　〈《窮達以時》的時與遇〉，姜廣輝主編《郭店楚簡研究》（《中國哲學》第20輯，瀋陽：遼寧教育出版社，1999年）。

特別是它對人性教化的作用」[3]。換言之，對天之型態的分判蘊含了人之道德行為的價值歸屬，而且這些觀念也決定了〈窮達以時〉的詮釋進路。而如接受「天人二分」者，則咸以「命運之天」（天命）為其觀察點，或表示命運之天是一種社會力，它與人的存在互為條件[4]；或謂因理解到命運天的力量之必然性或偶然性，才使人的主體性得以張揚[5]；或謂命運之天與人不是對等的存在，而面對這個不可知的力量，人只能在行為上修德以待天時[6]。前舉這些詮釋皆循著「分位」、「職分」來解讀「天人之分」，而且在一定程度上都傳達出古代儒家之天人思想。雖然，筆者反省其中仍有些問題待討論，例如，面對命運之天的必然性或偶然性，人的等待有何意義？或如，面對道德實踐的要求，命運之天的主宰性與支配性又有何意義？我們還可更深入地追問：「天」「人」之分是否一定意味著彼此在道德實踐中不相涉，甚至成為相對立的觀念呢？

對於上述問題，傳統文獻的思想脈絡已提供我們解決的契機。由於郭店楚簡墓葬與孟子活動的時間重疊，所以《孟子》文獻多被引用來與〈窮達以時〉作比較，〈盡心上〉云：「……士窮不失義，達不離道。窮不失義，故士得己焉；達不離道，故民不失望焉。古之人，得志，澤加於民；不得志，脩身見於世。窮則

[3] 《郭店楚簡校讀記》（北京：北京大學出版社，2002年），p.91。
[4] 涂宗流、劉祖信《郭店楚簡先秦儒家佚書校釋》（臺北：萬卷樓圖書，2001年），p.27。
[5] 梁濤〈先秦儒家天人觀辨証──從郭店竹簡談起〉（《哲學與文化》第33卷第1期，2006年1月）。
[6] 朱心怡《天之道與人之道：郭店楚簡儒道思想研究・第五章・第二節 知命與反己》（臺北：文津出版社，2004年）。

獨善其身，達則兼善天下」[7]。孟子不失義的觀念不僅表達了有志之士對道德價值的堅持，而且對比上引研究者對命運之天與道德之人的關係的論述，也顯示了窮達的遭遇作為生命的歷程，其在道德活動中應有深刻的意義。換言之，道德實踐者的或窮或達乃蘊含著是否將其視為天命之實然，抑或其中存在著價值意義，亦即「天命」與「人義」能否存在著聯繫，而其中的關鍵乃在反省窮達之遭遇於道德實踐過程中有何理論意義，這部份觀念又可反映儒學所欲彰顯之人之道義，是否在其理論中必須賦予天之有命之地位。因此，〈窮達以時〉中的「天人關係」不僅傳達出先秦儒學的思考面向，而且藉由道德實踐者之窮達所蘊含之「義命關係」的探討，亦顯〈窮達以時〉之哲學問題之所在。

第二節　方法上的考量

天人關係的探問可謂中國哲學史的傳統，時至科技發達、經濟當道的今日，世人不是解決了這個問題，而是無法面對這個問題，以致在各個層面上產生了種種的規避或遺忘。然而在當代的哲學詮釋中，我們發現仍有學者勇於面對天人問題，並從《詩經》、《尚書》、《左傳》、《國語》等的研究中，分析出「天」具有多種意涵，例如：形上天、人格天[8]、物質之天、命運之天、自然之天、

---

[7] 原文引自朱熹《四書章句集註》（臺北：鵝湖出版社，2000年）。下引《論語》亦據此，不再重複註出。

[8] 此二者是勞思光先生所主張的，詳見《新編中國哲學史（一）》（臺北：三民書局，1984年），p.81-82及91-94。

義理之天、主宰之天[9]、啓示之天、審判之天、造生之天、載行之天等[10]，或說天有本體、理性[11]、神性和天堂義[12]等。職是，我們不禁要問，為什麼學者們可以從古代經典中解讀出「天」有如此豐富的意涵呢？不僅如此，他們還進一步闡釋出多元的哲學思考，例如勞思光先生說形上天是「形上學意義的實體」[13]；羅光先生說天是「沒有形質的精神體」，具備「位格」[14]；傅佩榮先生說「啓示」之天可帶來德治的「理性主義」，並且主張天的分類是同一「實體」的不同意涵[15]；李杜先生則是從神性、天堂等概念來分析天的意義[16]。對於學者們的推論所依據之古典文獻與〈窮達以時〉皆存在於相同歷史文化背景中，而且同樣蘊含天人關係（義命關係）的哲學問題的情形，我們該如何解析以掘發出其中的義理呢？關於這個問題，筆者將從二個方法論顯示本文的研究步驟。

首先，勞思光先生所提出的「基源問題研究法」可以豁顯〈窮達以時〉的研究的哲學問題之所在，而其方法內容為：「以邏輯意義的理論還原為始點，而以史學考證工作為助力，以統攝個別哲學活動於一定設準之下為歸宿」[17]。依此分析，我們在上一節回顧

[9] 此五者是馮友蘭先生所主張的，詳見《中國哲學史新編（一）》（臺北：藍燈文化事業，1991年），p.97。
[10] 此四者加上主宰之天是傅佩榮先生所主張的，詳見《儒道天論發微》（臺北：學生書局，1985年。），p.27-52。
[11] 此二者加上主宰性是羅光先生所主張的，詳見《中國哲學思想史（先秦篇）》（臺北：學生書局，1982年），p.27-34。
[12] 此二者加上主宰性與自然義是李杜先生所主張的，詳見《中西哲學思想中的天道與天帝》（臺北：聯經出版事業，1978年），p.31-34。
[13] 同註8，p.80。
[14] 同註11，p.31-33。
[15] 同註10，p.30及p.60。
[16] 同註12。
[17] 同註8，p.15。

〈窮達以時〉的研究現況,「義命問題」顯然是其基源問題,然而此一問題卻有著各種解答,以致於還原到文獻中時,不免產生困惑。因此,我們應當重新審視文獻資料以爲輔助論證,並且回應研究者們的討論,然後,提出並檢視哲學理論以判斷既有詮釋的論證效力。

第二,袁保新先生從研究方法層面來反省當代學者有關研究道家思想的詮釋進路時所提出的看法,也是本章的研究方法。袁先生說:

> 從方法學的角度來看,傳統以訓詁、考據爲主的解經方法,與強調現代讀者如何通過與經典的「對話」,獲致跨越古今的融合「視域」,將隱蔽在經典文字中的現代意蘊召喚出來的詮釋學方法,其實是分屬於兩個層次,各有其詮釋的目的,並無衝突之處。後者應該尊重傳統解經所獲致的結果,避免「望文生義」、「詮釋太過」的毛病;但前者亦必須瞭解到,「意義從脈絡而來」,而經典重要觀念的意蘊,除了經典語言文字的表層脈絡,還有文字背後的「生活世界」(life-world),它才是一切行動、知識、理論的意義根源,也是詮釋學撐開融合古今「視域」的基礎,換言之,我們找不到理由排斥從哲學的觀點來詮釋經典的正當性。[18]

筆者認爲,袁先生的觀點並非在傳統中國思想中排除現代哲學的成分,而以爲傳統國學的研究方法不足以掘發出哲學思想,

---

[18] 袁保新〈秩序與創新—從文化治療學的角度省思道家哲學的現代義涵〉,《鵝湖》第 314 期,2001 年 8 月。

反而由於考慮到傳統中國思想中所擁有之豐富的義理，以及現代哲學詮釋所具備的必然性，所以通過方法的結合可使古代經典與哲學詮釋相互發明。易言之，以傳統國學的研究爲基礎，並在文獻脈絡中昇華經典意涵，纔能使中國經典詮釋呈現出應有的哲學意義。

綜合上述方法論的說明，我們瞭解到哲學問題乃由（歷史）發生過程與理論過程組合而成，所以本章主要分析〈窮達以時〉的理論意義。此外，我們也注意到（出土）文獻資料的輔證效力是作爲論據之一而提出來的，故傳統文獻與當代考證成果皆是本章論證過程的環節。幸賴前輩先生的研究，相關文獻資料已被整理並加以研究過，這些成果足令筆者以爲論述的資源，所以我們逕自展示當代學者的詮釋理論，並說明我們的判斷根據，以及何種理論才是詮釋〈窮達以時〉的最適宜進路。換言之，本文所作乃從後設角度出發，先呈現研究者們對〈窮達以時〉關注在何種哲學問題，此亦即基源問題之所在。之後說明有何種哲學詮釋進路可以爲解決問題，並反省該進路所形塑的理論架構能否充分展示〈窮達以時〉所蘊含的哲學內容，也就是通過第二序的考察，一方面分析既有詮釋理論之效力，一方面說明〈窮達以時〉的儒學內涵當是何種面貌。

第三節　窮達以時的義命問題

〈窮達以時〉篇幅不長，爲論述方便，先行陳列如下：

有天有人，天人有分。察天人之分，而知所行矣。有其人，亡其世，雖賢弗行矣。苟有其世，何難之有哉？舜耕於歷山，陶拍於河沽，立而為天子，遇堯也。傅說衣胎蓋帽経蒙巾，釋板築而佐天子，遇武丁也。呂望為臧棘津，戰（顫）監門棘地，行年七十而屠牛於朝歌，邁而為天子師，遇周文也。管夷吾拘囚束縛，釋桎梏而為諸侯相，遇齊桓也。百里轉賣五羊，為伯牧牛，釋板桱而為朝卿，遇秦穆。孫叔三射（謝）期思少司馬，出而為令尹，遇楚莊也。

初滔侑，後名揚，非其德加。子胥前多功，後戮死，非其智衰也。驥駒張山，騹空於邵棘，非亡體壯（狀）也。窮四海，至（致）千里，遇造父也。遇不遇，天也。動非為達也，故窮而不〔怨，隱非〕為名也，故莫之智（知）而不吝。〔蘭芷生於林中，不為人莫〕嗅而不芳。無荅蓳，遇寶山石不為……善怀（否），己也。窮達以時，德行一也。譽毀在旁，聽之晏如，之白不釐（厘）。窮達以時，幽明不再。故君子敦於反己。[19]

---

[19] 本文所引〈窮達以時〉文獻以荊門市博物館所編的《郭店楚墓竹簡》（北京：文物出版社，1998 年）及涂宗流、劉祖信（原楚簡整理及釋讀小組成員）《郭店楚簡先秦儒家佚書校釋》的釋文為主，另外參考李零《郭店楚簡校讀記》、李家浩〈讀《郭店楚墓竹簡》瑣議〉（收入姜廣輝主編《郭店楚簡研究》）、王志平〈《窮達以時》簡釋〉（收入廖名春編《清華簡帛研究》第一輯，北京：清華大學文化研究所，2000 年 8 月）、顏世鉉〈郭店楚簡散論（二）〉（《江漢考古》2000 年第 1 期）、陳偉《郭店竹書別釋》（武漢：湖北教育出版社，2003 年）、劉釗〈讀郭店楚簡字詞札記〉（收入《郭店楚簡國際學術研討會論文集》）、廖名春〈荊門郭店楚簡與先秦儒學〉（收入姜廣輝主編《郭店楚簡研究》）、劉樂賢〈郭店楚簡雜考（五則）〉（《古文字研究》第 22 輯，2000 年 7 月）等人的考證，筆者逕自引用，不再註出。

　　分析〈窮達以時〉的論文結構，其問題意識在「**遇不遇，天也**」這個命題，而它的前提就是「有天有人，天人有分。察天人之分，而知所行矣。有其人，亡其世，雖賢弗行矣。苟有其世，何難之有哉」，至於結論則是「善否，己也。**窮達以時**，德行一也。譽毀在旁，聽之晏如，之白不厘。**窮達以時**，幽明不再。故君子敦於反己」。竹簡整理者指出簡文所表達的內容與《荀子・在宥》、《孔子家語・在厄》、《韓詩外傳・卷七》、《說苑・雜言》等書所載孔子困於陳蔡之間時答子路的那段話相類似[20]，亦即它在發揮「君子固窮，小人窮斯濫矣」(《論語・衛靈公》)的觀點[21]。此外，研究者又以孟子的思想來詮釋之，如李存山先生認為〈窮達以時〉是一種「道德的現實主義思想」，並說：「此篇所講的『察天人之分』，也就是要辨析人之道德與人所遇之『時』、『命』的不同職分，此處的『天』即是『時』、『命』，亦即孟子所講的『非人之所能為』、『莫之為而為者天也，莫之致而至者命也』(《孟子・萬章上》)」[22]。又如張立文先生以《孟子・盡心上》所謂「窮則獨善其身，達

---

[20] 《郭店楚墓竹簡》p.145。除此之外，池田知久先生還指出《呂氏春秋・慎人》的內容也類似〈窮達以時〉的敘述。詳見黃秀敏譯〈郭店楚簡「窮達以時」研究（上）〉(《古今論衡》第 4 期，2000 年 6 月)。

[21] 「衛靈公問陳於孔子。孔子對曰：『俎豆之事，則嘗聞之矣；軍旅之事，未之學也』。明日遂行。在陳絕糧，從者病，莫能興。子路慍見曰：『君子亦有窮乎』，子曰：『君子固窮，小人窮斯濫矣』」。李學勤〈天人之分〉文中認為〈窮達以時〉也應記有此事，但因原簡有殘損，故孔子在陳絕糧之事不見於簡文中。除正文所舉文獻，李先生另外指出孔子絕糧之事還見於《史記・孔子世家》、《莊子・山木、讓王》、《荀子・宥坐》、《風俗通・窮通》以及《孔子家語・困誓》。李先生之文收入《中國傳統哲學新論—朱伯崑教授七十五壽辰紀念文集》(北京：九洲出版社，1999 年)。

[22] 〈《窮達以時》與「大德者必受命」〉，發表於「簡帛研究」網站(http://www.jianbo.org/)，2000 年 4 月 3 日。

則兼善天下」的觀念來加以比較，他說：「『固窮』的價值標準就是『不失義』，其價值導向是『獨善其身』；『顯達』的價值尺度是『不離道』，其價值導向是『兼善天下』。孔孟講窮達，是強調其道德價值的張力，以道德規範來控制主體窮達境遇下的行為趨向，使其收斂而修道立德」，張先生還認為〈窮達以時〉立於這個基礎而強調「外在的『時』理念，道德修養和道德行為並不能制約窮與達。『窮達以時』的「時」，是指時機、時世之意」[23]。綜合研究者們的論述，無不掌握文獻中的德性意涵來陳述〈窮達以時〉道德理論的架構，此亦是提供我們理解古代文獻義理的進路。然而，反省這些詮釋理路，其所蘊含現代哲學的理論結構，對於理解古代儒學義理，實則存在著一定程度的扞格。筆者心有未安，擬就其扞格處再加以解析。

　　儒學之本懷乃訴求操之在己的道德實踐，並以此建立起人文世界的秩序，故簡文結語便說「德行一也」與「敦於反己」。然而面對天之存在與世道的變化，就觀察人在其中的境遇來看，儒者有其不同的表達，如《荀子‧宥坐》、《韓詩外傳‧卷七》、《說苑‧雜言》、《孔子家語‧在厄》作「遇不遇者，時也」，《論衡‧逢遇》作「遇不遇，時也」，以及《漢書‧揚雄傳上》、《劉子‧遇不遇》作「遇不遇，命也」，這都反映了道德實踐者對現實處境的回應。與各相關文獻比較，〈窮達以時〉雖未記述孔子困於陳蔡間的故事，但果如林啟屏先生所說，此篇出土文獻所反應的問題乃是先秦儒學不同流派的可能共同問題[24]，則其中的問題意識纔是該篇文

---

[23] 同註 2。

[24] 〈先秦儒學思想中的「遇合」問題—以〈窮達以時〉為討論起點〉（《鵝湖學誌》第 31 期，2003 年 12 月）。

獻作爲儒家哲思的關鍵。進而言之,〈窮達以時〉所要探討的哲學問題是:作爲道德實踐者固然謀道不謀食,然而身爲經驗存在,面對經驗世界中的種種困頓,在顛沛造次時,也許或多或少會對自身如何完成價值實現產生疑惑,像這樣的生存問題該如何解決呢?職是,簡文在論據上提出各種賢臣遇聖王的歷史事件以爲說明。

　　根據〈窮達以時〉強調「天人之分」看來,那些歷史事件的首要意義是「遇不遇,天也」,亦即從既有的事實來考察,人所能掌握的只有人自身,至於其它,則交給時、世、天。如此,我們不禁要問,人在以天爲代表的時世遭遇中,除了堅持道德價值與自我實踐,在這之外者是否還有其意義呢?若有意義,它們與人的實踐活動有何關係?誠如林啓屏先生所指出的,〈窮達以時〉所觸及的哲學問題不只是天人關係,其實還有福德可否雙全的問題[25]。換句話說,該問題在探詢實踐對象之外的其他事物之存在地位爲何?它們對實踐者來說有無價值意義?筆者以爲,後一個問題的解答正可回應上文所述〈窮達以時〉的哲學問題。

　　研究者們一般的回答都放在天人關係的脈絡中來思考,並討論「天」、「人」觀念在理論中的比重。或認爲〈窮達以時〉雖不廢對人的強調,但似尤更強調天的一面,丁四新先生即說:

> 就遇與不遇內在包含的命運本質來看,它一方面在歷時的運動過程中毫不間斷地聯繫著主客雙方,但另一方面同時又絕對地肯定其自身的存在,具有主宰其連結之物而超越于其上的客觀性和實在性,這就是天,亦可直接謂之天命。

[25] 同上註。

天命不僅蘊涵在人之生命本質中，而且亦包含在人的行為
活動或者命運的展開過程中。[26]

另外，有研究者則認為〈窮達以時〉是為了顯發「人」的地
位，而不是討論「天」的內涵，亦即當人面對「遇合」問題時，「人」
的自主地位乃是先秦儒學的共同信念。林啟屏先生說：

「成敗問題」不是人所應關心的對象，因為此非人力所能
為，可是「德行」則是人的「是非」價值問題，而為人所
能自主。如此一來，「人」的「德行」或「反己」的君子作
為，即是以突顯「道德主體」的價值意識為其內涵，也就
是說，容或在「天」（命）的限制性概念下，人的成敗問題
是被決定的，可是「人」卻因為意志自由的可能，所以在
道德主體依自律而在自由底因果性下行動時，「人」的「尊
嚴」，因此得以樹立。[27]

但是，也有研究者抱持平衡的意見，如池田知久先生說：

〈窮達以時〉承認「天」和「人」為世界（人類、社會）
的根本性質，一方面承認「天人有分」，另一方面卻強調
「世」、「遇不遇」、「窮達」、「毀譽」等屬於「天」，而「動」、
「學」、「善否」、「德行」等屬於人，兩者同為具極重要意

---

[26] 丁四新《郭店楚墓竹簡思想研究·第六章·第三節 簡書的天人之辨》（北京：
東方出版社，2000 年），p.259。
[27] 同註 24。

義之事。[28]

對天之意義的探索是中國哲學的傳統，亦可謂有智慧之生命者皆然。就儒學實踐者的心靈來說，道德活動固有操持之理分，然而其付諸實現的場所乃活生生的經驗世界，而不是只流於形式上的獨白。換言之，儒者是以全幅生命在體現道德之價值，意即道德實踐中不應存在著二分界限的主客體雙方。因此，在道德自我實踐之外的他者，也絕對不會毫無意義。《孟子・告子下》云：「故天將降大任於是人也，必先苦其心志，勞其筋骨，餓其體膚，空乏其身，行拂亂其所為，所以動心忍性，曾益其所不能」。引文不啻強調磨難中之堅毅的重要性，亦說明了人之承受使命感的來源，所以天（命）之意義恆存於人的價值活動中。然而，西學東漸，在現代道德哲學理論之建構的要求下，迫使研究者們思索道德理論中天是否有意義的問題，故進而主張人之價值活動不應該隨時變之流轉而減殺，而天的存在不過是道德主體之外的實體，其與己無關。易言之，比較天之概念的存在意義與人之價值自覺的彰顯，二者之間的關係可謂涇渭分明，並無（相互）隸屬之可能。亦即天之意義的保存與道德主體之作為本質，二者各有其論證的效力，它們在道德主體、自律道德、意志自由及主客二分等哲學術語的詮釋運用下，尤其顯得天人關係之轉圜空間的侷促性似無調適之可能。

---

[28] 〈郭店楚簡「窮達以時」研究（上）〉。池田先生甚為強調〈窮達以時〉與《荀子》在「天人之分」上的相似性，唯池田先生主張〈窮達以時〉在《荀子・天論》之後，然而淺野裕一〈〈窮達以時〉中的「天人之分」〉從墓葬時間、荀子生平來考察，卻認為前者的說法不能成立。淺野先生之文收入佐藤將之監譯《戰國楚簡研究》（臺北：萬卷樓圖書，2004年）。

　　依據第一節所引《孟子・盡心上》關於「窮則獨善其身，達則兼善天下」的論述，窮達不失道義乃理之當然，但不得志而返回到「得己」即可，爲何又須「修身現於『世』」呢？換言之，這裡涉及到人之道義實踐與天命所象徵之時遇或世界的關係該如何理解的問題。上述〈窮達以時〉之天人問題的不同詮釋間的張力，即在此「義」「命」問題下呈現出來。筆者以爲，藉助當代的哲學研究，我們可有二種詮釋架構。

第四節　義命分立的詮釋進路

　　就理論意義上說，人對「命」觀念的態度，勞先生認爲可以分爲四類。第一類是「以爲『命』不可違，故人應努力實現此『命』」，於是出現人格神、意志天等觀念，並逐以超越主宰者爲價值根源，如墨子以天爲義之所從出，即是以命爲義。第二類是「承認命不可違，但不承認超越之主宰，而只以『命』歸於事實意義之『必然』」，此即各種類型之自然主義與機械論觀念，或是經驗科學影響下之精神方向，此中只有客觀限制而無自覺意志。第三類是「承認有『命』之領域，由之而推出『自覺』（或自我）在此領域中根本無可作爲」，也就是以離命爲義，此即道家無爲之說或印度解脫之教。最後一類對命的態度則是孔子的立場，勞先生說：

> 此立場是先區分「義」與「命」，對「自覺主宰」與「客觀限制」同時承認，各自劃定其領域；然後則就主宰性以立價值標準與文化理念，只將一切客觀限制視爲質料條件。

既不須崇拜一虛立之超越主宰，亦不須以事實代價值，或
以自然代自覺；而此一自覺主宰亦不須求超離。於是，即
在「命」中顯「義」，成為此一精神方向之主要特色。從超
越主宰者，是神權主義；從自然事實者，是物化主義；持
超離之論者表捨離精神。孔子則不奉神權，不落物化，不
求捨離，只以自覺主宰在自然事實上建立秩序，此所以為
「人文主義」。[29]

　　根據勞先生的論點，孔子的價值思想是一「義命分立」[30]的立
場，因其瞭解超越主宰、客觀限制與人文活動之界線所在，故孔
子云：「道之將行也與，命也；道之將廢也與，命也；公伯寮其如
何」(〈雍也〉)、「五十而知天命」(〈為政〉)、「不知命，無以為君子」
(〈堯曰〉)，乃至子路代孔子答：「不仕無義。長幼之節，不可廢也，
君臣之義，如之何其廢之？欲潔其身，而亂大倫。君子之仕也，
行其義也；道之不行，已知之矣」(〈微子〉)。凡此皆表達對人之主
宰性之肯定，而又能面對人生歷程中自覺意識所不能掌控的對
象。換句話說，道德意義之「自覺主宰」自有一領域，不可與事
實意義之「客觀限制」領域相混。勞先生認為：

　　「自覺主宰」之領域是「義」之領域，在此領域中只有是
非問題；「客觀限制」之領域是「命」之領域，在此領域中
則有成敗問題。孔子既確切分割此二領域，一切傳統或俗
見之糾纏，遂一掃而清。而「道德心」之顯現，亦於此透

---

[29] 同註 8，p.139-140。
[30] 同上註，p.136。

露曙光；文化意義之肯定，亦從此獲得基礎。[31]

　　因此，孔子之後的儒學精神方向即由此奠立，如孟子之「莫之爲而爲者，天也。莫之致而至者，命也」（〈萬章上〉）、「夭壽不二，修身以俟之，所以立命也」（〈盡心上〉）、「盡其道而死者，正命也。桎梏死者，非正命也」（仝前）等言論，皆是確認命的壽命義，也就是它的客觀限制，並且明瞭被決定的範圍，因而能行道不外求，即能立命。所以勞先生認爲，對於孟子盡心知性知天的相關哲學詮釋，皆無涉及形上學實體之必要，而以人之自覺心中之價值意識作爲人之「性」即可，亦即在天與心性的關係中，只須肯定一最高主體性，而不應再以「天」作爲「形上實體」的最高地位。因爲從詞義上來看，如「盡其心者，知其性；知其性，則知天矣」之「天」義，勞先生說：

　　此處之「天」字，不重在「限定義」，而有「本然理序」之義。「天」作爲「本然理序」看，則即泛指萬事萬物之理。說「知其性，則知天矣」，意即肯定「性」爲萬理之源而已。[32]

　　也就是說，在勞先生的觀念中，孟子哲學乃以心性論爲本懷的思想體系，其「天」概念在語脈中沒有形上意義，例如孔子在《論語》中對「天」字的表述，也只是「習俗用語」、「話題」之

---

[31] 同上註，p.138。
[32] 同上註，p.196。

詞義而已[33]，故孔子之人文思想亦無須有形上學的意涵。勞先生認為：

> 形上學重視「有或無」，故必以「實體」觀念為根本；心性論重視「能或不能」，故以「主體」或「主宰性」為根本。明乎此，則先秦儒學之本旨方不致迷亂也。[34]
>
> 孟子言及「天」與「性」時，並非肯認一形上實體；「知其性」則「知天」之說，語義正與「天命之謂性」相反；「心」是主體，「性」是主體性，而「天」則為「自然理序」。「自然理序」意義甚泛，自亦可引出某種形上學觀念，但至少就孟子本人說，則孟子並未以「天」為「心」或「性」之形上根源也。[35]

　　根據義命分立之進路所做的哲學詮釋，明顯地分判了形上學與心性論的論述領域，而將它與《中庸》形上學的立場相比較更是如此。換言之，形上學與心性論不應有所聯繫。由此可知，〈窮達以時〉「天人之分」乃以義命分立為主要的解讀模式，因為君子只須「敦於反己」，至於揚名或戮死之命，則是交給「遇不遇，天也」，亦即道德實踐者無須面對外在的客觀事實，所以「窮達以時，德行一也」也可以義命分立的觀念來詮釋。進而言之，先秦儒學之天（命）與人的關係容不下任何模糊地帶。勞先生認為：

---

[33] 同上註，p.147。
[34] 同上註。
[35] 同上註，p.197。

> 倘若只從「命」一面看人生，則人生一切事象亦不過是宇
> 宙現象中之一部；既皆在必然系列下被決定，便無所謂是
> 非善惡；由此再推一步，則一切所謂人類之努力，亦在根
> 本上無價值可說。因「努力」本身之出現，以及其結果，
> 皆在最後意義上是已決定者，被決定者，如此，人生亦全
> 無可著力處。但若在「命」以外更立一「義」觀念，則價
> 值，自覺，自由等觀念所運行之領域，即由此顯出，而人
> 生之意義亦由此而顯現。然則孔子如何能在「命」以外立
> 此「義」觀念？簡言之，即由人之「能作價值判斷」一點
> 建立此一大肯定。[36]

　　換句話說，在勞先生看來，如果要肯認人間存在著道德實踐，就要擺脫命限的事實，而呈現出人的價值；相反的，若要即命言義，則任何道德努力都將在必然事實的限制下顯得毫無意義。然而，袁保新先生指出：「在勞先生的詮釋脈絡下，『義命關係』只能理解爲平面的、對立的兩領域之間的區分，即『價值界』與『事實界』的分立。其間，並不存在任何宗教意義、或形上意義的超越、隸屬的關聯，可以容許我們進一步詮解爲某種『天人關係』」[37]。更根本地是，勞先生之所以會在先秦孔孟儒學的詮釋上，主張孔子採取「義命分立」說，而且認爲孟子的心性論無須形上天觀念的支持，皆由於勞先生認爲孔孟的成德之教只要「主體性哲學」即可建構起來，所以在此架構下解讀文獻，當然須區分必然與應

---

[36] 同上註，p.142。

[37] 〈從「義命關係」到「天人之際」—兼論「自由」在孔孟儒學中的二重義涵〉，發表於淡江大學通識與核心課程組主辦「第一屆倫理思想與道德關懷學術研討會」，2000年5月5-6日。

然的理論對象，才不致混淆理論效力。亦即勞先生對於天、命是分開來看的，天是必然、形而上的，命是實然、經驗限制的，而人是以道德意識爲主的倫理行爲者，唯有清楚區分三者，其中的哲學理論才有論證效力。

根據上述來詮釋〈窮達以時〉所云：「有天有人，天人有分。察天人之分，而知所行矣」，就某種解讀角度上其可視爲區分天與人的概念，尤其在道德實踐時，更應先行具有天人之分的觀念，如此面對千里馬能遇伯樂，蘭芷卻只能在深山幽谷無人聞問的境遇，纔能隱喻「有其人，亡其世，雖賢弗行矣。苟有其世，何難之有哉」。易言之，儒者的世界充滿著各種實然與應然，若不能在觀念上秉持著實踐對象的內容的明晰性，如何能對現實中實踐效力的不完滿有所釋懷，此亦反映了研究者應對儒學詮釋的理論效力之所在有所分辨。關於理論效力的問題，勞先生在〈孔孟與儒學〉的結論中，犀利地提出以下詰問：

> 孟子學說是否「應該」強調「天」之地位？換言之，孟子之「心性論」是否「應該」歸於「形上學」？此處所謂「應該」，自是就哲學之理論價值說，因之，以上之問題實即是問：孟子之「心性論」如歸於一「形上學」，是否有較高價值？[38]
>
> 價值哲學，道德哲學以及文化哲學等等，是否皆須依賴某一形上學？換言之，如一切形上學皆不能成立，是否上舉各類哲學理論亦皆不能成立？[39]

---

[38] 同註 8，p.202。
[39] 同上註，p.203。

　　因此，勞思光先生一貫的哲學立場即不認為心性論必歸於道德形上學[40]。縱使孔子前之《詩經》已有形上天思想的傳統，勞先生依然主張孔孟一系的先秦儒學以道德主體性為中心，而不以「形上天」為最高觀念，因為孔孟學說的理論結構並無此需要[41]。但是誠如牟宗三先生所說，「命」不是一個「知識中的概念」[42]，而且我們也發現，在《論語》、《孟子》的文獻中，孔孟對（天）「命」的表述幾乎都帶著人生歷程的實感，像這樣的生命對象難道一定要與道德實踐完全切割開來嗎？反觀〈窮達以時〉所舉的歷史事實，雖可以消極地說「動非為達也，故窮而不怨，隱非為名也，故莫之知而不吝」，然而這只須舉出正面的例子來用以鼓勵道德實踐者，何須再舉出反面的例子來凸顯儒者的實踐困境？換言之，只要在觀念上樹立心性主體以面對天下事物，至於實踐成果如何則是另一層次的事。果真如此，那麼，那些有德者的歷史遭遇或價值實踐者的實際境遇對生命又何意義？從「義命分立」的立場來看，實踐者只須有主體性，其他天、世、時即可存而不論。但是，有關儒者的記述中卻總是存在著對世道不彰的反應，其中是否隱含道德實踐者對道德理念所要落實的生活世界有其他深刻的考量？

　　因此，筆者所反省的是，當「義命分立」觀念通過「主體性」來理解所有儒家文獻時，我們是否能夠作出恰當的詮釋？又，主體思維是否足以面對人之行為活動帶有經驗性的實存意義，亦即

---

[40] 同上註，p.403。

[41] 同上註，p.81。

[42] 《圓善論》（臺北：學生書局，1985 年），p.142。

該思維能否正視古典文獻中人與形上天的關係？尤有進者，如西方主體性哲學系統地預設了心／物、事實／價值、理性／感性二分，主／客觀分立，知／情／意三分，以及機械決定論的自然觀，凡此種種嚴格對立的論點與單向、線性的想法，能否從中國哲學中詮釋出來，頗令人不安。對於先秦儒學的理解，我們是否只能順著勞思光先生的詮釋進路？還是其他前輩先生的儒學詮釋也可提供我們另一反省契機？

第五節　義命合一的詮釋進路

　　面對天人關係，牟宗三先生說：「天命的層層下貫於人民，表示一個道德秩序」[43]，天道與天命的下降是「形而上的」、「體現價值的」、「真實無妄的」[44]。相較於勞思光先生對道德之形上意義的排除，我們不禁要問，天命、天道與人道之建立到底有沒有意義關連的可能？筆者認為，並列於當代新儒家士林中的唐君毅先生的看法，可提供我們另一種詮釋進路的解答。

　　唐君毅先生向以「天人合一」為中國哲學的宗旨，而且還從「命」概念來確認天人關係的感通[45]。根據孔子的歷史境遇，唐先生對先秦儒學的詮釋，主張孔子的天命思想是由「義命合一」的要旨來闡發的。之所以啟發唐先生如此論述的文獻共有四條——〈為政〉：「五十而知天命」、〈季氏〉：「君子有三畏，畏天命，畏

[43] 《中國哲學的特質》（臺北：學生書局，1974 年），p.23。
[44] 同上註。
[45] 《中國哲學原論：導論篇》（《唐君毅全集・卷十二》，臺北：學生書局，1988 年），p.520。

大人，畏聖人之言」、〈憲問〉：「道之將行也歟，命也；道之將廢也歟，命也」、以及〈堯曰〉：「不知命，無以為君子也；不知禮，無以立也；不知言，無以知人也」等。唐先生順此推演出三個問題意識[46]，一是道之將行固謂天命，但道之將廢亦為天命，甚且須敬畏、知曉之，其意何在？二是既然前引四條文獻沒有命定義，則孔子感嘆弟子伯牛之疾「亡之命矣夫」（《雍也》）與子夏引「死生有命，富貴在天」（《顏淵》）開導司馬牛又有何意義？三是孔子之教要在人之反求諸己，以行心所安，則孔子之天命觀不會只停留在《詩》、《書》之說，更不可能是漢儒所謂降命、受命之說。唐先生反省說：

> 此諸問題，吾嘗思之而重思之，嘗徘徊於孔子所謂天命，乃直仍舊義中「天命為天所垂示或直命於人之則之道」，與孔子所謂天命唯是「人內心之所安而自命」二者之間。而終乃悟二者皆非是。蓋若果孔子之所謂天命，即舊義中天所垂示或天直命於人之「則」之「道」之義，此明為自詩書以來之通義，墨子尚直承之，以成其天志之論者。此義易解，孔子不當言五十而知天命。至如孔子之所謂天命，唯是人內心所安之自命，則孔子十五志學，三十而立，四十不惑之諸階段，已時時有自命、自求、近思、篤行、行心所安之事，亦不當言五十而知天命。吾人由孔子之鄭重言其知天命在五十之年，並鄭重言「不知命，無以為君子」及「畏天命」之言；則知孔子之知命，乃由其學問德性上之經一大轉折而得。此大轉折，蓋由於孔子之周遊天下，

---

[46] 同上註，p.534。

> 屢感道之不行，方悟道之行與不行，皆為其所當承擔順受，
> 而由堪敬畏之天命以來者。此則大異於前之天命思想，亦
> 不止於直下行心之所安之教者也。上述之疑難所自生，初
> 皆原自不知孔子之天命思想，實乃根於義命合一之旨，吾
> 人先當求於此有所透入也。[47]

　　換言之，從生命歷程觀察，身為道德存在，一切過現未所遭
遇之事件，不管實然或必然，皆為我們所應當承受者，意即它們
都是整體生命的一部份，不應分裂彼此之間的關係，或視為毫無
意義者。再者，如此思維並無礙道德之實踐，因為道德價值之意
義仍操之在我。以此回顧〈窮達以時〉的論述，不亦反映了前述
儒學內涵。即知道「名揚，非其德加」、「戮死，非其智衰」，乃是
透過觀察歷史上聖賢之境遇而得知，然此知非只是釐清道德實踐
的對象，而是從實踐歷程來體證到道德實踐與現實生命的聯繫。
否則，何以感嘆「苟有其世，何難之有哉」。所以就孔孟儒學的發
展脈絡而言，唐先生「義命合一」的主張實更能詮釋先秦儒學的
內涵，《孟子·萬章上》：「萬章問曰：『或謂孔子於衛主癰疽，於
齊主侍人瘠環，有諸乎』。孟子曰：『否，不然也。好事者為之也。
於衛主顏讎由。彌子之妻與子路之妻，兄弟也。彌子謂子路曰：『孔
子主我，衛卿可得也』。子路以告。孔子曰：『有命』。孔子進以禮，
退以義，得之不得曰『有命』。而主疽與侍人瘠環，是無義無命
也』」。對於孟子的評論，唐先生說：

> 由孟子此段話，便知孔子之言命，乃與義合言，此正與論

語不知命無以為君子之言通。孔子之所以未嘗有主癰疽與
侍人瘠環之事，因此乃枉道不義之行，孔子決不為也。彌
子謂子路曰，孔子主我，衛卿可得，孔子之答又為有命。
故孟子釋之曰，無義無命。此即言義之所在，即命之所在
也。此所謂義之所在即命之所在，明非天命為預定之義……
孔子先認定義之所在，為人之所當以自命，而天命斯在。
此見孔子所謂天命，亦即合於詩書所謂天所命人之當為之
「則」，而與人之所當以自命之「義」，在內容上為同一者。
[48]

然吾人之問題，則在「天命」與「義」之內容既同一，何
以孔子又必於反求諸己之外，兼言畏天命？又孔子何以言
道之廢亦是天命……然吾人之所以答此問者仍無他，即自
孔子之思想言，人之義固在行道。然當無義以行道時，則
承受此道之廢，而知之畏之，仍是義也。若不能承受此道
之廢，而欲枉尺直尋，以求行道，或怨天尤人，乃謂非義
也。[49]

　　根據唐先生的省思，生命歷程中的道德實踐的義命合一，其
意旨固不只是有義有命，亦是在面對義而無命的境遇時，如何能
不怨天尤人且體現義命合一。此中關鍵即在能以全幅精神之義面
對一切外在的困境，自覺其義所遭遇的種種困厄皆是天之所命
者，天命之所在即是義之所在，這就是所謂知命、畏命。唐先生
又說：

---

[48] 同上註，p.535-536。
[49] 同上註，p.536。

在孔孟，則吾人所遭遇之某種限制，此本身並不能說為命；
而唯在此限制上，所啟示之吾人之義所當為，而若令吾人
為者，如或當見、或當隱、或當兼善、或當獨善、或當求
生、或當殺身成仁，此方是命之所存。唯以吾人在任何環
境中，此環境皆若能啟示吾之所當為，而若有令吾人為者，
吾人亦皆有當所以處之之道，斯見天命之無往而不在，此
命之無不正。[50]

　　換言之，儒學的道德思想固然表達「即義見命」[51]，知道人之
所應為的一面，然而儒學另一面亦教我們如何安於環境之限制，
知曉義不外求，並明瞭義之所存，也就是「即命見義」[52]。因此，
〈窮達以時〉「察天人之分，而知所行矣」，不只是在「義命之分」
下消極地告訴我們道德實踐者的有限性，以為「遇不遇，天也」，
而是身為知命的君子，應在觀察「初滔侑，後名揚，非其德加……
前多功，後戮死，非其智衰也」之後，瞭解命所象徵的天、世、
時乃義理所落實的場域，有德者在進退間不只是看到命限，而是
能在道義原則下知曉無義亦無命。是故，以此說「窮達以時，德
行一也」是否更有實踐意義呢？而「義命合一」的詮釋進路是否
更有其論證效力呢？當我們將「義命合一」與勞思光先生「義命
分立」的論述相比較，其中的詮釋差異即可對比出來。唐先生「義
命合一」之思考乃以命維繫住人與天或是生活世界的關係，亦即

保留道德理論中形上天的意涵。由於「義命合一」的觀念不是「義命分立」下的主體性思維，故而在這裡面不會有形上實體與道德主體的衝突，也不會有自然秩序與實踐自由的對立，更不會發生倫理價值的實現與否乃歸諸命運的決定；相反地，當人的道德實踐活動與生命歷程一同起伏也不會減殺其價值，而能形成天與人之間的互動。唐先生說：

> 由孔子之天命為人在其生命成學歷程中所遭遇，而對人有依命令呼召義，人亦必當有其知之、畏之、俟之，以為回應者，故吾人於此孔子所謂天命，不能先就其為存在上本然實然者而說，亦不宜只說其為吾人所知之「當然之義，或當然之理性之所以然」之形上的本原；而當直接連于吾人之對此天命之遭遇，感其對吾人有一動態的命令呼召義，而更對此命令有回應，而直接知其回應之為義所當然之回應說，而吾人亦當同時由吾人之自識其義所當然之處，求識得此所遭遇之天命。[53]

　　誠如袁保新先生所言，唐先生對天命的詮釋是以「原始體驗」（primordial experience）來引導我們回到面對天的存在的境遇[54]，而這些體驗根本不是任何先驗、主體等概念或傳統形上學體系足以、甚至是不能說明的。進而言之，在生命多變無常的境遇中，「人只須體驗及一非己與人之始料所及之存在，即同時體驗及一天之

---

[53] 唐君毅《中國哲學原論：原道篇（卷一）》（《唐君毅全集・卷十四》，臺北：學生書局，1988 年），p.118。
[54] 同註 37。

存在矣」[55]。究其實，此一詮釋架構當然不是傳統形上學系統，但也非「義命分立」之道德主體、自由意志等主體哲學心靈所可以建構的。袁保新先生在比較了勞、唐二位先生對義命關係的論述後，提出如下觀察：

> 我們發現獲致「義命合一」這項結論的關鍵，在於一開始我們就不能將「人」與人生命引動展開的場域——「世界」對立起來，並將「自我」定位在「主體自由」的領域，而將「世界」定位為「客觀限制」的「事實界」；相反的，我們應該跨越這些二分性的理論障礙，回到存在體驗的層面，從人與情境的互動感應的一體性的經驗出發，從而看出「義之所在，即命之所在」。因為，如果一個人的行動總是離不開具體的生命情境，那麼，決定何者是義所當為、何者不是義所當為，一方面固然源自於自命、自我要求；但另一方面，自命又何嘗不是來自於這個具體情境的召喚、限定。[56]

據此而論，我們的原始體驗自始自終都是與生命情境同在。人的行動是與世界的脈動結合在一起的，因此不應該出現「主／客」觀的對立與「義／命」的分離；尤有進者，我們對「天」、「命」或「天命」應理解為「意義事件」或「意義生發之歷程」[57]，意即在天人相互對待中，天將它的意義賦與人們或用意義來召喚人

[55] 同註 53，p.119。
[56] 同註 37。
[57] 同上註。

們，而人則是以「當然之義」來回應之，並形成天人互動。將此一觀念還原到〈窮達以時〉的文獻中，那些遇不遇的實感即意味著道德實踐不只是「蘭芷生於林中，不爲人莫嗅而不芳」的孤芳自賞，不然，只須孤立地提出「動非爲達也，故窮而不怨；隱非爲名也，故莫之知而不吝」，〈窮達以時〉何須用一半的篇幅將賢人名臣的遭遇一一條列，難道這些內容只是一般性的說故事，而不隱含著任何道德深度嗎？所以若能在詮釋方法上，將天的哲學性去實體化，同時也將人的哲學性去主體化，並且在天人之間體悟到「命」、「時」、「世」的存在以銜接天人關係，亦即將天之存有性視爲價值的根源，而人乃以其道德自覺的本心，做爲不斷呈現價值的實踐者，則「天」、「人」遂可在具體的境遇與命感中，以「義命合一」的型態恆常地聯繫著。因此，「窮達以時」的意義當不只停留在「德行一也」，更是「幽明不再」，因爲「時」所象徵的「命」不再消極地顯示爲實踐困境，而是在道德實踐者的生命體驗下，積極地將之視爲實現道德意義之廣大脈絡。亦即「命」的實然性所蘊含的限制性，在道德實踐中將不再被視爲阻力或與實踐無關的客觀對象，而是在人與天的共同脈動中化爲成就道德價值的動力。

第六節　結語

　　〈窮達以時〉「察天人之分」的問題意識是其哲學討論的焦點，而研究者亦多引天人關係之相關文獻來與它做比較詮釋，其

中以「天人有分」為主流觀點[58]，而或許受限於文獻字面上的意思，研究者們亦將「人」與「天」、「世」、「時」、「命」對立起來看待。如李存山先生認為「德行」的外在工具價值能否實現是由「天」所決定的，而人所能掌握的是德行內在價值的努力[59]。又如張立文先生的研究指出了道德主體與窮達之時乃有所區隔，修道立德不決定窮困顯達[60]。李、張二位先生的說法很明顯地是將價值實現分為二重，其中一重與道德實踐沒有必然關係，此即隱含了實然與應然的架構。然而，如本章第三節所展示之〈窮達以時〉的天人問題與價值觀念，其實蘊含義命關係為本質問題。若依當代學者對孔孟儒學「義命分立」與「義命合一」之二種哲學詮釋進路來看，孔孟思想乃至〈窮達以時〉所說的天人關係，其表達的內容則應是「天」「人」一體相關且無對立相待。尤有進者，義命問題更凸顯了儒家哲學中天道存有與道德價值的理論關係，戴璉璋先生對此哲學問題表示：

> 所謂「存有原則」就是「價值原則」，「價值原則」就是「存有原則」，兩者根本沒有合一不合一的問題，或者說這問題與他不相干。作為一個道德的存在，他陳述自己實踐證悟到的價值世界，自有特定的意義。這不屬於用於分解析辨方式來建立的那種存有論領域。天道性命相貫通，是儒者在道德踐履中的實感。[61]

---

[58] 如日本學者池田知久與淺野裕一先生亦持此論點，然而仔細觀察，他們的詮釋立場實是受荀子思想影響，尤以池田先生最為明顯。詳見註 28 所引論文。
[59] 同註 22。
[60] 同註 2。
[61] 〈儒家天命觀與其涉及的問題〉，收入鍾彩鈞編《傳承與創新—中央研究院中

　　換言之,〈窮達以時〉的義命問題也應重新以「即存有即價值」來思考。從「義命合一」的詮釋理路來看,〈窮達以時〉所謂「遇不遇,天也」,乃意味著人的道德實踐恆處於與天的遭遇中,這種遭遇不是從邏輯的因果關係來理解,而是將遭遇到的事件的發生過程,放到超乎人的理性思辨與主體性觀念所不能控制的意義網絡或複雜脈絡中,這些網絡或脈絡在孔孟文獻與〈窮達以時〉中化爲「天」、「命」、「世」、「時」,讓人們對它們有所領納與體會。準此,「窮達以時,德行一也」的「時」不外乎就是具有體驗意義的境遇,而「一」的意涵就不只是指道德行爲的始終如一,同時也意指道德行爲與天道運行相一致。在窮達之際,顯達固然是因行當然之義而有,但是由窮困所反映出來的命限與時世,也絕不是與己無關的客觀存有,而是體會它們具有實踐性的關連,並且也是實現道德價值的環節與場所。

　　再者,雖然〈窮達以時〉明言天人有分而隱含著天、人各自有其活動範圍,但此天人之「分」乃是就天之所以爲天與人之所以爲人之各自的內涵來區分,亦即人所應做的是道德行爲、是義,而天所賦與的是真實的境遇、是命、是終極的解答,道德實踐者能有此意識並依此行動,這就是簡文「察天人之分,而知所行矣」的意涵。不過這並不意謂著在人與天道的關係中,天人應該區隔爲兩橛,〈窮達以時〉天人有分不是一種經驗認知上絕對的主客二分,而僅是在實踐意義上作出區別。就人的存在體驗而言,透過命的感動,人之實存性恆不可能與存有之天失去聯繫,所以價值實踐與否不會因爲道德自主而有主客之分、內外之別。申論而言,天道存有照明了境遇與人的價值活動的意義脈絡,並形成存有與

國文哲研究所十周年紀念論文集》(臺北:中研院文哲所籌備處,1999 年)。

價值的一體。有關存有與價值的統一，在〈窮達以時〉察天人之分之下所面對的時世的成敗問題，丁四新和林啓屏二位先生的分析研究展現了異曲同工之妙，丁先生說：

> 如果人做到了「動非未達」和「窮而不達，亦非為名」這兩個方面，那麼人就是真正地超越了外在于生命的非本真的東西，從而才真正地有所立、有所守，個中包含著聽天命之流行而安命自在的思想。而如果做到了安命自守這一點，那麼個人生命的人格境界「莫之知而不聞」、「莫之嗅而不芳」，是自在而真實的，崇高、偉大而美善的。實際上，這是一種德性的光輝，人格境界的構築仍以反己成德為內在生命活動的基點，並且在天人之間構成某種意義上的翻轉，德性的修養既是安順天命的結果，于是在時世與德才之間又構成天人相對的內在張力。這是一種辯證的生命，而非生命意識的自我矛盾。[62]

又，林啓屏先生說：

> ……〈窮達以時〉的「時」，或許不是一個封閉性的概念而已，而應具有開放的可能性。因為，當君子修身「俟時」除了顯發人的尊嚴感，證立人的存在真實感之外。儒者相信由於道德力量的薰染，現象世界的成敗幸福限制，將可因之而改。所以，此時「時」當具有顛倒既存

---

62 同註 26，p.260。

關係的可能。如此一來，我們便可發現「遇不遇」雖為
「時」或「天」之事，但人只要「修德」「反己」，則「幸
福」可能隨時臻至。[63]

　　雖然丁、林二位先生在〈窮達以時〉之天人論述上的著重點
不同，但是對於世間窮達現況之安頓，對於德福一致之可能，二
者的哲學詮釋在相合之意義脈絡下，皆保留了人對天的聯繫性，
意即道德實踐與時世的運作必然維持一定的關係。丁四新先生指
出〈窮達以時〉的結語表達了「以德安命，以人順天，同時又以
德涵命，以人導天的思想傾向」[64]，此說確有一定的見地，因為在
經驗活動中的存在意義是整體性的，人道之義固於付諸實踐中而
有價值，但此實踐中的價值若只獨立於經驗事實外而自存，則其
價值意義亦將使生命蹈空而無落實。如果天道、天命之世、時的
遇合是有意義的當下，則道德生命之實踐不啻孤芳自賞的價值活
動，亦有勇於面對世界苦難之自命。換言之，義命關係中雖能分
析出義不為窮達的充分條件，亦即道德實踐不必然有此命，二者
之間只有或然可言。然而若調整思維向度，視義為窮達的必要條
件，即無道德實踐必無此命，而義是命之出現的決定性因素，則
誠如郭店竹簡〈語叢一〉所言：「知天所為，知人所為，然後知道，
知道然後知命」，在命的聯繫中，天與人永遠交織在一起，天人之
間恆處於雙向的感通。如此推論未嘗不是成就道德生命之真實表
述。職是之故，筆者認為「義命合一」的哲學理論應是詮釋〈窮
達以時〉最適宜的進路。

---

[63] 同註 24。
[64] 同註 62。

第五章　〈六德〉的德性觀念及其實踐原則

第一節　前言

　　郭店楚簡〈六德〉[1]的內容是以聖、仁、智、信、義、忠爲核心觀念來論述六德的價值、六位的人倫、六職的功能,及德、位、職之間的相互結合,並以之作爲君子之道的內涵,所以六種德性觀念如何開展就成爲研究〈六德〉的問題意識。歸納研究者對〈六德〉思想的探討主要在三個面向,一是六德與六位、六職之關係。關於這個問題,研究者的觀點不一,或謂其爲儒家道德學說體系中的人倫道德或倫理統系[2],或謂其乃是以數爲紀的表達方式[3],或謂其乃是士君子爲君立政的主體工程[4],或指出六位、六職與漢代

---

[1] 釋文參考荊門市博物館編《郭店楚墓竹簡》(北京:文物出版社,1998 年)與塗宗流、劉祖信《郭店楚簡先秦儒家佚書校釋》(臺北:萬卷樓圖書,2001 年),以及李零《郭店楚簡校讀記(增訂本)》(北京:北京大學出版社,2002 年)、丁原植《郭店楚簡儒家佚籍四種釋析》(臺北:台灣古籍出版社,2000 年)、顏世鉉〈郭店楚簡〈六德〉箋釋〉(《歷史語言研究所集刊》第 72 本第 2 分,2001 年 6 月)、陳偉《郭店竹書別釋》(武漢:湖北教育出版社,2003 年)。筆者逕自引用,有特殊意義者則提出說明。

[2] 龐樸〈三重道德論〉(《歷史研究》,2000 年第 5 期。又收入《竹帛〈五行〉篇校注及研究》,臺北:萬卷樓圖書,2000 年)。其它二重是社會道德的「四行」(仁義禮智)以及天地道德的「五行」(仁義禮智聖)。龐先生更根據〈成之聞之〉的文獻,認爲六位、六職、六德的搭配是天道的直接延伸和顯現,可以提高道德的層次與境界。倫理統系說則參見丁四新《郭店楚墓竹簡思想研究‧第八章‧第三節　德治的內涵與倫理統系》(北京:東方出版社,2000 年)。

[3] 顏世鉉〈郭店楚簡〈六德〉箋釋〉。

[4] 陳麗桂〈郭店儒簡的外王思想〉(《台大文史哲學報》第 55 期,2001 年 11 月)。

三綱說[5]或「六藝」[6]有關，或指出六德及其與六藝的關係爲賈誼《新書・六術》、〈道德說〉所引據[7]。由於簡文六德的順序與六位之夫婦、父子、君臣不合，加上「德」的觀念在先秦儒家學者中有不同發展，所以筆者以爲「六德」思想尙有探討餘地。第二個探討的論面向是〈六德〉「仁內義外」之觀念。簡文以血緣關係爲原則，提出「門內之治恩掩義，門外之治義斬恩」的命題，研究者或認爲其可能借自告子[8]，或指出其與孟子告子辯論仁內義外不同[9]，或認爲它是儒家別派的思想體現[10]。孟告之辨與〈六德〉文獻的主題固然不同，然透過仁義觀念的比較，筆者試圖展現此二種仁內義外在儒學中的對話空間。順著仁內義外的觀念，簡文進而有服喪規範的論述，這是〈六德〉第三個探討的面向。有關服喪的問題，學者們或肯定其仁內義外的服喪原則[11]，或認爲仁內義外的服喪原

[5] 廖名春〈郭店楚簡與先秦儒學〉（姜廣輝主編《郭店楚簡研究》（《中國哲學》第 20 輯），瀋陽：遼寧教育出版社，1999 年），劉樂賢〈郭店楚簡《六德》初探〉（武漢大學中國文化學院編《郭店楚簡國際學術研討會論文集》，武漢：湖北人民出版社，2000 年），徐少華〈郭店楚簡《六德》篇思想源流探析〉（出處同前），金春峰〈論郭店簡《六德》、《忠信之道》、《成之聞之》之思想特徵與成書時代〉（《《周易》經傳梳理與郭店楚簡思想新釋》，臺北：台灣古籍出版社，2003 年）。張立文〈略論郭店楚簡的「仁義」思想〉（《孔子研究》，1999 年第 1 期）。

[6] 李維武〈〈六德〉的哲學意蘊初探〉（《中國哲學史》，2001 年第 3 期）。

[7] 李學勤〈郭店楚簡《六德》的文獻學意義〉（武漢大學中國文化學院編《郭店楚簡國際學術研討會論文集》）。

[8] 龐樸《竹帛〈五行〉篇校注及研究・附錄　《六德》篇簡注》（臺北：萬卷樓圖書，2000 年），p.187。張立文〈略論郭店楚簡的「仁義」思想〉則認爲簡文仁內義外說同於告子。

[9] 丁原植《郭店楚簡儒家佚籍四種釋析》，p.237。

[10] 羅新慧〈郭店楚簡與儒家的仁義之辨〉（《齊魯學刊》，1999 年第 5 期）。

[11] 劉樂賢〈郭店楚簡《六德》初探〉，徐少華〈郭店楚簡《六德》篇思想源流探析〉，林素英〈郭店簡「爲父絕君」在服制中的文化意義〉（《中國學術年刊》第 23 期，2002 年 6 月）。

則有其特殊性[12]，然而，李零先生則認為「從簡文內容，作者明顯強調的是，『親親』重於『尊尊』，而不是服喪規格」[13]。由於簡文明顯述及喪服規格，而且又述及實踐喪禮之父與君、弟與妻、宗族與朋友之別，加上《禮記·大傳》所謂親親與尊尊乃針對服喪所提出之原則，故仁內義外之實踐原則仍可進一步釐清。職是，本文以後設的方法來探討此中問題。以下就上述問題一一分析。

第二節　六德與六位、六職

　　根據〈六德〉文獻所述，六德、六位、六職可表成如下關係：

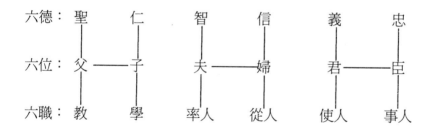

（一）六德的內涵與實踐
　　簡文對於「六德」有二種表述情況，一是「聖、智也，仁、

---

[12] 姜廣輝〈郭店楚簡與《子思子》〉（姜廣輝主編《郭店楚簡研究》（《中國哲學》第 20 輯）），李存山〈讀楚簡《忠信之道》及其他〉（出處同前），李存山〈「為父絕君」並非古代喪服之通則〉，（姜廣輝主編《經學今詮第四編》（《中國哲學》第二十五輯），2004 年 8 月）。李存山〈再說「為父絕君」〉（《江蘇社會科學》，2005 年第 5 期）。

[13] 《郭店楚簡校讀記（增訂本）》，p.138。

義也,忠、信也。聖與智就矣。仁與義就矣,忠與信就矣」,然後
對「聖智」、「仁義」、「忠信」的內涵加以陳述。六德的另一種表
述情況是「男女別生言,父子親生言,君臣義生言。父聖子仁,
夫智婦信,君義臣忠。聖生仁,智率信,義使忠」,意即將六德以
父子、夫婦、君臣之分來分配。陳偉先生認為前者所謂的六德是
就統治者而言,後者則是指君臣夫婦父子所擁有的品格,故與前
者相關之簡文可重新調整到郭店楚簡〈性自命出〉或〈成之聞之〉
中[14]。然而孔子所創建的儒學自始即主張政治活動乃倫理行為的延
伸,比如〈為政〉:「或謂孔子曰:『子奚不為政』?子曰:『書云:
「孝乎惟孝、友于兄弟,施於有政」。是亦為政,奚其為為政』」,
又〈顏淵〉記載齊景公問政於孔子,孔子對曰:「君君,臣臣,父
父,子子」。孔子引經據典論證古代「政」的意義其實是以家政為
基礎的,故個人在家庭中有倫理即是有政的意義。換言之,從政
活動僅是在客觀環境允許下,將倫理實踐進一步開展,此所以孔
子以君臣父子論政的意義,亦是從最基本的人倫來規範政治,進
而言之,統治者應有的德性未必與人倫德性區分開來[15]。因此,在
不同語境下的六德應有其相聯繫之意義脈絡。簡文云:

---

[14] 〈關於郭店楚簡《六德》諸篇編連的調整〉(收入龐樸等著《古墓新知》,臺
北:台灣古籍出版社,2002 年),p.232-233、235。又見陳偉《郭店竹書別釋》
(武漢:湖北教育出版社,2003 年),p.97。後者修正前者的觀點後,將〈成
之聞之〉、〈尊德義〉與〈六德〉的簡序與分篇作調整,並重新題名為〈大常〉、
〈德義〉與〈賞刑〉。

[15] 孟子對梁惠王陳述仁政的意義,即從統治者的仁心以為論證,詳見《孟子·
梁惠王上》。原文參考《四書章句集註》(臺北:鵝湖出版社,1990 年)。下文
引《學》《庸》《論》《孟》文獻與朱子注語,皆出自此,不再註明。行文、注
文引《論》《孟》亦只標篇名。

作禮樂，制刑法，教此民黎使之有向也，非聖智者莫之能
也。親父子，和大臣，寢四鄰之抵牾，非仁義者莫之能也。
聚人民，任土地，足此民黎生死之用，非忠信者莫之能也。
君子不變如道。

首先，聖智之能在經由制作禮樂刑法來教民，這是緣於簡文
對「聖」與「智」的定義。簡文云：「既生畜之，或從而教誨之，
謂之聖。聖也者，父德也」，聖作為父德的本質，乃以教化為內涵。
又簡文云：「知可為者，知不可為者，知行者，知不行者，謂之夫，
以智率人多。智也者，夫德也」，智作為夫德的本質，其內涵在知
曉行為之是非以為領導。易言之，聖、智之觀念在理論上乃父與
夫之德性，而在政治實踐上，父與夫之德性的結合則有教化百姓
之作用，禮樂刑法之制作可謂知是知非的具體表現。

其次，仁義之能在使父子親愛，並諧和大臣與鄰邦，簡文云：
「子也者，會埠長材以事上，謂之義，上共下之義，以奉社稷[16]，
謂之孝，故人則為人也，謂之仁。仁者，子德也」。仁作為子德的
本質，一方面表現出下對上之義務，另一方面此義務在家庭事務
中則為孝，以此從而成為人[17]。又簡文云：「子弟大材藝者大官，
小材藝者小官，因而施祿焉，使之足以生，足以死，謂之君，以
義使人多。義者，君德也」。義作為君的本質，其實在做到上對下
之適度安置，亦是在上位者的責任。換言之，仁、義之觀念在理

---

[16] 「社稷」二字原釋文未釋，陳偉先生參考《上海博物館藏戰國楚竹書（五）》
（上海：上海古籍出版社，2005 年）的文字，提出更明確的釋文，詳參〈郭
店竹書〈六德〉「以奉社稷」補說〉，發表於「簡帛網—武漢大學簡帛研究中心」
網站（http://www.bsm.org.cn/），2006 年 2 月 26 日。

[17] 〈盡心下〉：「孟子曰：『仁也者，人也。合而言之，道也』」。

論上作爲子與君之德性,其具體表現皆有政治意涵。孝之實踐能擴及國家事務,義之道德義務能延至爲君之道,故仁義結合之作用,一方面是倫理意義的,另一方面是政治意義的。

復次,忠信之能在使人民有充分的農業活動,並使其養生喪死無憾。對於忠與信的內涵,簡文云:「非我血氣之親,畜我如其子弟,故曰:苟濟夫人之善也,勞其臟腑之力弗敢憚也,危其死弗敢愛也,謂之臣,以忠事人多。忠者,臣德也」。盡己之謂忠[18],以此爲臣德的本質則在回應國君以禮義對待臣下[19],此是從君臣的相互關係言人臣理分之德性價值。簡文又云:「壹與之齊,終身弗改之矣。是故夫死有主,終身不變,謂之婦,以信從人多也。信也者,婦德也」。信作爲婦德的本質,表現在家庭活動的維繫,這是從婦的身份凸顯儒學對家庭價值的設定,亦是以信爲人道核心價值之一。簡文認爲忠信結合在一起能夠處理農業社會的生產活動,此是將爲臣與爲婦的德性放在爲政的活動中,反映統治者應該盡己之心力來維繫人民與土地的關係,此亦是成就王道的基本施政。[20]

綜合上述,六德之德其實有二層意義,第一層乃指人倫之道德性與倫理之基礎,而家國組織是這些德性的實現場所,故義、忠、聖、仁、智、信開顯在君、臣、父、子、夫、婦等領域中,即人倫關係爲六德道德實踐的對象。第二層意義在於德性有實現

---

[18] 此定義乃朱子對〈里仁〉「曾子曰:『夫子之道,忠恕而已矣』」之注文。

[19] 〈八佾〉記載:「定公問:『君使臣,臣事君,如之何』?孔子對曰:『君使臣以禮,臣事君以忠』」。

[20] 孟子認爲「使民養生喪死無憾也。養生喪死無憾,王道之始也」,如此王道開始於使人民可以經常地取得生存資源,亦即保障百姓的生產活動。其道理乃由仁心實踐仁政,詳見〈梁惠王上〉。

性，因實踐者在古代社會中有政治活動之要求，故當道德實踐從家庭延伸到政治活動時，不同的國政事務會應用到不同德性，此是因其政務之位置而將德性作一開展，《中庸》云：「雖有其位，苟無其德，不敢作禮樂焉。雖有其德，苟無其位，亦不敢作禮樂焉」。禮樂非只是一種儀行，而是須有價值內涵纔有行為意義。進而言之，德性固非只是恪守個我之價值，當實踐者有相應之為政分位時，亦應有價值行為之具體展現，故〈六德〉認為聖智、仁義、忠信的兩兩結合能夠處理不同的政治事務，此是內在德性與政治德行的結合，亦是為政以德的儒學脈絡。

（二）父與子之德性與德行

　　簡文以男女別、父子親、君臣義為「君子所以立身大法三」，又云：

> 男女不別，父子不親。父子不親，君臣亡義。是故先王之教民也，始於孝弟。君子於此一體者亡所廢。是故先王之教民也，不使此民也憂其身，失其體。孝，本也。下修其本，可以斷訕。

　　雖然君子之道的三大法以夫婦之別為首，但在以「孝悌」為教化之始與治民之本的觀念下，君子之道當以父子之親為中心，孔子曰：「君子務本，本立而道生。孝弟也者，其為仁之本與」（〈學而〉），故君子的道德實踐以孝悌為基礎。又孟子曰：「仁之實，事親是也；義之實，從兄是也」（〈離婁上〉）。孟子的仁義觀亦主張以孝悌為實踐之事。尤有進者，上引〈為政〉篇即證明孝悌可為為

政的表徵[21]，此外，孟子更將孝悌視為王者的政務，故云：「謹庠序之教，申之以孝悌之養……然而不王者，未之有也」（〈梁惠王上〉），孟子又云：「王如施仁政於民……壯者以暇日修其孝悌忠信，入以事其父兄，出以事其長」（仝前）[22]。儒家哲學著重道德責任，當基本人倫有所實踐時，更將之推展到政治以建立具價值規範的天下[23]。因此，〈六德〉所述乃在傳統儒學脈絡中，論證德治之本在血親關係的維繫，更甚者，簡文不僅指出為政乃是家庭關係的擴充，而且以父、子、夫為內，以君、臣、婦為外（簡26-簡27），此顯示儒學反省周文宗法封建制度下，君臣階級雖然是血親家族的延伸[24]，然其基礎架構來自父子關係，故簡文論述乃在提煉出父子血緣的普遍性。〈六德〉云：

> 既生畜之，或從而教誨之，謂之聖。聖也者，父德也。

---

[21] 孔子亦指出「宗族稱孝焉，鄉黨稱弟焉」（〈為政〉）為士的內涵之一。

[22] 「舜盡事親之道」（〈離婁上〉）為天下榜樣，孟子視為大孝。〈大學〉云：「所謂治國必先齊其家者，其家不可教而能教人者，無之。故君子不出家而成教於國：孝者，所以事君也；弟者，所以事長也」，又云：「《詩》云：『宜兄宜弟』。宜兄宜弟，而后可以教國人。《詩》云：『其儀不忒，正是四國』。其為父子兄弟足法，而后民法之也。此謂治國在齊其家」，其文亦顯現家庭倫理蘊含政治活動。

[23] 儒家進而呈現以孝為核心的世界，《孝經・三才》：「子曰：夫孝，天之經也，地之義也，民之行也。天地之經而民是則之，則天之明，因地之利，以順天下。是以其教不肅而成，其政不嚴而治，先王見教之可以化民也」。天經地義指出孝的客觀性，並且是政治原則，故「子曰：昔者明王之以孝治天下也」（〈孝治〉），「子曰：教民親愛，莫善於孝，教民禮順，莫善於悌」（〈廣要道〉），「子曰：君子之教以孝也，非家至而日見之也。教以孝，所以敬天下之為人父者也。教以悌，所以敬天下之為人兄者也」（〈廣至德〉）。唐玄宗注、邢昺疏《孝經注疏》，本自阮元重刻《十三經注疏》（臺北：藝文印書館，1989年）。

[24] 《禮記・文王世子》「君之於世子也，親則父也，尊則君也」即是從最高階層指出這個歷史背景。原文引自孫希旦《禮記集解》（臺北：文史哲出版社，1990年），下同此，不再註出。

　　簡文從父德的分位賦予「教者」的職責，之所以能教，來自於「聖」之本質，然此父德之聖非行為典範之聖人之聖，丁原植先生說：

　　　　《說文》：「聖，通也」。「通」指通貫兩個領域中的事物，而能導引者。父之能「生之、畜之」，乃本諸自然的生養，而父之能「從而教誨之」，則涉及後天人倫價值的指引。簡文似以「天性與道德的貫通導引者」──「聖」，說明「父」的本質。[25]

　　易言之，父之職位非唯功能性地生畜下一代，或只是在權力上管理下一代，而且還更應積極地通過長養子女的活動，將價值意義充實於親子關係中，意即居於父位的職責以顯宗法倫理。簡文以「聖」指涉父的內涵，其意涵在統籌生性畛域與德性畛域，並以人倫德性的彰顯作為人父之理則，亦使父之內涵有普遍性，如此方不至於空有父之名位，而無父之職能。父之聖是人道的一個面向，相應而言，親子血緣應有孝子以為互動纔有實質意義，〈六德〉云：

　　　　子也者，會埻長材以事上，謂之義，上共下之義，以奉社稷，謂之孝，故人則為人也，謂之仁。仁者，子德也。

　　相對於在上的父位，簡文對子位賦予「受者」的職責，而子

─────────────

[25] 同註 9，p.223-224。

位職能的產生則來自仁德，其具體的表現為「義」與「孝」。此義
非君臣有義之義，而是指人子在其分位所應有的責任（事上）。就
另一責任孝而言，其內容有二方面，一是上對父兄須孝悌，以及
下對晚輩成為榜樣，另一方面則是為人子在此分位上亦負有對國
家的義務。孝的內容包含社稷是〈六德〉儒學的特色，此乃符應
簡文人道觀念在人倫生活與政治活動間的聯繫，亦可謂是儒學傳
統中的道德政治。此外，子之位上對父親，下則自己又發展為夫
與父，〈六德〉以「仁」德作為子的內涵正凸顯這個中介位置的價
值，〈學而〉云：「孝弟也者，其為仁之本與」，意謂藉由「仁」的
實踐，子之孝悌即表現人之所以為人，故簡文謂「仁者，子德也」
乃闡釋了「仁」觀念作為儒學之主要意涵在人倫分位上的實質。
進而言之，「人而不仁如禮何？人而不仁如樂何」（〈八佾〉），雖然禮
樂是周文的框架，而名位的分配亦是階級社會無可避免的制度，
但是儒學卻主張制度框架必須含有人（仁）義，否則父子關係不
過是僵化的人際結構，並顯現不出人之所以為人的價值。〈六德〉
的觀念乃凸顯儒學以父子關係的人倫價值為其開展來面對各種不
同原理原則的衝突的因應之道，尤其在客觀層面上更是明顯。比
如孔子面對「攘羊」的問題，其云：「父為子隱，子為父隱，直在
其中矣」（〈子路〉）；《孟子》中有人設問舜之父殺人，孟子的最終回
應是：「舜視棄天下，猶棄敝蹝也。竊負而逃，遵海濱而處，終身
訢然，樂而忘天下」（〈盡心上〉），而孟子在另一語境下更說：「父子
責善，賊恩之大者」（〈離婁下〉）。凡此皆說明儒學認為人倫中的父
子關係，應以價值觀念維繫其在人間的永恆性。關於這個議題，
下文論及父子內位時將有進一步的說明。

（三）夫與婦之德性與德行

　　人誕生在這個世界上，最先意識到的人倫範疇是親子關係，而其活動領域則是家庭。若追溯這個領域的產生則它是由男女婚合所組成的，此即包括〈六德〉在內的儒家文獻所謂的「男女之別」[26]，此一倫常是人倫關係的擴大，《禮記・昏義》一開始即云：

> 昏禮者，將合二姓之好，上以事宗廟，而下以繼後世也。

又云：

> 敬慎重正，而后親之，禮之大體，而所以成男女之別，而
> 立夫婦之義也。男女有別，而后夫婦有義；夫婦有義，而
> 后父子有親；父子有親，而后君臣有正。故曰：「昏禮者，
> 禮之本也」。[27]

　　男女的結合非唯本於生性，其積極意義更在於開展「人倫」，《禮記・郊特牲》云：「天地合，而后萬物興焉。夫昏禮，萬世之始也。取於異姓，所以附遠厚別也」。婚禮象徵天地萬物的興起與繁盛，它是人間世代的開始。通過婚禮的實踐不僅能使家與家之間可以聯繫起來，而且在婚姻中所誕生的家庭成員亦將成為衍生下一代家庭的要素，其過程如下：

26　〈滕文公上〉作「夫婦有別」，《荀子・富國、天論》分別作「夫婦之分」、「夫婦之別」，《禮記・郊特牲》作「男女有別」。

27　〈昏義〉又云：「天下內和而家理」，顯示儒學強調政治活動來自人倫的延伸。

　　男女婚合是個人在家庭以外延伸其人倫的發展之道，在這個活動中，家這個單位一方面是由不同個體組成，另一方面則其中的個體（下一代）又可經由婚姻而發展為另一家庭單位。婚姻的意義就在這種人際關係的循環中擴增其人倫活動的存在基礎，這是人存在著必然要面對的實情，〈滕文公下〉云：「丈夫生而願為之有室，女子生而願為之有家。父母之心，人皆有之」。由此可見，男女婚合另外存在著一種循環，即：男女→夫婦→父母→（誕生）男女。在這二種循環中我們看到人而有倫常的重要性，而此亦顯示出倫理論述與實踐的必要。尤有進者，在上引文與前述第二種循環中可以看出婚姻關係非唯性別之間的事，它更蘊含男女之間在家庭中存在著夫婦的分位與責任。在繁衍族群中建立父（教養）子、君臣等倫常，使人間的價值理序可長存，故〈昏義〉纔云婚禮乃禮之大體、禮之本。此中所呈現的婚禮的精神顯示，若未經由男女婚合而為夫婦的實踐過程，遑論任何人倫秩序可以具體實現與發展。《禮記‧郊特牲》云：

　　　　天地合，而后萬物興焉。夫昏禮，萬世之始也。取於異姓，
　　　　所以附遠厚別也。幣必誠，辭無不腆，告之以直信。信，
　　　　事人也。信，婦德也。壹與之齊，終身不改，故夫死不嫁。

　　〈六德〉云：

　　　壹與之齊，終身弗改之矣。是故夫死有主，終身不變，謂

　　　之婦，以信從人多也。信也者，婦德也。

　　〈郊特牲〉在論述婚禮的意義中，首先指出婚姻關係中的婦
德在於實踐不改不嫁，而〈六德〉則云不變。觀其信念皆來自「壹
與之齊」[28]，意謂從婚姻到家庭關係中婦人心志的一致性。因此婦
德之「信」是為維繫婚姻與家庭而提出的，此德性意義乃在婚約
中呈顯夫婦關係間的永恆性，並反映婦人對家庭人倫關係的心
志，故其相應的職能即在從人，並使一家之主的地位得以被凸顯
出來，從而保全家庭的完整與整體性。孫希旦解釋婦德之「信」
曰：「信者，人之所以事人。婦以事夫，其德以信為本」[29]，「信」
德客觀地說乃指人與他者從事活動時所應具有的內涵，而在家庭
場域及夫婦關係中它亦是婦人道德價值之所在，其反映在行為上
則有順從，〈昏義〉云：「是故婦順備，而後內和理，內和理，而
後家可以長久也」，孟子亦云：「以順為正者，妾婦之道也」(〈滕文
公下〉)。順從雖是因上下分位而有的形式原則，但它的意義則是在
實踐此一行為中所蘊含的內和的倫理正道，以使家庭可以長久發
展。因此婦職之從人不僅只是從下對上的形式關係來看，而且還
是指她的責任當使自己與其人倫對象處於和諧狀態中，故婦人的
德性與德行必與丈夫相聯繫。

　　《禮記‧郊特牲》云：

---

[28] 王夢鷗先生註云：「此謂飲過合巹酒後，永不變心」，《禮記今註今譯》（臺北：
　　台灣商務印書館，1987 年），p.433。
[29] 《禮記集解》，p.707。

> 出乎大門而先，男帥女，女從男，夫婦之義由此始也。婦
> 人，從人者也；幼從父兄，嫁從夫，夫死從子。夫也者，
> 夫也。夫也者，以知帥人者也。

〈六德〉云：

> 知可為者，知不可為者，知行者，知不行者，謂之夫，以
> 智率人多。智也者，夫德也。

　　婚禮的某些形式雖顯示夫婦的主從關係，但它們的意義不在
塑造權力結構，而是蘊含夫婦的一體，〈郊特牲〉記載婚禮中夫婦
「共牢而食，同尊卑也」，即說明夫婦的意義不能個別地來看，而
應是指二個個體在價值意義中結合並創造完滿家庭。因此，「智」
作為夫德乃宗法社會中以家為單位所提出的儒學思考，意謂夫之
智反應其能領導家庭與家族，並使宗族能夠有良好的延續。智德
的意義是在團體中凸顯家長與家庭成員互動的處世能力，所以其
職能是率人，也就是說一家之主的智能為人所肯定而願跟隨之。
尤有進者，顏世鉉先生考證上引〈六德〉簡文時指出：「古人以為
丈夫的職責是扶助妻子」[30]。換言之，夫德之智在婚姻關係與家庭
場域中，最先透過婦人發展出去，若無婦德之從人，則如何顯現
丈夫的智慧呢？又倘若智德的判斷能力無法發揮，則婦人又何順
何從且有所依循呢？夫婦之德的諧和運作不只顯示男女關係的緊
密，而且也是家庭完滿維繫的主要因素。筆者認為，古代儒家學

---

[30] 同註3。

者對男女婚合的禮儀所提出的哲學詮釋，不只看到婚姻是宗族的
延續，而且還從維持人類群體生活的最小單位的完滿而提出夫婦
之德，故〈六德〉所述父子、夫婦關係的德性意涵，當是儒學以
家庭倫理為核心價值的理論，藉此說明人類活動所進行的傳承與
宗族延續的積極意義何在。〈郊特牲〉云：

> 男女有別，然後父子親；父子親，然後義生。義生然後禮
> 作，禮作然後萬物安。無別無義，禽獸之道也。[31]

　　由此可見，天地萬物皆有族群延續的客觀機能，但是人類的
存在意義不當在此物理事實上呈現，而是藉由夫婦與親子倫理的
建立，以顯示人作為一道德存在而與其他物種有異。進一步說，
上述研究者對〈六德〉有關三綱說的論斷乃是有所反省的。三綱
說以《春秋繁露・基義》[32]、《白虎通義・三綱六紀》[33]為代表，其
理論基礎在於以陰陽觀念來說明君臣、父子與夫婦的關係。雖然

---

[31] 〈郊特牲〉在「禽獸之道也」後云：「婿親御授綏，親之也。親之也者，親之
也。敬而親之，先王之所以得天下也」，表示儒學將婚禮的內涵視為王政之一，
〈昏義〉文後數節即從王制申論之。

[32] 〈深察名號〉提出「三綱五紀」一詞，然而「三綱」則來自〈基義〉「王道之
三綱可求於天」，指君臣、夫婦、父子，〈基義〉云：「凡物必有合……陰者，
陽之合，妻者，夫之合，子者，父之合，臣者，君之合，物莫無合，而合各相
陰陽。陽兼於陰，陰兼於陽，夫兼於妻，妻兼於夫，父兼於子，子兼於父，君
兼於臣，臣兼於君，君臣、父子、夫婦之義，皆取諸陰陽之道」。鍾肇鵬主編
《春秋繁露校釋（校補本）》（石家莊：河北人民出版社，2005年）。

[33] 「君臣，父子，夫婦，六人也，所以稱三綱何？一陰一陽謂之道。陽得陰而
成，陰得陽而序，剛柔相配，故六人為三綱。三綱法天、地、人……君臣法天，
取象日月，屈信歸功天也。父子法地，取象五行，轉相生也。夫婦法人，取象
人合陰陽，有施化端也」。陳立《白虎通疏證》，本自《中國子學名著集成》（雜
家子部）（臺北：中國子學名著集成編印基金會，1978年）

〈郊特牲〉與〈昏義〉皆在論述婚禮意義時提到陰陽，然而前者是就婚禮進行時之祭祀對象來說，而〈昏義〉則以陰陽來形容天子之婚姻的教化意義；又根據本小節對父子、夫婦之德的說明指出，此時之陰陽觀念尚非德性的核心意涵，它與漢儒所持的陰陽理論態度實在有別。筆者認為〈基義〉、〈三綱六紀〉等漢人的倫理價值觀念乃以天道觀與宇宙論為其理論基礎，而曾春海先生在說明《白虎通義》與讖緯的關係時也指出，《白虎通義》是在東漢經學與讖緯背景下成書的，其倫理觀念在強化和穩固政權[34]，所以漢代儒學實與先秦儒家倫理學之德性與德行義相違。若就哲學性而言，無論是董仲舒或《白虎通義》，漢儒以天地陰陽五行解釋人倫，其道德觀念乃以存有決定價值，而〈六德〉所述則是純然的倫理論說，尚未涉及存有的價值問題，故簡文的倫理觀念應不同於漢人以天地陰陽定尊卑關係而將父子夫婦納入三綱的觀念。關乎此，下文將藉由探討君臣之道再做進一步的說明。

（四）君與臣之德性與德行

　　君與臣乃是基於古代文化制度而有的關係，從權力結構而言，國君主導政治事務，但從行政角度來說，國君無輔臣不行，所以君臣關係在客觀上有其相互性。儒學對此相互性賦予了德性的內涵，孔子曰：「君使臣以禮，臣事君以忠」（〈八佾〉），可見儒學認為君臣關係不應只是上下分位之間的權力劃分，而應是政治活動中的責任與義務，故齊景公問政，孔子答曰：「君君，臣臣」（〈顏淵〉）。然而君之所以為君，臣之所以為臣該如何展現呢？〈六德〉

---

[34] 《兩漢魏晉哲學史·第五章 漢代的經學與讖緯學》（臺北：五南圖書，2003年），p.94-97。

云：

> ……諸父兄，任諸子弟，大材藝者大官，小材藝者小官，
> 因而施祿焉，使之足以生，足以死，謂之君，以義使人多。
> 義者，君德也。
> 非我血氣之親，畜我如其子弟，故曰：苟濟夫人之善也，
> 勞其臟腑之力弗敢憚也，危其死弗敢愛也，謂之臣，以忠
> 事人多。忠者，臣德也。

國君根據才能來分配臣子的工作，並相對地給予爲人臣者奉祿與保全其生存，此可謂因著客觀施政而有的作爲，不必然要求其中有任何道德價值可言，亦即君臣在政治的職位中純然是職能性的表現。然而儒學不認爲如此表現有其積極意義。〈八佾〉記載：「定公問：『君使臣，臣事君，如之何』？孔子對曰：『君使臣以禮，臣事君以忠』」。又〈微子〉記載孔子遣子路回覆隱者的話說：「不仕無義……君臣之義，如之何其廢之？欲潔其身，而亂大倫。君子之仕也，行其義也」。可見君臣關係雖是因應制度而劃分出來的，但是他們存在的意義不應只在制度上的職能，而是應將「義」的德性作爲國君職位與職能的內涵，所以君德之義乃將政治功能的運作賦予道德責任爲其核心，亦即真正有禮，此所謂君臣之義。此外，君臣倫理是相互的，〈微子〉中所說的君子之仕乃是道義，具體而言即是臣德之「忠」。〈里仁〉記載：「曾子曰：『夫子之道，忠恕而已矣』」，朱子注云：「盡己之謂忠」。忠的意義在於內在的道德性，孔子認爲此德性可顯現於各種實踐中[35]，而古代現實生活

---

[35] 〈顏淵〉：「居之無倦，行之以忠」（孔子答子張問政）。〈子路〉：「居處恭，執

中最大的實踐領域即仕途，因而道德實踐者當然是以忠事君，且
其表現在爲人臣的行爲上也有相應的態度，如郭店楚簡中的〈魯
穆公問於子思〉記載：

> 魯穆公問於子思曰：「何如而可謂忠臣」？子思曰：「恆稱
> 其君之惡者，可謂忠臣矣」。公不悅，揖而退之。成孫弋見，
> 公曰：「嚮者吾問忠臣於子思，子思曰『恒稱其君之惡者，
> 可謂忠臣矣』。寡人惑焉，而未之得也」。成孫弋曰：「噫，
> 善哉，言乎！夫爲其君之故殺其身者，嘗有之矣。恆稱其
> 君之惡者，未之有也。夫爲其君之故而殺其身者，交祿爵
> 者也。恆稱其君之惡者，遠祿爵者也。爲義而遠祿爵，非
> 子思，吾惡聞之矣」。[36]

　　由此可見，君臣之義是建立在抽象的道德意義上，而非以具
體的利益表現爲其行爲準則，故孔子強調說：「君子謀道不謀食。
耕也，餒在其中矣；學也，祿在其中矣。君子憂道不憂貧」（〈衛靈
公〉）。儒學的思維基礎本不在現實生存的考量上，而是通過道德觀
念的豁顯以證成人存在的價值與意義，故君臣之道的實踐不應以
利祿的計算爲根據。不過，金春峰先生對於〈六德〉所謂忠德有
一觀察，他指出簡文的「忠」是建立在國君待我以「義」的原則
上，因而斬斷了原來封建宗法制中君臣親情的聯繫，加上簡文又
表示國君具備「畜臣」的觀念，這樣的觀念可見於〈經法〉、《戰

事敬，與人忠」（孔子答樊遲問仁）。
[36] 釋文引自荊門市博物館編《郭店楚墓竹簡》，並參考李零《郭店楚簡校讀記（增
訂本）》。

國策‧魏策》與《韓非子‧飾邪》，所以〈六德〉思想特點是儒法融合[37]。然而如筆者上文所分析的，「忠」作爲德性乃是普遍原理，孔子答子張問崇德云：「主忠信，徙義，崇德也」（〈顏淵〉），可見儒學對「忠」德有價值實踐的思考，此與其他學派因戰國時代背景所做出的詮釋有著理論層次上的不同，而理論目的不同，則解釋君臣關係的內容也就有異。法家以忠鞏固君權，而孔門儒學則以忠表示道德實踐者之衷心，二者的核心觀念明顯不同，比如在實踐上儒者固執「所謂大臣者，以道事君，不可則止」（〈先進〉），但在法家是不可能允許如此侵犯君權的。職是之故，臣之忠德乃爲了回應在上位者對臣下的義行而提出的實踐原則，亦即國君超越血緣親情而待下位者爲「臣子」時[38]，臣下便應當盡忠於職事以展現爲政的價值意義。進而言之，儒學強調的是以人倫價值賦予政治行爲意義。若說〈六德〉蘊含儒法融合的特點，則此種異化儒學也異化法家的說法仍待更多論據。

　　〈六德〉謂男女（夫婦）、父子、君臣等關係爲「凡君子所以立身大法三」，又云：「三者，君子之所生與之立，死與之敝也」，且凡此皆以「君子於此一體者亡所廢」爲前提，亦即對道德實踐者而言，此三種人倫關係乃聯繫爲一整體。此外，簡文並強調其實踐尚須通過在上位者的教化，即「是故先王之教民也，不使此民也憂其身，失其體」，而以「先王之教民也，始於孝弟」爲其成德之教的開始，故此論述更蘊含有無論爲政者還是非爲政者皆以

---

[37] 金春峰〈論郭店簡《六德》、《忠信之道》、《成之聞之》之思想特徵與成書時代〉。

[38] 〈梁惠王上〉：「是故明君制民之產，必使仰足以事父母，俯足以畜妻子，樂歲終身飽，凶年免於死亡」。故〈六德〉所謂「畜我如其子弟」應是指人君具有德性纔能夠如親族般存養人臣，而非出於政治目的來蓄臣。

修身爲其基礎的具體實踐的意涵。孟子云:「人有恆言,皆曰『天下國家』。天下之本在國,國之本在家,家之本在身」(〈離婁上〉),又云:「人之有道也,飽食、煖衣、逸居而無教,則近於禽獸。聖人有憂之,使契爲司徒,教以人倫:父子有親,君臣有義,夫婦有別,長幼有序,朋友有信」(〈滕文公上〉)。可見孟子與〈六德〉皆意謂人倫肇始於對存在意義的思考,亦即當個體存在於具體的時空裏時,除了生存的生理行爲外,人尙且必須面對的是與他有關的人際關係的來往活動。從時空與經驗發展歷程來看,人的心靈首先意識到的是親子關係,而當身心成熟時,則向家庭以外發展出夫婦與君臣關係,故儒學一再主張男女別、父子親、君臣義,因爲這即是人存在的目的與意義。此目的與意義就個體實踐而言,即以「孝」爲基本德目[39],而若處於群體生活中,「孝」的觀念則由主政者的教化負責,故簡文將二者表述爲國君不使人民「憂其身,失其體」,意謂「身體」不只是指個別的現實生存,還指在人倫關係中個體的存在與家庭成員相聯繫,並與社會、國家等他者有關。換言之,個體是整體的一部份,而整體正是由個體所組成的,所以個人與他人必然有其相互關係。在此人倫網絡中,價值理序一方面是由個人的成德爲端點,另一方面則在群體歸屬中顯現其價值意義,而群體生活在古代文化中即是家國天下,上引孟子云:「天下之本在國,國之本在家,家之本在身」,又〈大學〉亦云:「古之欲明明德於天下者,先治其國;欲治其國者,先齊其家;欲齊其家者,先脩其身……身脩而后家齊,家齊而后國治,國治而后天下平」,凡此不僅呼應〈六德〉對個體存在(身、體)

---

39 〈學而〉:「君子務本,本立而道生。孝弟也者,其爲仁之本與」。意謂君子成德主要表現在與父兄的關係,而孝悌乃道德實踐的基礎。

的觀念，更顯示儒學對於天下國家的存在的積極精神，亦即經由成德之教，展現人文化成天下的世界。因此，面對研究者所謂簡文「立身大法三」下開三綱六紀[40]，則我們要追問的是，在漢儒人倫價值觀底下的天下國家是何種樣貌？《春秋繁露·基義》云：

> 凡物必有合……陰者，陽之合，妻者，夫之合，子者，父之合，臣者，君之合，物莫無合，而合各相陰陽。陽兼於陰，陰兼於陽，夫兼於妻，妻兼於夫，父兼於子，子兼於父，君兼於臣，臣兼於君，君臣、父子、夫婦之義，皆取諸陰陽之道。

《白虎通·三綱六紀》云：

> 君臣，父子，夫婦，六人也，所以稱三綱何？一陰一陽謂之道。陽得陰而成，陰得陽而序，剛柔相配，故六人為三綱。三綱法天、地、人……君臣法天，取象日月，屈信歸功天也。父子法地，取象五行，轉相生也。夫婦法人，取象人合陰陽，有施化端也。

由引文可知，〈基義〉與〈三綱六紀〉皆以陰陽架構來詮釋人倫，而非以德性賦予人倫意義使其具有價值內涵。觀其以客觀律則將倫理絕對化，而失去人倫內涵應有的價值，可知漢儒之倫理觀念明顯不同於上文所述之先秦儒學文獻的意涵。而且從漢代思

---

[40] 李零《郭店楚簡校讀記》，p.138。徐少華〈郭店楚簡《六德》篇思想源流探析〉。

想史的背景來看，漢儒對天道觀與經學的思考[41]，固然有別於先秦儒家哲學的問題意識，但誠如龐樸先生的研究所指出的，「六德」凝縮爲「立身大法三」是使基礎道德不淪於空泛，而且簡文強調「三者通，言行皆通。三者不通，非言行也。三者皆通，然後是也」，即將三大法、六繹、十二衍聯繫在一起，這與僵化的三綱不同[42]。因此，三綱觀念的出現乃受到漢代思想的學術背景的影響，而〈六德〉本文自有其哲學脈絡，未必與三綱觀念有關[43]。亦即〈六德〉與三綱觀念雖皆有父子、君臣、夫婦等詞語，但如何闡釋此三種人倫關係的倫理，則有儒學理論上的不同考量，不應因爲它們所使用的詞彙相同，即判斷漢人三綱五常與〈六德〉的德性觀念在思想上有所關連。筆者以爲，六德六位六職必然或可能影響三綱五常的說法，應在比較先秦儒學與漢代儒學的思維模式中來討論。根據上文的說明，〈六德〉的德性觀與漢人的三綱五常觀念其實有差異，唯這方面的研究，仍待筆者將來從漢代的歷史與學術因素來探討。

　　綜合本節的論述，〈六德〉的獨特性在於簡文一開始的兩兩排序無法合於六位，但其後分述六德時則又合於六職六位的關係。易言之，六德的德性意涵應是獨立於六職六位而論，不過在實踐

---

[41] 徐復觀《兩漢思想史》（卷二）認爲董仲舒乃天的哲學（臺北：學生書局，1976年）。金春峰《漢代思想史》（增補第三版，北京：中國社會科學出版社，2006年）認爲《白虎通》乃神學化的經學，仍受讖緯、陰陽五行、政治化的影響。

[42] 同註 2。

[43] 徐少華先生雖說簡文「立身大法三」開漢儒「三綱六紀」、「三從四德」之先河，但也認爲「簡文所論和語意皆較純樸，未見漢儒所極力宣揚的天人感應和陰陽五行之類的東西」。詳見〈郭店楚簡《六德》篇思想源流探析〉。可見〈六德〉文獻中不存在著漢儒之陰陽五行觀念，故難以證明〈六德〉與漢儒思想的必然聯繫。

上則是六位六職彰顯六德，故簡文云：「六職既分，以裕六德」[44]。
誠如〈六德〉所云：「夫夫、婦婦、父父、子子、君君、臣臣，此
六者各行其職，而訕諤[45]蔑由作也……其反，夫不夫，婦不婦，父
不父，子不子，君不君，臣不臣，昏所由作也」。夫婦父子君臣應
是各行其職責的，但在人倫關係的活動與具體實踐中若違反了各
自的責任，則人倫將就此失序，簡文將這個情況稱爲「訕諤」。關
於這個語詞，丁原植先生說：

> 「訕」若是指犯上，「諤」指的就是自我的放縱。「犯上」
> 破壞了人文的秩序，而自縱則摧毀了人倫的職分。自我的
> 縱放，是突出自我的人存風格與人義價值的自我要求，這
> 與重視人倫職分的人文整體性建構是相違背的。[46]

又說：

> 簡文以「六位」定人文的位列，以「各行其職」定人文的
> 秩序，因此，「訕諤無由作」。所謂「無由作」，就是消除任
> 何破壞禮制的「犯上」與「自縱」兩種主要的反面因素。[47]

簡文云：「孝，本也。下修其本，可以斷訕」，因而斷訕不是

---

[44] 「裕」釋字從馮勝君〈讀《郭店楚墓竹簡》札記（四則）〉（《古文字研究》
    第 22 輯，2000 年 7 月）。馮先生根據辭例指出「裕德」意即「寬裕其德行」。
[45] 「訕諤」釋字從王子今〈郭店簡〈六德〉「訕諤」「斷訕」試解〉（廖名春編《清
    華簡帛研究》第一輯，北京：清華大學思想研究所，2000 年 8 月）。
[46] 同註 9，p.229。
[47] 同上註，p.230。

消極的防範，而是積極地經由實踐「孝」，即從人倫的基礎使一切倫常與分位得以維繫，亦即使人倫秩序不被破壞。簡文所意指的是，人子乃是個體體會人倫關係的端點[48]，而個人又是發展所有人倫活動的開始，故其道德實踐活動便被視為根本的行止。再者，六位六職不只是指功用上職能的發揮，更指在分位與職能的配合中，反思人倫運作的原理在父子夫婦君臣中的德性。

　　經由本節的分析，筆者認為〈六德〉在德性上以父子為核心，並在職位上強調夫婦[49]，而君臣關係則是考量「君子之仕也，行其義也」（〈微子〉）。前者是順著宗法社會的血緣親情而有的傳統觀念，後二者則是在著墨向外發展關係時所提出的。這一方面反映戰國時期儒家學者思考人倫問題的多元面向，另一方面則顯示在人倫關係向外發展中所涉及的衝突問題，也必須被考慮與論述。故〈六德〉以人生不得不面對的喪禮為討論對象。

第三節　　仁內義外之觀念及其服喪原則

　　〈六德〉在第 26 號簡述及「仁，內也。義，外也」，龐樸先生認為「此處之仁內義外，為孟子以前的一般認識，謂仁乃內心的情感意義，義為外在的行為規範；亦有可能借自告子，以喻『六位』有內外親疏之別」[50]。雖然簡文在「仁內義外」之後說：「內立父、子、夫也，外立君、臣、婦也」，表示內外之分乃分位中的

---

[48] 即使在傳統宗法社會中，成為國君也須先經歷為人子的階段。《禮記・文王世子》云：「是故知為人子，然後可以為人父；知為人臣，然後可以為人君」。
[49] 簡文在章法上兩兩分述六位六職時，一貫以夫婦或男女為首。
[50] 《竹帛〈五行〉篇校注及研究・附錄　〈六德〉篇簡注》，p.187。

區別[51]，但簡文同時也以「門內之治恩掩義，門外之治義斬恩」作爲服喪的原則，其論述表現出以下結構：

$$\frac{內：仁-（父子夫）-門內}{外：義-（君臣婦）-門外}$$

由此可見〈六德〉「仁內義外」的觀念自有其脈絡。它是否與《孟子》中的「仁內義外」有關，實在值得探討。基於尊重文獻原典的方法，以下將分析告子思想的出處，再與〈六德〉做比較，如此應能釐清兩種「仁內義外」思想的分際。

（一）二種仁內義外思想之比較

〈告子上〉記載：

> 告子曰：「食色，性也。仁，內也，非外也；義，外也，非內也」。
>
> 孟子曰：「何以謂仁內義外也」。
>
> 曰：「彼長而我長之，非有長於我也；猶彼白而我白之，從其白於外也，故謂之外也」。
>
> 曰：「異於白馬之白也，無以異於白人之白也；不識長馬之長也，無以異於長人之長與？且謂長者義乎？長之者義乎」。

---

[51] 廖名春先生認爲簡文中的「立」當讀爲「位」，並認爲簡文是從內、外兩個不同的角度區分「六位」。參考〈郭店楚簡〈六德〉篇校釋〉（廖名春編《清華簡帛研究》第一輯）。

> 曰：「吾弟則愛之，秦人之弟則不愛也，是以我為悅者也，
> 故謂之內。長楚人之長，亦長吾之長，是以長為悅者也，
> 故謂之外也」。
> 曰：「耆秦人之炙，無以異於耆吾炙。夫物則亦有然者也，
> 然則耆炙亦有外與」。

　　茲因告子秉持「生之謂性」（〈告子上〉）的觀點，故謂「食色性也」[52]，而「仁內義外」即順此推出。然而孟子與告子辯論的關鍵卻在於是否以「性」為價值根源的問題，意即是否存在著內在道德性的問題，故孟子分析關係上的年長與感官視覺中的顏色，即因經驗中對象的不同而轉換，並以此指出告子行使價值判斷上的盲點。換言之，告子主要是以外在關係（長之）與感覺活動（吾愛）為行為的依據，故而涉及價值對象時，難免引起混淆。尤有進者，在涉及「內」的觀念時，孟子特別說明（仁）內的含意不是一般感受經驗（嗜、愛）與感覺對象，而是藉由感官活動之所以產生的質問，以示道德活動來自內在根源，而非依靠外在關係與對象來塑造[53]。此顯示孟告之辯中兩者理論層次的不同，亦即告子的內外區分是就經驗內容與經驗對象而言，而孟子則是就內在道德性與

---

[52] 唐君毅先生說：「生之謂性之涵義中，同時包涵生之為一有所向之一歷程之義。此有所向之一歷程，及其現在之存在，向於其繼起之存在，而欲引生此繼起之存在之一歷程。故生之謂性之涵義中，包括求生之義。求生，即求相續之存在，求相續之生命之存在。而此求相續生之性之滿足，則待於人之攝取他物，以養其生，並進而傳其生命於子孫，以子孫之生命之存在，為其自身繼起之存在。由是而此人之生之性中，即包涵食色之性」。《中國哲學原論：原性篇》（《唐君毅全集‧卷十三》，臺北：學生書局，1989年），p.35-36。

[53] 〈告子上〉記載公都子詢問「性善」問題，孟子即強調仁義禮智四端之心「非由外鑠我也」。

外在規範的關係來分析，故二者之仁義價值觀念實在有別。上引〈告子上〉文獻之後又記載一段對話，其言曰：

> 孟季子問公都子曰：「何以謂義內也」。
> 曰：「行吾敬，故謂之內也」。
> 「鄉人長於伯兄一歲，則誰敬？」曰：「敬兄」。
> 「酌則誰先？」曰：「先酌鄉人」。
> 「所敬在此，所長在彼，果在外，非由內也」。公都子不能答，以告孟子。
> 孟子曰：「敬叔父乎？敬弟乎？彼將曰『敬叔父』。曰：『弟為尸，則誰敬？』彼將曰『敬弟』。子曰：『惡在其敬叔父也』。彼將曰：『在位故也』。子亦曰：『在位故也。庸敬在兄，斯須之敬在鄉人』」。
> 季子聞之曰：「敬叔父則敬，敬弟則敬，果在外，非由內也」。
> 公都子曰：「冬日則飲湯，夏日則飲水，然則飲食亦在外也」。

孟季子以為義的表現（敬）皆視外在關係而定，故主張義外。就強調道德根據的外在性而言，孟季子的態度與告子一致。孟子特將外在性的問題提升至客觀禮制，指出若只看外在對象，則人因禮制規範而行敬意的表現，有時不一定是依著血緣關係來履行，此說明外在客觀規範乃一形式，而行禮者則會順著禮儀環境而有相應的表現。然而，行為者自有其內在本心，此纔是價值判斷與行為的依據，上引孟子「然則耆炙亦有外與」與公都子「然則飲食亦在外也」的反問即是反映這個觀點。飲食對象固然有其經驗性，但之所以這麼做當存在著人的心靈因素，此心靈若擴充

爲具有道德性的心靈，則在飲食行爲中亦能見人倫規範之意義[54]。因而道德價值的根源與依據究竟是仁內義外抑或仁義內在，也就有了答案。

上述分析顯示孟告之辯自有其哲學脈絡，尤其能凸顯孟子仁義內在的觀念。順此回到〈六德〉的文脈，更能對比出兩種仁內義外的意涵。〈六德〉云：

> 仁，内也。義，外也。禮樂，共也。内立父、子、夫也，外立君、臣、婦也。疏斬布、絰、杖，為父也，為君亦然。疏衰齊、牡麻絰，為昆弟也，為妻亦然。袒免，為宗族也，為朋友亦然。為父絕君，不為君絕父。為昆弟絕妻，不為妻絕昆弟。為宗族殺朋友，不為朋友殺宗族。人有六德，三親不斷。門內之治恩掩義，門外之治義斬恩。仁類茻而速，義類止而絕。仁茻而㪅，義強而柬。㪅之為言也，猶㪅㪅也，少而亲多也。逸其志，求養親之志，害亡不以也。是以㪅也。[55]

就「內」的意義而言，簡文以「仁」爲線索，從父子夫的職位聯繫到門內，而「外」的意義則是以「義」爲線索，從君臣婦的職位聯繫到門外，故理解仁義內外區分的關鍵就在父子夫與君

---

[54] 牟宗三先生評論上引孟季子與公都子的對話時說：「即便是倫常，亦本諸人類的道德心靈而如此規定親親之殺，而每一人亦即由此同一心靈而發尊敬之義」。《圓善論》（臺北：學生書局，1985 年），p.18。

[55] 這段文獻的釋字問題參考陳劍〈郭店簡《六德》用爲「柔」之字考釋〉，發表於「復旦大學出土文獻與古文字研究中心」網站（http://www.gwz.fudan.edu.cn/），2008 年 1 月 24 日。

臣婦雙方職位的不同。首先，就身份上而言，父子夫可以是同一
人，即就個體而言乃先意識到自己是父子關係中的人子，再從父
子互動中成熟到可以成爲丈夫，而丈夫因下一代的產生則又具備
了父親的身份，並依其職能又發展出父子關係，故個人在人倫關
係中的發展歷程乃存在於「子－夫－父」這條時間線上，個人在
經歷這三個身份的同時需要仁智聖三種德性來發揮其職能。因爲
以人子爲人倫的開始與基礎，故「仁」之德性最重要。再者，依
關係的出現而言，父－子－夫的歷程形成發展上的循環是：

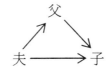

　　意即父親孕育兒子，兒子成長爲丈夫，丈夫又化爲父親再孕
育下一代，如此延續下去，不過丈夫是爲了成爲父親而有的，故
父－子－夫的循環其實只存在一個結構：「父－子（夫）」。職是，
進一步就個體與個體之間的關係而言，父子關係雖是由男女婚合
產生並由父親主導，但是當人子意識到親子關係的存在時，在情
理上即應回報父親，遂使父與子的聯繫成爲人倫活動的核心。換
言之，父－子－夫的發展模式乃保持著父子關係的聯繫恆處於同
一家庭（宗族）中，而其夫的職能則是爲了延續人倫中的父子關
係而有的中介，亦即夫的職能可使血緣不中斷。此說明簡文所謂
「門內」乃宗族中的關係範圍，意即以血緣親情爲主的活動場域。
　　至於「外」的意義，君、臣、婦乃不同職位的對象，他們皆
爲越過家庭範疇而有的人倫關係。雖然君與臣在傳統宗法社會中

有血緣關係，但如簡文所述與上文的分析，儒學乃從職事與出仕的目的思考君臣關係，故就人倫活動的生命歷程而言，此關係並非首要的，而且維繫此關係也不具有必要性。君臣關係因爲時代背景與實踐儒學（成德）而被論及存在意義，故君臣之間被視爲一種外在關係來看待[56]。再者，「婦」乃因著男女婚合而出現的，由此方有其宗族延續，但在強調父子關係爲主軸的倫理觀念下，「婦」在人倫活動中的職位被歸爲外者。因此，簡文所謂「門外」乃指宗族之外的關係，他們是與父子親情沒有直接聯繫的社會關係。雖然君、臣、婦在職能的運作上各應有其德性內涵，但〈六德〉所謂門內、門外乃分屬不同領域，故其中的人倫活動也就應有不同的根據，簡文爲此提出「義」概念，意指「面對社會關係時所依據的客觀法則或準據」[57]。然而，實踐此一準則的行爲主體之所以能夠如此表現的因由何在呢？又「仁」與「義」是否只是人倫活動中的形式法則呢？關於這個問題，筆者認爲答案在上引簡文「仁類葯而速」以下數句中。〈六德〉云：「義強而柬」[58]，並以「志」表述「仁」的意向，此即意謂人倫行爲者能以「仁」實踐其心志及以「義」做出簡別。尤有進者，顏世鉉先生藉由考證的方法將〈五行〉「強，義之方」與簡文「義強而柬」中的「強」

---

[56] 郭店楚簡〈語叢〉（一）云：「友、君臣，無親也」（簡 80-簡 81），又云：「君臣、朋友，其擇者也」（簡 87）。〈語叢〉（三）云：「父無惡。君猶父也，其弗惡也，猶三軍之旌也，正也。所以異於父者，君臣不相戴也，則可；不悅，可去也；不義而加諸己，弗受也。友，君臣之道也」（簡 1-簡 6）。可見簡文的時代背景已顯現出對君臣關係的學術考量。釋文引自荊門市博物館編《郭店楚墓竹簡》，並參考李零《郭店楚簡校讀記（增訂本）》。

[57] 同註 9，p.236。

[58] 李零先生將「柬」字釋作「簡」，並引〈五行〉簡 40、簡 41 之「簡，義之方也」與「強，義之方」爲參照。同註 13，p.133。

讀爲「剛」，繼而解釋簡文之意爲：「義的德行表現在強調以剛斷的態度來裁斷事理，而使裁斷能做到公正客觀」[59]。筆者認爲，若裁斷的客觀公正來自「是非之心」，則操持「義」以面對人倫活動纔有實質意義。易言之，雖然簡文於此不在討論仁義內在，但若呼應「六德」的德性意涵，則面對門內之仁的操持與門外之義的判斷，簡文於此段論述中理應預設內在道德性的觀念，如此方能顯示門內之仁與門外之義有其積極的倫理意義，而非只是消極地符應道德規範。

另外值得一提的是，陳麗桂先生特別指出，〈六德〉將「婦」剔於門外，亦即簡文將六位分父、子、夫爲「內」位，君、臣、婦屬「外」位，這是父系社會堅持血緣爲先的必然結果，其言曰：

> 門內、門外的「門」，指的是族門、血親之門。這裡的「仁」指的是「情感」，「義」指的是理性的是非裁斷。父、子、夫被規定爲族內、血親之門內的人倫關係；君、臣、婦在血親之門外，亦即社會族群中的人倫關係。血親之門的親疏關係以仁（愛、情感）爲基礎，親情重於一切，沒有選擇性；社會族群中的人我關係則以義（理性、是非的裁斷）爲判準，不合道理，隨時可以終止彼此間的關係與情分。[60]

關於這個問題，丁原植先生說：「以『夫』爲內，也顯示出當時強調『父權』的倫理要求」[61]。筆者認爲，無論父系社會還是父

---

[59] 同註3。

[60] 同註4。

[61] 同註9，p.235。

權,包括君臣關係的出現,皆是古代宗法和農業社會的客觀事實,因此,若試圖以此爲基礎來建立任何倫理論述,必然會異化內在德性的觀念,亦即難以說明人倫關係的應然性,而只顯示出實然倫理[62],此亦即上述漢儒三綱六紀說的困境。故在門內門外的區分之後,〈六德〉纔進而以服喪的規範顯示出以血緣關係爲本的倫理意涵,而其前提就是「仁,內也。義,外也。禮樂,共也」此一文意。從簡文所涉及的喪禮而言,「禮樂」可以指儀文,但因儒學肯定禮儀應有其價值內涵,故子曰:「禮云禮云,玉帛云乎哉?樂云樂云,鐘鼓云乎哉」(〈八佾〉),又曰:「禮,與其奢也,寧儉;喪,與其易也,寧戚」(仝前),禮樂的存在意義在於證明人倫活動的價值,若無價值內涵,則一切人倫活動中的禮制皆是空洞的形式。丁原植先生解釋「禮樂共也」說:「『禮樂』,指發乎內心,本乎真情,而適宜於社會秩序的制度與要求,所以通行於『內』『外』」[63]。實亦指出禮樂與仁義的價值性關係。根據上文的分析,「仁內」的觀念主要在於維繫父子關係上,而「義外」的觀念則在於面對社會關係。人雖然不可能同時處於門內門外,但門外的事務卻有可能帶進門內,門內的關係也有可能影響到門外的行事。因此,在以血緣親情爲優先的觀念下,才需要有仁內義外之分辨。

雖然〈六德〉「仁內義外」之說在文脈上乃就實踐喪禮而言,但其與孟告之辯之理論對象明顯不同,因此,如果想要釐清這兩種不同理論層次的仁內義外之說,則一方面須比較先秦儒家哲學

---

[62] 林素英先生指出周代社會乃父系社會時期,其封建、宗法等繼承制度以男系及男性親屬爲本宗,並說「當時的喪服制度中,配合宗族組織的內、外位而嚴格區分內、外親,是一道非常重要且不可逾越的根本分際」,而且以喪服條例來看,妻女屬外親。參見〈郭店簡「爲父絕君」在服制中的文化意義〉。

[63] 丁先生並引《禮記・文王世子、祭義》有關禮樂觀念的論述爲證。同註9,p.236。

對人倫與倫理的多元思考,另一方面就是凸顯〈六德〉以仁內義外作為實踐喪禮的原則,並顯示其處理關係與關係之間的問題的涵義,亦即回應當人倫基礎的父子關係受到衝擊時,道德實踐者該當如何處置?對於這個問題,孔子說:「父為子隱,子為父隱」[64],孟子則指出舜應對其父親「竊負而逃,遵海濱而處,終身訴然,樂而忘天下」[65],而〈六德〉則以敘述喪禮的問題提出說明。

(二)服喪的哲學意涵

〈六德〉所涉之喪禮問題乃由於簡文所述之喪服規格與《儀禮‧喪服》相合[66],以及簡文「門內之治恩掩義,門外之治義斬恩」亦幾同於《禮記‧喪服四制》(後者「斬」作「斷」)[67]。然而對於「門內之治恩掩義,門外之治義斬恩」所關涉之「為父絕君,不為君絕父」的作法,學者們卻有異議。劉樂賢先生認為「為父絕君」以下數句都與喪服的禮制有關[68]。彭林與魏啓鵬二位先生則分別對「為父絕君」之「絕」字加以考證,並藉此對喪服的施行提出不同的說法[69]。陳偉先生認為在字形上前二者之說可以被人接受,而

---

[64] 〈子路〉記載:「葉公語孔子曰:『吾黨有直躬者,其父攘羊,而子證之』。孔子曰:『吾黨之直者異於是。父為子隱,子為父隱,直在其中矣』」。

[65] 〈盡心上〉記載:「桃應問曰:『舜為天子,皋陶為士,瞽瞍殺人,則如之何』。孟子曰:『執之而已矣』。『然則舜不禁與』。曰:『夫舜惡得而禁之?夫有所受之也』。『然則舜如之何』。曰:『舜視棄天下,猶棄敝蹝也。竊負而逃,遵海濱而處,終身訴然,樂而忘天下』」。

[66] 參見整理者對〈六德〉的注釋〔十七〕〔十八〕〔十九〕,《郭店楚墓竹簡》,p.189。

[67] 同註7。

[68] 〈郭店楚簡《六德》初探〉。劉先生認為「絕」、「殺」乃喪服用詞,減殺之意。

[69] 彭林〈再論郭店簡《六德》「為父絕君」及相關問題〉(《中國哲學史》,2001年第2期)。彭先生認為「為父絕君」乃喪禮中的「絕服」,當父喪與君喪同時發生時,應視父喪而絕君之喪服,強調親親大於尊尊。

魏啓鵬〈釋《六德》「為父絕君」——兼答彭林先生〉(《中國哲學史》,2001

在釋字上他則認同釋「繼」之說，不過他同時也提出自己的解釋[70]。關此，李存山先生亦加入討論。他對「為父絕君」之制提出背景的考察[71]。另外，林素英先生從喪服制度的考察著手。她根據禮制的文化意義來研究，藉此說明喪禮雖以親親為首，然亦兼顧君臣之尊尊大義的權衡，而且在以血緣親屬為主的觀念下，亦可由此理解簡文「為昆弟絕妻，不為妻絕昆弟。為宗族殺朋友，不為朋友殺宗族」的措施[72]。林先生結論說：

> 〈六德〉服喪記錄前文「仁，內也；義，外也。」之記載，即明顯指出服制之設計乃是以仁為經為本，以義為緯為權的做法，此正合乎〈禮運〉「仁者，義之本也。」、〈中庸〉「仁者，人也，親親為大；義者，宜也，尊賢為大。」之說法，同時也與〈語叢〉「仁生於人，義生於道。或生於內，或生於外。」的記載互相呼應。這種以仁為本、以義為輔的服制設計，正是本於「仁，人心也；義，人路也。」的根本特性而發揮，正可以說明儒家學說以「仁」為核心的

年第 2 期）。魏先生將「為父絕君」釋為「為父繼君」，「繼」訓為「次」。「為父繼君」乃當父、君喪並見時，應使為君亞次於為父，不能使為父亞次於為君，並因而反對「絕服」的說法。

[70] 《郭店竹書別釋》，p.125-126。陳先生指出「為父繼君」乃針對「疏斬布絰杖，為父也，為君亦然」而說，意謂「『疏斬布絰杖』是為父而設，用於君乃是比附而致」。

[71] 〈「為父絕君」並非古代喪服之通則〉。另見〈再說「為父絕君」〉。李先生指出「為父絕君」之喪服通則，與傳世文獻和古代禮家對喪服的詮釋有異，後者多君喪重於父喪，表示「尊尊」重於「親親」，〈六德〉之說則是強調父子關係高於君臣關係。

[72] 〈郭店簡「為父絕君」在服制中的文化意義〉，又參見《從《郭店簡》探究其倫常觀念・第二章《郭店簡》服喪措施的文化意義》（臺北：萬卷樓圖書，2003年）。

一貫主張。[73]

　　上述提及彭林、魏啓鵬二人皆認爲喪禮之父喪重於君喪（基於親親大於尊尊），而李存山先生在認同此一看法的同時也指出，這在先秦並非通則，而是〈六德〉作者的特殊立場。反觀林素英先生的研究，她從考察喪禮的文化意義指出其所蘊含的儒家學說，以顯示服喪作爲實踐禮制應有其思想基礎，此說更具論證效力。進而言之，因爲〈六德〉以仁內義外作爲道德實踐者的內在原則，故在實踐規範上纔有「門內之治恩掩義，門外之治義斬恩」的設置，亦即簡文以喪禮來說明仁內義外要如何實踐。筆者認爲其中有必要釐清的是「義」的觀念，亦即社會關係中的君臣之義。林素英先生指出「喪服制度中，特別將爲君之服比照爲父之服斬，一方面希望臣民百姓能以事父之心以尊崇君主；另一方面，則隨時提醒爲人君者必須以養民、愛民、教民、化民爲不可推託之天賦責任」[74]。亦即前者可謂宗法封建社會之政治倫理，後者則是儒家德政觀念的目的，故《禮記・喪服四制》以「資於事父以事君」解釋「門外之治義斷恩」，並謂此乃「以義制者」。換言之，仁內義外作爲「門內之治恩掩義，門外之治義斬恩」的實踐原則，乃因其關係領域的不同而分判行仁恩與行義的屬性，此即表示順著人倫而有的禮制在現實社會中由於人際網絡的複雜而有執行上的困難，所以需要仁內義外的原則以爲道德實踐的理據，其「仁」與「義」乃相對而言，一是表示血緣親情，另一則是象徵血親之外的人倫關係。然而，筆者強調的是，仁內義外的道德實踐原則

---

[73] 《從《郭店簡》探究其倫常觀念》，p.61。

[74] 同上註，p.55。

應隱含內在道德性方能顯其理論充分，而〈六德〉以仁內義外作為「門內之治恩掩義，門外之治義斬恩」的原則，除了提供我們古代禮制儀式的佐證外[75]，對於實踐「禮」的哲學意涵實亦能提供積極的理解。以下透過比較孔孟關於服喪的看法來提出說明。

〈陽貨〉記載：

> 宰我問：「三年之喪，期已久矣。君子三年不為禮，禮必壞；三年不為樂，樂必崩。舊穀既沒，新穀既升，鑽燧改火，期可已矣」。
> 子曰：「食夫稻，衣夫錦，於女安乎」。
> 曰：「安」。
> 「女安則為之！夫君子之居喪，食旨不甘，聞樂不樂，居處不安，故不為也。今女安，則為之」。
> 宰我出。子曰：「予之不仁也！子生三年，然後免於父母之懷。夫三年之喪，天下之通喪也。予也有三年之愛於其父母乎」。

---

[75] 王夢鷗先生的考證顯示《儀禮》與《禮記》喪服制度並不完全一致，亦即先秦古禮與漢代對周禮、士禮的整理與記錄有異同。參見《禮記校證》中〈曾子問校證前記〉、〈喪服小記大傳校證前記〉、〈喪大記校證前記〉、〈問喪服問閒傳校證前記〉、〈喪服四制校證前記〉，（臺北：藝文印書館，1976年）。筆者認為，〈六德〉的記載不只反映文獻足不足徵的問題，更是顯示喪禮制度及其流傳的複雜。出土文獻對照傳世喪禮制度的複雜性，亦可參考邢義田〈秦或西漢初和姦案中所見的親屬倫理關係〉（訂補本），副標題「江陵張家山247號墓《奏讞書》簡 180-196 考論」（發表於「簡帛網—武漢大學簡帛研究中心」網站（http://www.bsm.org.cn/），2008 年 6 月 28 日）。出土文獻亦影響到近年文獻學對《禮記》的考證，參考王鍔《〈禮記〉成書考》（北京：中華書局，2007年）。然本文非討論喪禮制度之作，前述舉例乃顯示禮制問題仍有甚多探討空

　　由宰我與孔子的對話中可以看出上文述及子德之表現孝與為
人子者回報親子關係的觀念；尤有進者，對話中孔子一再指點宰
我，三年之喪期不只是表面上的期限規範，而是為人子者對父母
的情感的時間性，它強調的是，此情感並非一般的感受，如飲食、
逸樂般，而應是具備道德性，即上引文所謂的「仁」，而其具體表
現則是「安」。對於宰我回答「安」，朱子注云：「夫子欲宰我反求
諸心，自得其所以不忍者」，亦即安的表現乃基於仁心，面對與自
己關係最親近的人倫的逝去，為人子者的表現理應顯示其情感，
並當經由相應的規範以顯示其倫理意涵，同時由此證明人之有內
在道德性。孔子回答宰我「女安則為之」並非肯定宰我的觀念與
行為，而是要指出道德實踐本在應然，行為與否的關鍵乃在內心；
若只見外在規範的客觀性，如宰我認為服父母之喪「期可已矣」
即意謂已達喪期規範，則其規範即無價值內涵可言，而只是一行
為框架或教條而已。換言之，道德實踐者若非體會到人倫血親之
價值意義，則其服從規範也只是符應之罷了，而此規範遂徒具形
式意義而已。故孔子最後回應說：「今女安，則為之」，實是教之
以內在道德性須與外在規範相呼應的觀念。孔子最終責備宰我對
其父母恩情不足，實亦顯出宰我對內在道德性的觀念的不瞭解。
宰我問三年之喪的問題可與〈滕文公上〉的記載做一比較，其言
曰：

　　　滕定公薨。世子謂然友曰：「昔者孟子嘗與我言於宋，於心
　　　終不忘。今也不幸至於大故，吾欲使子問於孟子，然後行
　　　事」。然友之鄒問於孟子。

間，唯筆者所關注的是對服喪的倫理活動提出哲學詮釋。

孟子曰：「不亦善乎！親喪固所自盡也。曾子曰：『生，事
之以禮；死，葬之以禮，祭之以禮，可謂孝矣』。諸侯之禮，
吾未之學也；雖然，吾嘗聞之矣。三年之喪，齊疏之服，
饘粥之食，自天子達於庶人，三代共之」。然友反命，定為
三年之喪。

父兄百官皆不欲，曰：「吾宗國魯先君莫之行，吾先君亦莫
之行也，至於子之身而反之，不可。且志曰：『喪祭從先
祖』」。曰：「吾有所受之也」。

謂然友曰：「吾他日未嘗學，好馳馬試劍。今也父兄百官不
我足也，恐其不能盡於大事，子為我問孟子」。然友復之鄒
問孟子。

孟子曰：「然。不可以他求者也。孔子曰：『君薨，聽於冢
宰。歠粥，面深墨。即位而哭，百官有司，莫敢不哀，先
之也』。上有好者，下必有甚焉者矣。『君子之德，風也；
小人之德，草也。草上之風必偃』。是在世子」。然友反命。

世子曰：「然。是誠在我」。五月居廬，未有命戒。百官族
人可謂曰知。及至葬，四方來觀之，顏色之戚，哭泣之哀，
弔者大悅。

　　在對話中孟子不正面回答喪禮之制的傳統面貌實際為何，而
只訴諸服喪者的哀心，並藉此點醒滕文公應推行教化以顯德政的
效果。上述孟子引孔子的觀念以明滕文公作為世子的職能，雖是
從在上位者的為政角度而言，但其論述卻強調為政者自我實踐的
重要性，實蘊含成德之教的觀念。換言之，禮制作為規範可能在
實踐的歷程中隨時間而有所模糊，但儒學以禮樂作為道德實踐的

場域卻是以其內在道德性爲核心來體現價值規範之具有普遍性基礎。故而服喪的倫理行爲不僅涉及如何表現禮制的問題，而且也涉及爲何人可以實踐禮的問題。

　　死亡作爲生命現象之一，在倫理思考中即關涉人倫的存在狀態。儒學以喪禮面對至親的逝去，非圖文飾，而是「生，事之以禮；死，葬之以禮，祭之以禮」（〈爲政〉中子答孟懿子、樊遲問孝），「事死如事生，事亡如事存，孝之至也」（〈中庸〉），意謂喪禮乃表達親子關係的延續與長存，亦本諸人情[76]，故喪禮乃以父母之喪爲基礎。較諸〈六德〉所涉喪禮的形式，從「爲父絕君」到「不爲朋友殺宗族」，歸結爲「門內之治恩掩義，門外之治義斬恩」，上述研究者皆對此親親大於尊尊以爲原則的看法無異議，惟從其根據《儀禮》《禮記》乃至古代禮學家對服喪原則的解釋，亦可見古代喪禮的施行形式有其複雜性。然而，孔子說：「禮云禮云，玉帛云乎哉？樂云樂云，鐘鼓云乎哉」，意謂禮作爲形式必須具有價值內涵才有積極意義，因此上述研究〈六德〉喪禮者所舉《禮記》文獻皆以孔門對話爲主，這即表示儒家學者試圖對實踐禮制提出詮釋，孔子曰：「喪，與其易也，寧戚」（〈八佾〉），又指出「臨喪不哀」（仝前）之消極，而孔門弟子子張云：「喪思哀」（〈子張〉中有關「士」的內涵），子游亦云：「喪致乎哀而止」（〈子張〉），凡此顯示孔子所開創之儒學不僅以哀戚之心爲服喪之人倫實踐的基礎，而且由哀心之內在道德性指出倫理原則普遍化的觀點。勞思光先生以「三年

---

[76]　《禮記・三年問》：「三年之喪何也？曰：稱情而立文」，又曰：「三年者，稱情而立文，所以爲至痛極也」。又〈喪服四制〉首云：「禮之大體」之一爲「順人情」，又云「喪有四制」之恩、理、節、權乃「取之人情也」。〈喪服四制〉雖有文獻考證上的問題（參考《禮記校證・卷二十》），但「人情」作爲思想基礎則是儒學的共同義理。

之喪」詮釋孔子人倫觀念說：

> 每一個人自出生起，即接受社會中各種直接間接之助力；
> 其中以父母之撫養為最基本；故人自有生時起，即已受社
> 會之恩惠，因此，人必須對社會有一酬恩之態度；此一態
> 度在孔子時，即通過人倫觀念表示。人既有對社會酬恩之
> 責任，故仁亦可說是終身有一種對他人之普遍責任。此責
> 任落在具體關係中，乃有具體內容，此及通往「理分」觀
> 念。[77]

　　勞先生將「理分」視為「義」觀念之延伸，亦即「價值在於
具體理分之完成」[78]。換言之，道德實踐的完成仍須就具體的現實
行為而言，此亦顯示價值判準之合理。從理分觀察〈六德〉所述
服喪之原則與規範，具體而言，君臣關係是在政治活動中產生的，
亦即它在人生中不是絕對的[79]；尤有進者，儒學主張政治關係須依
附道德價值才有意義，故國君待我有義，而我亦以禮義回應之，
彼此皆在君臣關係中完成各自的理分。因此，就喪禮的實踐來看，
由於不可能「同時」服二種喪[80]，故門內門外的抉擇即顯出「仁內

---

[77] 《新編中國哲學史（一）》（臺北：三民書局，1984 年（增訂版）），p.145。

[78] 勞先生亦以〈子路〉直躬者與攘羊者的問題為解釋。參見《新編中國哲學史
（一）》，p.127-130。

[79] 以孔子為代表，《論語》、《史記・孔子世家》對其生涯背景的敘述，處處透露
「不仕無義」的氣氛，有名的例子即子路問孔子：「衛君待子而為政，子將奚
先」，孔子答曰：「必也正名乎」（〈子路〉）。面對傳說孔子曾事於宦官，孟子
為孔子闢謠云：「孔子進以禮，退以義，得之不得曰『有命』」（〈萬章下〉），
不亦顯儒家學者看待從政活動的態度。

[80] 林素英先生精細分析《禮記・曾子問》併遭父喪與君喪時的權衡作法，並從
「兼服」的角度說「『服術』的六大原則終究以『親親』為首，卻又必須設法

「義外」原則之實踐，而其具體判準則是簡文所謂「為父絕君，不為君絕父」，此乃君臣之義與父子之仁相衝突時所做的判斷，而此判斷即蘊含親親大於尊尊之原則。故若從理分的觀念詮釋「為父絕君，不為君絕父」，則君喪可以不服，但父喪不可不服。此乃以血緣親情為內位、為主要人倫而有的價值判斷，所以簡文強調「人有六德，三親不斷」。然而，從仁內義外的實現面觀之，為父絕君雖可成立，不過為了表現君臣之義，而採取為父繼君，則是政治意義下的選擇，此乃禮制下的行為，故未必表現出以親親為核心價值的道德觀念。進而言之，〈六德〉「門內之治恩掩義，門外之治義斬恩」雖相合於禮制的意義，但就形式的內涵而言，則與孔子主張「父為子隱，子為父隱」的觀念及其對「三年之喪」的詮釋有思想脈絡上的出入。問題是：若以人倫關係優先於法律關係為理分，則此理分面對服父喪與服君喪該如何選擇？再者，上引宰我與孔子的對話中，宰我所說禮壞樂崩的狀況，其中隱含執行禮樂政教的問題，則宰我對三年之喪的質疑，不亦顯示義外與仁內的張力？雖然，「門內之治恩掩義」合於儒學的核心觀念，而「門外之治義斬恩」則摻雜政治意義的因素遂於倫理有用但略掩親情，然而，《禮記·大傳》亦謂：「立權度量，考文章，改正朔，易服色，殊徽號，異器械，別衣服，此其所得與民變革者也。其不可得變革者則有矣，親親也，尊尊也，長長也，男女有別，此其不可得與民變革者也」。亦即不變者乃是倫理，而其可變者則是形制的設定。喪禮雖有一定的制度，但絕非要人絕對服從或固守外在規範，而是要從人為何能有禮以及如何有禮來思考喪禮的存在意義。誠如林素英先生所說，「『為父絕君，不為君絕父。』的

兼顧『尊尊大義』的道理」。同註 73，p.37-45。

服喪記錄，正凸顯整體喪服制度本於人情而制禮的事實，不過在人情之外，尚且還必須懂得權衡輕重緩急以兼顧『尊尊大義』，方足以彰顯人性以仁內而義外的文化特質」[81]。換言之，這是後世學儒者的禮家隨著人際關係的複雜化而提出的有關喪禮的闡釋，此雖隨著歷史文化的發展而發生，然此文化亦應避免違背親親大於尊尊的最高原則，方顯其人文化成天下的基本意義。

第四節　結語

茲因郭店楚簡〈成之聞之〉結語云：「故君子慎六位以祀天常」，而且〈六德〉竹簡形制又與〈成之聞之〉相同，故在文獻考證上，研究者試圖將兩篇文獻結合[82]並將其思想關連起來[83]，如龐樸先生根據〈成之聞之〉云：「天將大常，以理人倫。制為君臣之義，著為父子之親，分為夫婦之辨。是故小人亂天常以逆大道，君子治人倫以順天德」之相關論述，指出六位六職六德的倫理是天道的直接延伸和顯現，故可以提高道德的層次與境界[84]。筆者曾研究過郭店儒簡〈五行〉、〈成之聞之〉及〈性自命出〉等文獻的天道觀，也在文中強調簡文天道思想乃基於天人關係的問題意識而形成的，而人道、人倫、人文、人心、人性纔是先秦儒家哲學

---

[81] 同註 62。

[82] 陳偉《郭店竹書別釋・第九章　《大常》《德義》《賞刑》三篇的編連問題》。文中將〈六德〉與部分〈成之聞之〉竹簡重新編序為《大常》。

[83] 李零先生認為〈六德〉文義所述實以「六位」為主，此似與〈成之聞之〉相承，並建議〈六德〉改題名為「六位」。同註 13，p.130。

[84] 同註 2。

的首要課題[85]。尤有進者，〈六德〉云：「君子如欲求人道……大者以治[86]人民，少者以修其身，為道者必由……苟不由其道，雖堯求之弗得也」，又云：「君子不變如道」，可見簡文對人道的堅持顯現在治民與修身的踐履上。對比古典文獻，如〈微子〉記載孔子使子路回應隱者曰：「不仕無義。長幼之節，不可廢也；君臣之義，如之何其廢之？欲潔其身，而亂大倫」，又孟子曰：「人之所以異於禽於獸者幾希，庶民去之，君子存之。舜明於庶物，察於人倫，由仁義行，非行仁義也」(〈離婁下〉)，又曰：「仁也者，人也。合而言之，道也」(〈盡心下〉)。由此可知，孔孟儒學對於人之道德性的論述涵蘊著在世活動的考量，無論是君臣之義或是聖王之明察人倫，皆是仁者之人道。孔子曰：「人能弘道，非道弘人」(〈衛靈公〉)，即意謂人才是道的主體。此主體的內容在簡文的論述中以六德為核心，而六德亦可實踐在人倫之分位上而有其職能。尤有進者，德性的意義不僅作為道德實踐原則，而在人倫的職位上還做為價值判準以面對具體倫理問題，如簡文所述服喪的表現，即是六德六位六職之有實踐意義的說明。誠如簡文所云：「凡君子所以立身大法三，其釋之也六，其衍十又二。三者通，言行皆通。三者不通，非言行也。三者皆通，然後是也。三者，君子所生與之立，死與之敝也」。意謂「六」並非只是數字意義，而是「三－六－十二」倫理序列的中介，其基礎架構是男女（夫婦）、父子、君臣，

---

[85]　《郭店楚簡的天道思想》，中國文化大學哲學研究所博士論文，2004 年。

[86]　「大者以治」原簡殘缺，此四字乃陳偉〈關於郭店楚簡《六德》諸篇編連的調整〉所補，顏世鉉〈郭店楚簡〈六德〉箋釋〉亦提出可補釋為「大者以安」，其根據是《論語・憲問》：「子路問君子。子曰：『修己以敬』。曰：『如斯而已乎』。曰：『修己以安人』。曰：『如斯而已乎』。曰：『修己以安百姓。修己以安百姓，堯舜其猶病諸』」。二位先生的補文指出儒學對政治的關懷，亦顯六德與六位、六職的關係。

而此三種人倫的原則是六德，六德的具體實踐依個別名位與職能則有六位六職。由此可知，「六德」的德性觀念實乃理論與實踐兼容。在理論方面表達人倫關係的儒學闡釋，而在實踐方面則從具體服喪的例則裏，指出人對服喪的價值標準：即血緣親情優於社會關係。此一方面更顯郭店楚簡〈六德〉的儒學意義。儒學在喪禮上強調視死如生，即以人的內涵來執行死亡禮儀，《禮記·郊特牲》云：「禮之所尊，尊其義也。失其義，陳其數，祝史之事也」，意謂禮的實踐若無道德原則，就只是消極的形式工作，而禮的道德原則實根據內在道德性才有其積極性，此亦〈六德〉作為儒家哲學文獻的古典意義。

第六章　結論

一

　　根據前幾章的研究，郭店楚簡儒家哲學就其各篇而言皆有各自的儒學主題，〈緇衣〉關乎為政者實踐德政及其風行草偃之效的觀念，〈五行〉著重以天道之德與人道之善論述天人關係，〈窮達以時〉所蘊含的義命問題涉及人如何以道德實踐看待天命與其所代表的境遇，〈六德〉以六種德性表述人倫關係之道德實踐及其原則。綜合言之，從哲學史來看，郭店楚簡儒家哲學其實仍處於孔子所創之學說的脈絡中，亦即簡文所作種種論述皆可收攝在孔子之學所引發的多元儒學探討與觀念裏。但就哲學思想發展而言，郭店儒簡各篇的記載其實蘊含了孔子之後的歷史中的儒學發展歷程，此正是郭店楚簡儒家哲學的主要研究意義。然而，作為一個現代研究者，面對出土文獻的意蘊，在理解與詮釋中，我們能否在其中掘發古典新義呢？亦即作為古代文本，這些思想材料在現代文明中是否還具有其意義呢？自清朝末年以來，一系列西化與現代化運動不斷挑戰傳統，西學東漸當然也就衝擊著儒學的發展，百年來已有許多學者（包括西方學人）對此問題提出正反意見或調和的觀點。時至今日，儒學面對現代化的討論雖盛況不再，然儒學能不能現代化，以及如何現代化的問題仍在[1]，凡此，筆者

---

[1] 勞思光〈遠景與虛境—論中國現代化問題與後現代思潮〉從當代思想發展提出省察，最後提出「我們如何重新勘定中國思想的路向」以為問題意識。勞先生

將其視爲古代哲學能否有現代意義的問題。雖然就西學的背景而言，現代化的問題當然不會出現在中國古代哲學中，那是因爲彼此各自有其自己的思想與歷史脈絡，但就某一哲學思想能否在現代還有持續發展的空間而言，亦即儒學在歷史發展的過程中是否還具有其存在的價值，則它在現代世界中的意義這個問題是無法迴避的。因此，在本書的結論中，筆者將進一步探討郭店楚簡之儒家哲學研究的現代意義。關於這個問題，筆者藉由勞思光先生在〈對於如何理解中國哲學之探討及建議〉[2]中所提出的觀點作爲我們思索郭店楚簡儒家哲學的現代意義的起點。

　　勞先生所提的建議是：

(a) 哲學思考之特性表述爲反省思考，意指對我們自身活動的思考。

(b) 反省思考之題材，從一階段到另一階段，可有鉅大變化。哲學這種學問的各部門因此出現。題材的歧異性並不與哲學思考的原始特性相衝突，而只表示有許多特殊哲學存在。每一種特殊哲學代表反省思考在我們自身活動的某一範圍上的運行。

(c) 在某一時點上，我們常可以數出反省思考已運行到的那些範圍，而能說出哪些研究已被收歸在「哲學」這個共名下。然而，隨著歷史的發展，新範圍永遠是可

所論乃歷史的考察，其問題性實際上對中國哲學研究者來說仍具有普遍意義。此乃國內近年來仍有力地指出中國哲學研究困境之一的論著，該文收入劉述先主編《中國思潮與外來文化》（第三屆國際漢學會議論文集-思想組）（臺北：中研院文哲所，2002 年）。

[2] 《中國文哲研究集刊》創刊號，1991 年 3 月。

能有的。換言之，不可能得到對於哲學思考之題的完整的表，也不必作此要求。這樣，如此建議的哲學概念，即是一個開放概念。

(d) 當反省思考運行於某種題材上的時候，它要解答某些問題，而由此生出哲學理論或特殊的哲學。這種努力的重要性，全依所關問題的重要性而定。如果我們要檢定某個問題是否值得對它作反省思考，則我們便得回到實際人生來看。在這種情況中，答案或正或反，便會決定我們對於某一特殊哲學的態度。但這並不能用於共同意義的哲學或反省思考本身。追問反省思考本身有無重要性，是並無異議的；正如我們不能問人是否需要有理解和知識。

(e) 要了解一個特殊哲學，我們必須從它所處理的問題下手。唯一可以否定某特殊哲學的理據是有證據表明這種哲學所處理的問題，與真實人生全無關聯。若不能發現這種證據，則此一事實（即對某學說無關人生並無證據可得這個事實）本身即須納入哲學，作為研討之一部分。

　　勞先生所論其實涵有方法學的意味，其中最具方法意義的是「哲學的開放概念」。開放概念乃針對封閉概念而言，它涉及哲學功能以面對哲學溝通的問題。又勞先生說哲學概念「有對哲學思考特性的一般性表述，另有特殊的哲學，作為反省思考在特定題材上運行的成果。這兩部分合起來，即構成哲學的開放概念」。勞先生進而以此哲學思考來看文化活動的世界，並認爲中國哲學的

基本性格乃是引導的（orientative）哲學，引導性哲學意謂此哲學「要在自我世界方面造成某些變化……即『自我轉化』與『世界轉化』」。筆者認爲，此乃中國哲學順開放概念所推斷出來的答案，意即著重人之實踐目的。其後，勞先生更將開放概念表述爲「開放成素」（open element），在〈中國哲學之世界化問題〉[3]中，勞先生指出相對於開放成素就是封閉成素，它是由一個文化系統裡的 historical context 和 social context 這二個條件限定而成的，勞先生說：

> 那種封閉成素我們就不能希望它能跳到歷史社會的限制以外，而在另外的地方發揮同樣的功能。但是那一些 open element 便不同。你要發現 open element 的地方，那就是它可以和其他的傳統性接合的地方。

又勞先生指出豐富的理論有 universal 的成分與成素，它具有功能，他說：

> 我們假定取每一個 tradition 的文化傳統來看，在每一個系統裏面，它有的開放的成素，都是為了未來更高層次的發展作準備，因為那些 universal、那些 open element 就是要求離開傳統限制而保持它的功能。

普遍即開放的成素，它的功能可以使中國文化與哲學進入到

---

[3] 收入華梵大學哲學系編《勞思光思想與中國哲學世界化學術研討會論文集》（臺北：行政院文化建設委員會，2002 年）。

動態歷史的世界裏，勞先生說：

> 任何一個文化系統，或者是一個哲學的傳統，要想有未來
> 的生命，它主要是要發揮它的開放成素的功能，然而這些
> 開放成素有多大的功能，在哪一個歷史行徑裏面，它這個
> 功能就最為得用，就最為合適，這些東西都不是我們勉強
> 的去用個人的努力去裁定。我們能夠發展這個 open
> elements 那些部分，那是我們可以努力的。

　　職是，在當代中國哲學的發展中，若傳統儒學一直是哲學研
究者的問題意識的對象，則儒學的開放概念與成素即顯現在研究
者不斷的挖掘與試探中，進而言之，郭店儒簡的哲學思想是否亦
有其開放性而能普遍到當下的歷史裏，並且有其現代意義？關於
這個問題，筆者以下即根據本書之主要研究成果來加以說明。

二

　　牟宗三先生在《政道與治道》的〈新版序〉講論儒家現代化
的基本觀念，文中主張「開新外王」乃現代儒家的當前使命[4]。關

---

[4] 〈新版序〉p.11-16。《政道與治道》（臺北：學生書局，1991 年（增訂新版））。
　　值得補充的是，牟宗三、徐復觀、張君勱、唐君毅四位先生在 1958 年共同發
　　表一篇〈為中國文化敬告世界人士宣言〉，文中指出儒家對道德精神之要求與
　　傳統君主制度存在著衝突，因為在君主制度下，縱使有德治，亦難以使人人成
　　為道德主體。惟在民主政治制度下，才能使人人真正樹立其道德主體。此文原
　　發表於《民主評論》、《再生》雜誌元旦號，另有副標：「我們對中國學術研究
　　及中國文化與世界文化前途之共同認識」，後改文題為〈中國文化與世界〉，收

於「內聖外王」能否在現代繼續發展的問題，德國學者 Ralf Moritz
〈儒家與現代性之多元性〉[5]提出國外研究者的觀點。Moritz 認為
儒家對於秩序的想法與現代性思想可以調停，而其調停的根據來
自於儒家思想將社會關係的秩序視為個體的道德努力的結果，由
此儒家還反映出一種文化形態學與世界觀，即「內聖外王」。Moritz
認為這是一種創造性功業，此功業歸因於人類行為的道德品質。
Moritz 說：

> 儒家的方案自始便是要藉由對生活世界的塑造來實現：儒
> 家思想要求在生活中實現，這是一種入世的態度。只有在
> 對社會負責的社會實踐中，道德品質才得以發展。因此，
> 這必然迫使儒者從事公職──這是儒家倫理的內在義務。公
> 職活動被視為自我實現之優先場域，被視為自我對社羣的
> 參與。如果儒者將道德修養理解為人的發展之憑證、理解
> 為人之成為文化人的憑證，且因此將具有道德水準的行為
> 視為整體世界脈絡的創造性實現之必要條件，又如果「仁」
> 對他而言，意謂自我對於秩序脈絡所具有的統合性機能，
> 他的生活就會要求在群體中產生作用。

上引文指出儒者從政是必然的，因為政治是自我實現的場所

入唐君毅《說中華民族之花果飄零・附錄》（臺北：三民書局，1974 年）與唐
君毅《中華人文與當今世界》（下冊）（《唐君毅全集・卷四之二》，臺北：學生
書局，1987 年）。筆者認為此一宣言應可視為牟先生提出新外王的問題意識之
一。

[5] 收入劉述先、林月惠主編《現代儒家與東亞文明：問題與展望》（臺北：中研
院文哲所，2002 年）。

以及入世的途徑，更是道德實踐的場域。換言之，參與群體生活、
人文化成天下（世界）其實已經存在於儒家思想中。關於儒者的
從政是否是必然的問題，本書第二章第三節分析〈緇衣〉的儒學
意涵時曾反省過，文中從儒學的形成因素來論證出仕與否乃道義
問題，而 Moritz 則是舉董仲舒思想來說明其必然性。對此可進一
步指出的是，倘若沒有政策、體制的配合，儒家與政治的關係其
實難以結合，因而儒者的從政雖有「政治」因素，但二者之間是
否是必然的關係，須視這個外部因素而定。然而，Moritz 的說法
提醒我們儒學確實關心自我對社羣的參與，惟此參與是道德的，
故孔子曰：「吾非斯人之徒與而誰與？天下有道，丘不與易也」（《論
語・微子》）。治天下與外王確實是儒者成就道德的對象之一，然而
這在古代不甚為嚴峻的現實挑戰，而在現代則從現實挑戰引伸為
理論問題，如牟宗三先生新外王之說即為其中的代表[6]。牟先生指
出古人講外王是由內聖直接推演出來，例如《大學》的誠正修齊
治平，但牟先生亦指出現代的外王（科學與民主政治）自有其內部之
特殊結構，不是內聖之作用或運用所能直接推演出來的，故須採
取曲通的方式。牟先生說：

> 我們以為曲通始能盡外王之極致。如只是直通，則只成外
> 王之退縮。如是，從內聖到外王，在曲通之下，其中有一
> 種轉折上的突變，而不是直接推理……直通的講法，實只
> 是說了一個形式的必要條件，沒有說著實際的充足條件。

---

[6] 在這之前則有熊十力先生主張內聖直通外王之說，參考馮耀明〈從「直通」到
「曲成」—當代新儒學與現代化文題〉（《漢學研究》第 10 卷第 2 期，1992 年
12 月）。

> 它只是一個範圍，並不能致曲以盡其蘊……亦如沒有德
> 性，固不能有科學與民主政治，但有了德性，亦不能直接
> 即有科學與民主政治。即在此義上，我們說這其中有一種
> 轉折上的突變。[7]

牟宗三先生有關曲通的說法，指出儒學內聖之德性才是現代
外王的決定因素。尤有進者，牟先生解《孟子・盡心上》「君子有
三樂，而王天下不與存焉」章時，亦說：「依儒者之教，內聖必然
函蘊著外王，因無隔絕人世獨立高山之頂之內聖。然外王之事必
以內聖中之德爲條件」[8]。由此可見，內聖對外王而言雖只有可能
性，然而唯有踐履內聖，內聖外王纔可能，換言之，外王之臻至
必然以內聖爲主要因素，即以內在道德性爲依據，而此因素或依
據若發生在政治領域則稱之德政。〈緇衣〉作爲闡釋「德政」觀念
的文獻，其論述內容實可面對現代「內聖外王」的課題。該文獻
內容包括君臣、君民之道與強調爲政者的涵養等三方面思想，以
下即具體說明這些思想如何回應現代外王（民主政治）的訴求。

首先，雖然君主專制及其體制在現代國家中多已成爲歷史，
然而政治階層的關係仍在，政府各層級與部門間的運作，以及他
們和人民之間依然存在著政治關係，則〈緇衣〉所云「君不疑其
臣，臣不惑於君」（簡本第 3 章、今本第 10 章）、「臣事君，言其所不能，
不詞其所能，則君不勞」（簡本第 4 章、今本第 12 章）、「大臣之不親也…

---

[7] 《政道與治道》，p.56。

[8] 《圓善論》（臺北：學生書局，1985 年），p.167。又牟先生自註：「不是說先成
了聖人才可以爲王。聖人不必是王者，王者亦不必是聖人。內聖與外王的關係
是綜合關係，不是分析關係。內聖必然函蘊著外王，必然是綜合的必然，非分
析的必然。故只說外王之事必以內聖中之德爲條件」。

邦家之不寧也，則大臣不治，而褻臣託也」（簡本第 11 章、今本第 14 章）等敘述所表達的統治者內部應協調一致並有其原則以避免主觀行事，如此觀念實合乎現代政治要求各級行政長官與人員應在專業上盡責以避免職能不彰的情況。由此可見〈緇衣〉的現代意義。

其次，對於統治者與人民的關係，〈緇衣〉云：「有國者章好章惡，以視民厚，則民情不忒」（簡本第 2 章、今本第 11 章），又云：「君民者，章好以視民欲，謹惡以渫民淫，則民不惑矣」（簡本第 4 章、今本第 12 章）。這些敘述都強調主政者應謹慎做到教化的職責，此即相應於現代政治要求政府應發揮教育民眾的功能。又「民以君為心，君以民為體……心以體廢，君以民亡」（簡本第 5 章、今本第 17 章），不亦合乎現代政治強調國家與人民一體的觀念，亦即民眾與政府乃相互聯繫的關係。

第三，有關統治階層自身的素質，〈緇衣〉云：「大人不倡流言」，又云：「可言不可行，君子弗言；可行不可言，君子弗行。則民言不危行，行不危言」（簡本第 14、15 章、今本第 7 章）。此即意謂執政者言行一致的重要性，從現代意義來看，倘若政府秉持此一態度為政，則有關傳達政府施政理念或政令宣導等活動，皆應能夠有效地深入民心。言行相顧的觀念亦關涉執政者對人民的影響，如〈緇衣〉云：「君子道人以言，而恒以行。故言則慮其所終，行則稽其所敝；則民慎於言而謹於行」（簡本第 16 章、今本第 8 章），「言從行之，則行不可匿。故君子顧言而行，以成其信，則民不能大其美而小其惡」（簡本第 17 章、今本第 24 章）。現代政治強調公民素質的提昇，而執政者的一舉一動當然也是加強民主素養的要素之一。尤有進者，執政者之所以能夠影響人民，其自身的涵養實為關鍵，故儒學強調君子觀念，如〈緇衣〉云：「君子言有物，行有

格，此以生不可奪志，死不可奪名。故君子多聞，齊而守之；多志，齊而親之；精知，略而行之」（簡本第 18 章、今本第 19 章），「私惠不懷德，君子不自留焉」（簡本第 20 章、今本第 22 章），「唯君子能好其匹，小人豈能好其匹。故君子之友也有向，其惡有方。此以邇者不惑，而遠者不疑」（簡本第 21 章、今本第 20 章）。〈緇衣〉所述不僅對古代的統治階級具有意義，即從現代意義觀之，它也涉及公務人員或政治人物的品格問題，而對於反省現代政治人物欠缺操守或人謀不臧等問題，它亦是值得參考的儒學原則。

最後，尤須指出〈緇衣〉的核心觀念乃是德政所依據的德性原則，〈緇衣〉云：「長民者，教之以德，齊之以禮，則民有勸心；教之以政，齊之以刑，則民有遯心。故慈以愛之，則民有親；信以結之，則民不倍；恭以蒞之，則民有遜心」（簡本第 12 章、今本第 3 章）。〈緇衣〉所說的不只是需不需要刑罰的問題，而是藉由刑與禮的區別，指出為政者治天下（行德政）的目的—使民有勸心、遯心和有親，意即藉由行德政使人民具有道德素養及價值觀念，此即人文化成的天下。放眼現代世界皆透過民主觀念積極而努力地建立和平相處與和諧對待的社會，而儒家哲學所呈現之充滿價值理序的世界亦呼應此一方向[9]。因此，我們實在找不出任何理由反對古代儒學的理論與實踐，同時，由此更可確認〈緇衣〉的德政觀念乃是我們邁向現代化道路的抉擇之一。

---

[9] 二十世紀的最後十年，世界各地的學者試圖建立 Global Ethics（全球倫理，又譯世界倫理）的學術活動，以顯示人類對於普世價值或共通價值的探討從未放棄。參見劉述先先生一系列關於 Global Ethics 的論文，收入劉述先《儒家思想意涵之現代闡釋論集》（臺北：中研院文哲所籌備處，2000 年）。

三

　　牟宗三、徐復觀、張君勱、唐君毅四位先生面對西學東漸的浪潮，在 1958 年共同發表一篇〈為中國文化敬告世界人士宣言〉，文中認為傳統倫理道德可以涵有宗教性的超越感情及宗教精神，它是從天人合德、天人合一、天人不二、天人同體等觀念而來，意即儒家對於（天）道有一宗教性之超越信仰[10]。諸位先生的宣示不僅指出宗教問題也是現代化所須面對的，而且還強調儒家哲學乃是回應現代宗教衝擊的主要理論。在這之後，牟宗三先生更以〈作為宗教的儒教〉為講題，指出儒教的重點落在人「如何」體現天道上，意即以道德實踐為中心，而趨向超越的天道[11]。由此可見，儒學之作為宗教來理解，其詮釋方法不在與具體的宗教形式做比較，而在於分析其「宗教性」。誠如黃俊傑〈試論儒學的宗教性內涵〉[12]所言：「儒學有強烈的『宗教性』（religiosity），也有強烈的「宗教感」（sense of religiosity），但不是西方傳統定義下的「宗教」（religion）」[13]。黃先生認為儒學的宗教性涵義是指：

　　儒家價值的信仰者對於宇宙的超越的（transcendental）

---

[10] 詳見文中第五節〈中國文化中之倫理道德與宗教精神〉。

[11] 收入《中國哲學的特質》（臺北：學生書局，1963 年），p.104-105。

[12] 收入李明輝編《中國經典詮釋傳統（二）：儒學篇》（臺北：喜瑪拉雅研究發展基金會，2002 年）。

[13] 筆者認為，狹義且制式宗教的定義需符合五項條件：教主（偶像）、經典與教義、儀式與戒律、僧團與鸞壇（神職人員）、神話與傳說，除了經典與教義乃儒家之所以是哲學亦可以作為宗教的基礎外，其他四項條件只能在寬泛的意思下指出儒家具有之，特別是最後一項，從儒家的歷史中，實在難以找出有力的證據證明儒家思想中存在著某種神話。故無論在古代或現代，誠可謂儒家本來就不是「宗教」。

本體所興起的一種嚮往與敬畏之心，認為人與這種宇宙的
超越本體之間存有一種共生共感而且交互滲透的關係。這
種信仰是一種博厚高明的宗教情操。

黃俊傑先生更參考田立克（Paul Tillich）「終極關懷」（ulitimate
concern）中「整體性的」（holistic）與「浸透性的」（pervasive）
敬畏情操來定義儒學的宗教感，並舉帛書〈五行〉「聖人知天道」
為例，指出天道觀與心性論乃存在著關連，亦即人間秩序與宇宙
秩序乃是連續的關係。換言之，人之存在有其超越性之依據，即
人之存在與宇宙秩序合而為一。筆者認為黃俊傑先生的觀點意謂
天道召喚人道，而人道亦呼應天道，如此天人相互參與的模式實
合於〈五行〉思想，以下將就本書有關〈五行〉的研究來說明之。
　　〈五行〉云：「德之行五和謂之德，四行和謂之善。善，人道
也。德，天道也」（簡 4-簡 5），此謂人之仁義禮智（四行）與聖的諧
和（五行和）才能完成天人合德，亦即以實踐德性為本，方可朝向
天道之德發展，臻至者堪稱作「聖」。〈五行〉更以金聲與玉音為
喻而云：「金聲而玉振之，有德者也。金聲，善也；玉音，聖也。
善，人道也；德，天道。唯有德者，然後能金聲而玉振之」（簡
19-簡 20），其根據在於「君子之為善也，有與始，有與終也。君子
之為德也，有與始，无與終也」（簡 18-簡 19）。〈五行〉天道與人道
皆有其範畛與屬性，但此一區別並非分作二層，而是就為德與為
善之實踐性不同來表述的。易言之，對實踐者而言，天道與人道
乃是學問之道的不同進程，而非不同方向的途徑。尤有進者，〈五
行〉以君子為德為終極目標（因為金聲必玉振之），其進程乃是無盡
的，並且在朝向天道的實踐中，有德者亦不斷成就人道價值與人

間規範，故〈五行〉云：「聖，知禮樂之所由生也，五行之所和也。和則樂，樂則有德，有德則邦家興」(簡28-簡29)。根據〈五行〉所述，我們瞭解人道必有其超越目的，而且在超越的歷程中，人道所體現之天道除了表現爲人間的價值理序外，亦在價值理序的實踐中證成天人恆常聯繫在一起，並且在天人關係中蘊含存有與價值的合一。進而言之，若說〈五行〉具有宗教性的意涵，則其超越性首先應以道德性爲基礎，惟此道德性具有形而上的特性，在價值實踐中，形而上的特性一方面是由天道存有所賦予的，另一方面則須由人道之德來證成。其中，天道並非神秘的對象與力量，其無非是天地萬物相生相續與恆常運行的根源，然而若無人道之善的參與也難以證明祂的存在。筆者認爲〈五行〉的宗教意涵當由此開顯。

　　然而，關於〈五行〉宗教意涵的詮釋仍有待釐清者。如歐陽禎人〈郭店儒簡的宗教詮釋〉[14]文中指出，郭店儒簡中的天（命）乃是先驗性的，而其所謂的天道則是自然法則與終極實在，依此而說〈五行〉「主要是從形而上的道德內在性上追求其超脫凡俗的功夫」，又說〈五行〉「仁義禮智之和合，是行於外的人道，是與現實禮俗相關聯繫的道德實踐；仁義禮智聖相和合是行於內的天道，是上達於天命的道德超越。『四行』之『善』，『五行』之『德』通過『聖』上達於天」。對於〈五行〉所謂「君子之爲善」到「君子之爲德」該段落，歐陽先生說：「在『有與始，有與終』的階段，人的心性提升是與人的外在形體相融合的；而在『有與始，无與終』的階段，卻是指人的心性剝離了人的形體，脫離了現實的羈絆，上達於天人玄冥的神聖之境」，後者之說更可證之以帛書〈五

---

[14] 《中國哲學史》，2001年第3期。

行〉說之「舍體」的解釋。筆者認為，先驗性、自然法則、終極實在等概念背後皆有一定的哲學立場，用它們來詮釋〈五行〉所謂人道之善與天道之德的關係，其中不無商榷的餘地。首先，歐陽先生將「行於外的人道」與「行於內的天道」皆以「聖」上達於天的說法，一方面無視於〈五行〉所謂的五行和即包含四行和，而其言「聖」則主要是用來表述天道觀的；此外，歐陽先生所謂天道以聖上達於天的說法有自我指涉的嫌疑，即謂「聖」既是天道的因又是天道的果；又，「行於外的人道」與「行於內的天道」一旦皆以「聖」上達於天，則天道如何同時「行於外」又「行於內」？另一方面，〈五行〉所肯定的「五行」乃「形於內」的仁義禮智聖，而非「不形於內」的普通四行，則「行於外」與「行於內」之說如何聯繫道德的「實踐」與道德的「超越」，況且「聖」之形不形於外，〈五行〉皆以「德之行」肯定之，則「聖」更不可能是聯繫「行於外」與「行於內」的關鍵。其次，既然天或天道是先驗的自然法則與終極實在，則人道之善的道德實踐是否單憑現實禮俗就可到達天道之德？最後，為善固然依據心性，然而它是否與人的形體有關，若有，則其關係為何？又為德之上達於天若僅指一玄冥之境，則人的實踐心性該落實於何處？凡此種種，顯示〈五行〉宗教意涵的詮釋尚有說明的空間。

根據筆者對〈五行〉的研究，其超越的意涵應從實踐的形上學來詮釋，意即天道的形而上意涵乃道德實踐者在擴充其心性與德性時所證得的，如此的證悟並非在主客、內外、身心二分中所能體會的[15]，而是在人體現天道之價值理序，並與天道聯繫為一整

---

[15] 歐陽先生說：「郭店儒簡的禮樂宗教性，強調了主體性的內在超越，是身與心、主體與客體、內在與外在，一句話，就是人與天的完全冥合」。然而，「主體性」

體的實踐過程中纔能領納。若將前述還原到文獻中，則可見於〈五行〉引詩「文王在上，於昭於天」指謂「聖」。它除了意喻聖之五行和蘊含天道外，更藉由古代道德實踐的典範（聖人）來象徵價值實現者與上天相呼應，以示人道與天道的一體。故人道參與天道形而上的世界應無內在與超越之分[16]。此外，「聖」的意義不在形不形於內或行不行於內之分，而在於它是溝通天道與人道的關鍵，此一關鍵的內容則在「聖」之形不形於內皆為「德之行」。形於內的德之行屬於人道，性質為善。不形於內的德之行屬於天道，性質為德。天道之德與人道之善皆在聖者的實踐中體現，二者只是歷程之分，此亦〈五行〉天人關係的主要涵意。關於君子之為善與為德，〈五行〉乃以「金聲而玉振之」來譬喻，意謂人道之善與天道之德聯繫為一整體，故君子之為善之「有與始有與終」實指人道中仁義禮智的完成的領域，並未與形體有關。又君子之為德之「有與始无與終」則表示由人道到天道的實踐乃一往無盡，並蘊謂天道所賦予的意義之無邊無際。尤有進者，〈五行〉云：「五行皆形於內而時行之，謂之君子」，意指君子為德融攝為善，亦即為德必包含為善之踐履德性，故君子為德應非境界之謂，而是指

的概念已排除了身心、主客、內外等的合一，則以內在與超越的結合來詮釋主體，其困境相當明顯。

[16] 關於內在與超越的關係，余英時先生說：「我們如果用『道』來代表理想的超越世界，把人倫日用來代表現實的人間世界，那麼『道』即在『人倫日用』之中，人倫日用也不能須臾離『道』的。但是人倫日用只是『事實』，『道』則是『價值』。事實和價值是合是離？又合到什麼程度？或離到什麼程度？這就完全要看每一個人的理解和實踐了。所以〈中庸〉說：『君子之道費而隱，夫婦之愚可以與知焉。及其至也，雖聖人亦有所不知焉。夫婦之不肖可以能行焉。及其至也，雖聖人亦有所不能焉。』在中國思想的主流中，這兩個世界一直都處在這種『不即不離』的狀態之下。〈從價值系統看中國文化的現代意義〉，收入《中國思想傳統的現代詮釋》（臺北：聯經出版事業，1992 年），p.10。筆者認為，人倫所處即是道的價值世界，如此方是不即不離。

出成聖的方向的永恆性。至於帛書〈五行說〉以「舍體」解釋「君子之爲德」，其中雖隱含身心觀[17]，但因它是〈五行〉之後的儒者的詮釋，而其強調「心」的因素與作用，又與經文有細微的差異，故應視爲申論之說而非〈五行〉文獻所直接呈顯出來的意義。

綜合上述，當我們根據〈五行〉天人思想中的形而上意涵來詮釋其宗教性涵義時，應反省其有關超越性與超越對象的說法的合理性。意即在〈五行〉的脈絡中，天或天道並非做爲一終極實在或實體來看待，而是把它當作人道的實踐目的。倘若如此，則將造成人道是否從屬於天道的問題，亦即人道的德性本質在天道面前是否能保有其獨立性。進而言之，若以既內在又超越的說法詮釋〈五行〉乃至儒學的宗教性，則無法避免人道的價值規範與天道的自然法則誰主誰從的問題，意即人文與宗教何者是核心所在[18]？因此，合理的詮釋應是在天人合德的思想中，人因嚮往道德實踐而成就天地萬物的存在意義，而天所象徵的萬有的價值亦是保障吾人體現道理的動力。在如此成德的歷程中，沒有主從關係、

---

[17] 此可參考郭齊勇〈郭店楚簡《五行》的儒家身心觀與道德論〉（東吳大學主辦「中國哲學與全球倫理學術研討會」會議論文，2000 年 5 月 20 - 21 日）。黃俊傑〈孟子後學對身心關係的看法—以馬王堆漢墓帛書《五行篇》爲中心〉、〈馬王堆帛書《五行篇》「形於內」的意涵—孟子後學身心觀中的一個關鍵問題〉（《孟學思想史論（卷一）》，臺北：東大圖書，1991 年）。

[18] 余英時先生說：「在內在超越的中國文化中，宗教反而是道德的引伸，中國人從內心價值自覺的能力這一事實出發而推出一個超越性的『天』的觀念。但『天』不可知，可知者是『人』，所以只有通過『盡性』以求『知天』」。同註 16，p.42。筆者同意從現代意義觀之，宗教固然由道德所引伸，但其中天的意義，尚有可釐清者。根據牟宗三先生的分析，盡心之知天是在「實踐中證知」，天之所以爲天的意義在道德實踐中被證實。同註 8，p.132。筆者認爲，天做爲客觀對象來研究，其能否爲人所盡知，各種理論自有其方法，但就價值實現而言，天的道德意義乃不容否認，如此方可避免將孟子哲學詮釋爲不可知論的神秘主義者。

主客之分的張力，只有根據意義的脈絡來窮盡發展的活動，此時的天或超越對象，也將恆常地與人同在。筆者認為如此詮釋宗教性涵義纔能不失儒學義理並使其現代意義具有積極性。

最後，值得說明的是，倘若以宗教的熱忱（情操、情感）詮釋儒學對道德的信仰，則道德意識與德性觀念將有被架空的危險。易言之，儒者的情感具有道德性，此乃由實踐道德所產生，而非先心存情感才願意去面對道德。例如，〈五行〉云：「顏色容貌溫，變（戀）也。以其中心與人交，悅也。中心悅焉遷於兄弟，戚也。戚而信之，親也。親而篤之，愛也。愛父，其攸愛人，仁也」（簡32-簡33）。此謂仁者愛人乃大公之心的實現，往回推溯，則來自於基本的父兄人倫關係的表現，人倫關係中種種的戀、悅、戚、愛等並非是心理的感覺，而是依據「仁心」來實踐才昇發的道德情感。再證諸《論語》云「知者樂水，仁者樂山」（〈雍也〉），可見樂水樂山固然有道德情感在其中，但其根據乃來自「仁者安仁，知者利仁」（〈里仁〉）之為仁，即德性的發用，意謂擴充德性於天地萬物之間，並涉及天地萬物得以存在的原理原則。進而言之，天道存有的價值與意義無須藉由營造人的心理狀態來接受，而人也無須興發信仰的熱忱來踐履道德或面對天道存有。對實踐者而言，當其真實地體現德性之意義時，天道的意義即相應地存在於吾人的道德意識中，所有有關天人之間的道德性情感也就自然而然地顯現。

四

關於〈窮達以時〉的現代意義，我們從林啓屏先生所指的〈窮達以時〉涉及福德可否雙全的問題來探討。上引 Moritz〈儒家與現代性之多元性〉曾指出儒者在與政治結合的過程中將會陷入「應然」與「實然」的衝突，亦即「在現實政治中，改善現狀的道德責任是否還有可能性」？Moritz 的問題主要是針對權力與道德的衝突而言，然而在現實中，道德實踐所要面對的抉擇的範圍更大，孟子魚與熊掌之喻，或天爵與人爵之分，皆指引我們思考應然與實然的分際的問題。孔子云「君子謀道不謀食」以及「君子憂道不憂貧」(〈衛靈公〉) 就是問題的答案。雖然，應然所代表的價值理想與實然所代表的現實生存的問題依然困擾著現代學者，如牟宗三《圓善論》之作即是代表。牟先生參考康德（Kant）道德哲學的問題意識與理論架構，鄭重地指出最高善（圓滿的善）底下的「德福一致」乃儒學必然面對的問題[19]。他的問題意識在於「現實的人生上，人的意志處，雖需要有幸福，又值得有幸福，然而卻不必然能得到幸福，即不必能參與於幸福」[20]。換言之，道德實踐者在理論上應獲得回饋，而我們在主觀上也認為有德者應該有福報，但是在經驗現實中卻不必然如此，然則道德的理論與道德的實踐之間出現了落差，其原因何在？林啓屏先生在探討〈窮達以時〉的天人問題之前，曾受康德道德哲學的啓發而提出人有「雙重身分」的看法，即謂人既是「被決定者」，又必須是「自由的」，

---

19 《圓善論・序言》。
20 《圓善論》p.175。

人乃受這雙重因果性的影響[21]。林先生的觀察爲前述問題提供解答的方向，即人作爲一客觀存在，有其經驗性與事實面，此乃受限制者。但人亦是價值實踐者，故能夠爲了自我實現而致力於突破現實。人於此是自由的，亦即擁有自由意志，而人的價值與意義就在自由意志中顯現。然而，自由意志的性質爲何？牟宗三先生說：

> 有存在，即有護持與滋長存在之幸福要求。「存在」有獨立之意義，不可化除，幸福亦有獨立之意義，不可化除。但人生有「存在」之實然，同時亦有「理性」之當然。「所性」即是屬於理性之當然方面者。幸福屬於「存在」之事，所性即屬於「理性」之事。道德是屬於所性者，故道德屬於理性之事。故道德亦有獨立之意義。[22]
>
> 只有有意志的理性存有（人）始有原則。意志用原則決定行動……惟定然的則是屬於道德的。由定然的原則而引出的法則即被名曰道德法則。依孟子，定然原則與道德法則皆由所性而發，絕不能由經驗與幸福而立。故道德不但有獨立的意義，而且是一切價值之標準，其自身是絕對價值，是評判其他一切有價值的東西之標準。此完全是屬於理性的事。因此，「存在」（尊生保命）以及屬於存在者（幸福）固屬重要，但必須以道德爲本。[23]

---

[21] 〈先秦儒學思想中的「遇合」問題—以〈窮達以時〉爲討論起點〉（《鵝湖學誌》第 31 期，2003 年 12 月）。

[22] 《圓善論》p.170。

[23] 《圓善論》p.170-171。

　　由此可知，自由意志即是德性。人固然有存在之幸福的追求，然而必須以道德爲本才顯出人存在的價值與意義。縱使客觀世界與人的道德實踐出現張力，道德實踐的根據—仁義禮智等德性心—依然不可放棄，這才是道德的獨立意義。進而言之，儒學的理論與實踐，跨越時空，到了現代仍然是研究儒學者的問題意識，尤其從上述學者參考西學的架構來論述的作法看來，更顯示出德福關係的探討有其現代意義，值得思考與慎重地面對。

　　若從〈窮達以時〉的意涵觀之，道德與幸福的關係其實蘊含在義命問題的結構中。本書第四章第六節曾從「即存有即價值」來思考此一問題，指出真實的道德實踐從來不是將自我置於時空之外來看待的，而是在與種種事件的遭遇中來呈現的。在遭遇的歷程中，道德實踐者不是以因果關係或道德主體等自然法則或主客二分的模式來理解自身的處境，而是以道德意義的脈絡來體會與領納這些境遇。易言之，實踐場域中的幸或不幸雖皆有其客觀性，誠如〈窮達以時〉所云「遇不遇，天也」（簡 11），然而天所象徵的命、時、世，卻不是與實踐者的德或不德毫無關連，〈窮達以時〉云「有其人，亡其世，雖賢弗行矣。苟有其世，何難之有哉」（簡 1-簡 2），此文句並非意謂在道德實踐中排除時世或天命的介入，當然更不可能表達成德需依靠現實環境，而是藉由天命的存在，證明實踐者的價值追尋恆與其整體生命經驗相關連。〈窮達以時〉的作者花費一半的篇幅敘述歷史中賢者的禍福生死，除了說明人生中的幸福或顛沛並非客觀而絕對地由個我所掌握外，還要藉由這些歷史人物的經歷，傳達出人之窮與達必與成就道德價值的活動有關。享福或顯達固然由於道德踐履，而窮困或無福亦皆由於成德的活動。無論是福或窮皆來自於實踐者對道德的堅持，

這些都是道德實踐者的生命所必須經歷與擁有的。因此，當我們將德福是否一致交由天、命、時、世等觀念來回答時，並非是要劃分出道德的領域與幸福的領域，然後再試圖將兩者揉合或建立聯繫的管道，甚至消極地建立它們互不逾越的界限。而是從生命實踐的真相來看，道德與存有同屬一個領域，幸福與否也都在這個領域中發生，其中沒有德與福是否一致的問題，亦不存在實踐理性與自然法則相衝突的問題，此領域中只有德性生命勇於面對道德實踐的盡心盡力。尤有進者，〈窮達以時〉結論云：「善否，己也。窮達以時，德行一也……窮達以時，幽明不再。故君子敦於反己」(簡14-簡15)，可見或窮或達固然存在著時運，但〈窮達以時〉卻也一再地指出修身成德乃盡其在我，此非相對於時運而言，而是在「德」與「行」之「一」中，內蘊生命歷程中人之道義和德性，乃與運命天時之行相互隸屬。故〈窮達以時〉對現代人類心靈的啓發應當由此來豁顯。

五

　　本書導論曾引述石元康〈現代化與中國當前的哲學課題〉[24]對中國哲學現代化的看法，在其文末曾指出「社羣主義」（Communitarianism）思潮可用以瞭解儒家思想，而且儒家思想亦可對社羣主義理論反省現代化以提供助力。雖然石先生對他所指引的方向未有深入的說明，但是在何信全〈儒學與社群主義人觀

---

[24] 《哲學雜誌》第 17 期，1996 年 8 月。

的對比〉²⁵文中，我們看到另一個面向的分析與說明。何先生以社群主義者泰勒（Charles Taylor）為代表，指出泰勒認為只有道德實踐才能顯示人與其他動物的區分，所以泰勒對於人的概念特別關注於道德評價的性質。何先生說：「泰勒認為自我身份不應由身體的性質去描述，而應著眼於人在其存在背景中得以滋養而成的道德性質」。他又分析泰勒的觀念說：「人的價值評估乃是在其成長的背景中形成，脫離了某種價值、效忠與社群成員的身份，即無法成為一個完整的人之主體」。換言之，價值是在社群中形成的，在社群中，人也才有意義。何先生指出：「泰勒強調人的社會性格，並非側重在人的身體無法離開社會獨存，而是強調人只有在社會中才能發展其自身各種潛在能力。蓋生活在社會之中是人的理性發展，以及成為一個道德主體或負責任的、自律的存有之必要條件」。亦即泰勒主張人生存於社會中以發展其理性與道德，乃是積極地運用自由去追求自我的實現，何先生又指出：

> 泰勒並不認為自我實現只是一種單純的選擇而已，而毋寧是對「自我本真」（authenticity）的探索，並推擴至人際之間的溝通互動，使自我成為一種社會存在。質言之，本真無法脫離社會性的承認（social recognition），此種人際之間彼此承認亦非先驗的，而是在人際交往中形成。然而，此種社會人際交往不能是一種工具性的關係，否則就自我本真的實現而言，乃是既荒誕又枉費心機，此則有待於一種「意義的視域」（horizon of significance）。泰勒特別強調

---

²⁵ 副標題「以孟子與泰勒為例」，收入劉述先主編《中國思潮與外來文化》（第三屆國際漢學會議論文集-思想組）。

> 此種意義的視域對於自我身份的重要性，而其來源則是自
> 身所處社羣之語言與文化，亦即自我在其所浸潤之語言與
> 文化背景中形成。

由此可見，社羣主義著重個人與群體的關係，此關係須建立
於人在社會生活中所建立的道德價值的真實，而此實在性又來自
於個體所處社羣文化背景中之意義脈絡。

何信全先生的論文主要是以儒學中的孟子與社羣主義對比
[26]，而筆者在此則以〈六德〉的倫理思想回應之。

〈六德〉之德性觀念乃以論述人與人之間應有倫理爲其理論
目的。從父與子開始，其關係即身而爲人所無法逃避的，此除了
顯示人不是個別地存在於世上外，更顯示人必然地與同類的他者
關連，而其中的關連性就在人倫的道德價值。換言之，當個體意
識到自我的存在時，將進而透過父兄長輩得知個我與家庭乃至家
族的聯繫，因而有了族群的觀念以及面對維繫族群的實踐要求。
對個體而言，家庭或家族乃其基礎的群體關係，然而〈六德〉認
爲道德實踐者其實要面對的群體範圍更大，所以它說爲仁義者需
減少與「四鄰」的衝突，又云爲人子之義務的場域在「社稷」，凡
此皆蘊含個體與群體的關係，亦可謂上文所述現代社羣觀念。惟
儒學強調群體活動的相互聯繫當由個別身份與職能所應擔負的責
任建立起來，而其實踐的根據在六種德性，其中最重要、最根本
的則是父與子的德性。從現代意義來看，儒學強調維繫父子關係

---

[26] 何先生認爲泰勒與孟子皆從道德意義建立人的觀念，皆貶抑工具理性的運
用，不以社會爲個人追求利益的工具，而是將社會視爲實踐價值的人文場域。
但是就倫理學性格而言，泰勒爲目的論者，孟子爲義務論者，後者具有先驗的
道德主體的觀念，泰勒則是強調人作爲社會存在，並非先驗之主體。

的德性，當符合人在群體或社羣中活動之基本的價值實現，尤其〈六德〉所謂父德之教誨，或云聖智者之「作禮樂、制刑法」之教化，更意謂個人在群體生活中受文化背景之洗禮。尤有進者，子德之仁之對待長上，以及父德之聖之看顧晚輩，皆可作為開放概念與成素，而普遍化到現代社會或社羣以為核心價值觀念之一。而且，人如果不能就其最基本的人倫或群體盡到責任，則遑論擴大至社羣來體現種種價值與實現自我。由此可知，儒家哲學確實可為社羣主義的實踐提供理論上的助力。

古代除了父子倫理之外，則是夫婦與君臣。夫婦與君臣的關係在現代社會中雖不必然存在，然而就人之有男女關係和在社會上須與人共事而言，夫婦、君臣之倫理亦可普遍化至現代社羣關係中來看待。首先，從現代兩性平權觀念的角度來看，雖然古代父權社會造成夫婦關係之間的兩性地位的落差，不過儒學所關注的是人倫價值的呈現與維繫，故〈六德〉對夫與婦之德的論證不在促使男女之間的不平衡，而是肯定夫德之智之率人與婦德之信之從人的實踐，並且使得家庭與家族得以延續，其理論目的在人倫的永恆性。反觀現代男女關係雖不受夫婦人倫所籠罩，然而對於關係的堅貞與永恆、男女之間彼此的互信互助，古往今來，人莫不有此實踐要求。因此，智德與信德仍存在其價值與意義，而可作為〈六德〉開放且普遍的成素來看待。

至於君臣關係，其乃古代宗法社會與政治體制所造成的，而現代國家組織與體制並不存在著這種制度，然而上下位階之間的關係，在現代行政組織與法制政治裏則演變為上司與下屬的關係，而唯一不變的是權力的運作。雖然，現代人一般皆被要求執事，尤其社羣生活更免不了與他人謀事，但在相互關係中，為了

籌畫公共事務並完成之，人人皆應當有其責任，故針對職責的存在有其必要性而言，〈六德〉所謂君德之義與臣德之忠因而有其相應之處。誠如上章所述，儒學所肯定之在上位者乃因其踐履道義，而非「施祿」之行為，又在下位者回應上位者的道義，當然盡忠職守，而非只是服從上對下的命令。因此，君臣之間不應建立在權力與利益之關係上，而應根據道德價值充實君臣人倫所具有之職能。進而言之，〈六德〉將君臣視為外在人倫關係並賦予價值觀念，實可以之對應現代人如何看待自己職責之完成。倘若由現代行政體制或組織運作觀之，則在考量上下職位的屬性關係時，將只看到君上與臣下的職能可以有其效果，然而若就人人皆有完成事務的動力而言，則義德與忠德實可作為活動根源而能更有效地完成職務。換言之，「義」與「忠」之德性普遍化到現代人的行事環境中，當可應對組織或體制運作之各個階層的負責人，作為他們為何可以就其本分來行為處事的依據，而非只是由於表面的利益關係或權力強制才驅使人須完成工作，如此則群體生活或社羣關係的價值與秩序才不致被扭曲。

六

余英時〈從價值系統看中國文化的現代意義〉一文中反省說：「中國現代化的困難之一即源於價值觀念的混亂；而把傳統文化和現代生活籠統地看作兩個不相容的對立體，尤其是亂源之所在」。余先生指出極端的保守論者過於強調中國文化全面地高於西方，因此對中西雙方價值系統不肯平心靜氣地辨別其異同。而激

進的西化論者在自覺的層面完全否定了中國文化,自然不可能再去認真地考慮它的價值系統問題。更甚者,這兩派人在攻擊或衛護中國文化時,將價值系統與古代某些特殊的制度與習慣牽混不分,那更是一個不易避免的通病[27]。換言之,價值系統的問題的澄清乃是中國文化面對現代化的關鍵[28]。再者,倘若余先生所說那些心存偏見者不是常態分佈,則我們也願樂觀地相信,具有反省意識的人能夠客觀地看待各種文化間的異同,並試圖相互包容或是避免衝突。尤有進者,余先生作為歷史學者的睿見,指出文化意識與價值觀念的釐清與普遍化,在現代世界的實現尚有許多可以努力實踐的空間。而儒學作為現代學術的研究對象之一,從其傳統對人文化成天下的肯定,到現代與西學的交流中,我們可以發現,成就文化價值依然是儒學的核心觀念,此點從古自今都沒有被否認過。黃俊傑先生分析儒學宗教性在空間範疇中的展開時說:「在儒家傳統中,『宗教性』融入於『禮教性』之中,徹底展現中國文化中『宗教』的『人文化』的性質」[29]。換言之,面對現代詰問儒學是不是宗教時,我們可以確定的是儒家之人文化不僅契合現代宗教精神,更是契接現代世界的傳統觀念。由此觀念綜合上文的研究,可見郭店楚簡儒家哲學的現代意義不僅是展現宗教人文化,而且在政治、歷史、福祉、自我、社會等所有關乎人的存在意義的面向,其儒學的義理性格都莫不以人文化豐富這些

---

[27] 同註 16,p.50。

[28] 石元康先生認為哲學面對現代化有三個問題:(1)對自己的傳統的探究,(2)對於現代性的探究,(3)對於一些在兩個傳統照面時所碰到的較為抽象的哲學問題的探究。參見〈現代化與中國當前的哲學課題〉。筆者認為,前述三個問題指出儒家哲學面對現代化的首要工作即是價值觀念的釐清。

[29] 同註 12。

生命發展的面向。

附錄一
《郭店楚墓竹簡》出版十週年（1998-2008）
之思想研究現況述評

前言

　　1993 年大陸湖北省荊門市郭店村所發掘的戰國楚墓竹簡[1]，經整理後，全部竹簡釋文由北京文物出版社於 1998 年 5 月公布出版[2]。根據筆者於 2003 年開始蒐集所得之《郭店楚墓竹簡》相關研究資料來看，專書有 113 筆[3]，單篇論文有 780 筆[4]，研究成果不可謂不豐；倘若不是受限於國外資料庫的使用、外語書籍與國外研討會論文的蒐羅不易，則筆者能蒐集到的有關郭店楚簡研究資料的實際數量理應更多。值此《郭店楚墓竹簡》出版十週年之際，筆者以中文著作為主，歸納學者們對郭店楚簡文獻的哲學思想方面的研究成果，並以述評之方式呈現。

---

[1]　郭店楚墓背景資料參考湖北省荊門市博物館〈荊門郭店一號楚墓〉（《文物》，1997 年第 7 期），荊門市博物館編《郭店楚墓竹簡‧前言》（北京：文物出版社，1998 年）。

[2]　圖版釋文附有整理者的註釋與裘錫圭先生的按語，後續的其他釋文則有涂宗流、劉祖信《郭店楚簡先秦儒家佚書校釋》（臺北：萬卷樓圖書，2001 年），李零《郭店楚簡校讀記（增訂本）》（北京：北京大學出版社，2002 年）。

[3]　含研討會論文集、期刊專號與博碩士論文，但若博碩士論文有出版者以出版項為主。

[4]　含報刊類、網站發表類；但收入郭店楚簡研討會論文集、期刊專號、專書和以郭店楚簡為博碩士論文中者均不計入。另外，一稿多投者以筆者手邊收集到或較常被瀏覽的期刊為主。

一、老子

有關竹簡《老子》的探討主要表現在思想史、先秦儒道關係與老學詮釋等三面，筆者以下依序說明。

第一：竹簡《老子》在思想史中的地位。

研究者主要以文獻版本為其思考的起點，有關這方面的討論甚多[5]，筆者歸納為三個問題。第一，文本的年代與文本的優劣。這是指竹簡《老子》、帛書《老子》與各通行本《老子》（主要以王弼本為對照本）等三種版本在成書的過程中是否會產生字詞、文句、分章乃至思想方面的精粗問題，由此進而思考《老子》文獻原來的樣子。第二，重新編輯文本的問題。這是因為從先秦一直到東漢，書籍不斷經歷後人的整理，所以《老子》一書的內容在此一時期，即常處於為人更動、編排等情形，直到魏晉之後，才逐漸確定各通行本的樣貌。筆者認為這裡要思考的不只是書目、版本、校勘等技術性問題，還有編輯者的思想因素，而它所延伸出來的第三個議題就是編輯者的時代背景問題，例如丁四新

---

[5] 詳細書目請參考本書附錄二。其中丁四新《郭店楚墓竹簡思想研究・第一章 簡本《老子》考及其與帛書本、通行本的比較》（北京：東方出版社，2000 年）與郭沂《郭店竹簡與先秦學術思想・第二卷・第四篇 郭店竹簡與道家及其文獻》（上海：上海教育出版社，2001 年）二書對於正反兩方之意見討論甚多，可供參考。另外，其他代表性論文還有劉笑敢〈從竹簡本與帛書本看《老子》的演變──兼論古文獻流傳中的聚焦與趨同現象〉（武漢大學中國文化學院編《郭店楚簡國際學術研討會論文集》，武漢：湖北人民出版社，2000 年）、黃人二〈讀郭簡《老子》並論其為鄒齊儒者之版本〉（出處全前）、彭浩〈郭店一號墓的年代與簡本《老子》的結構〉（《道家文化研究》第 17 輯（「郭店楚簡」專號），北京：三聯書店，1999 年）、王博〈關於郭店楚墓竹簡《老子》的結構與性質──兼論其與通行本《老子》的關係〉（出處全前）。

〈簡、帛、通行本《老子》的文本關係及思想區別〉[6]在討論竹簡《老子》的版本問題時即特殊地提出「創作性的文本」的說法。

筆者認為,事實上我們所面對的文本或文獻都是那些活生生出現在我們面前的語言、文字所記錄的內容,它是研究者理解古代思想並進行哲學詮釋的材料,也是我們詮釋活動的客觀依據。然而面對出土文獻所帶出的可能性,有些研究者即因此推測出可能存在的記載形式,或指出可能還有尚未被發現的文獻或文本,並以此做出種種設想與判斷,例如是否存在著「原本」的《老子》,若是,則它是如何存在著?或是對竹簡本、帛書本、河上公本、王弼本、傅奕本等《老子》的不同版本做出內容高下的評判。筆者認為,若沒有預設理論價值高低的問題,則就文本的理解與詮釋而言,應當對那些假設的文本或文獻存而不論。因為當可能性還未成為事實時,就只能是猜測,尤其是文字形式之類的傳達。再者,儘管在文獻的流傳上有整理、修改、編排等情形,但若透過考證的抽絲剝繭,應可推導出文獻流傳的過程,進而瞭解思想傳衍的可能性。不過,如果我們沒有熟悉文獻學與考證的論證效力之所在,就試圖擴張這些學科的工具性,則難以避免將思想的立論依據建基於不明確的事實上,更無法將我們的理解還原到文獻中,而終將徒顯哲學詮釋的不確定性。

基於以上的反省,筆者進一步提出三點回應。首先,有關從《老子》文本的成書時間來判斷先後版本存在著思想優劣的狀況。筆者認為從解經的傳統來看[7],《老子》文本的流傳就是理解活

---

[6] 詳見《郭店楚墓竹簡思想研究・第一章第四節》,p.57。

[7] 經學雖然是從西漢初年才建立起來的傳統,但是解經的活動卻可溯源到先秦諸子的學術活動,因為「經」在先秦(即使到了漢代)並非圈限在後世所謂儒家的經典。所以筆者認為解經的傳統就是一種詮釋的歷程。在古人的想法中,這

動的結晶，而在這個文本詮釋歷程中沒有思想意義上的孰優孰劣，只有顯現出哲學發展的不同脈絡，如丁原植〈就竹簡資料看《文子》與解《老》傳承〉[8]就提供我們探討文子思想對於老學闡釋的研究途徑。因此我們保留文本的多樣性，而不去討論可能文本的存在問題，更避免以假設的文本來評斷其他文本內容的正誤與否。也就是說，我們不去預設有一個原本的《老子》可作為參考標準，或是以竹簡《老子》作為現有的標竿來論斷歷來《老子》的文本與思想詮釋者的價值。因此，我們對於文本原樣的追問則可轉換為以下的提問：老子思想的樣子應該為何？當我們這樣提問時，既非將老子思想侷限在書籍經典中，更不是主張可以絕對客觀地還原老子思想的原貌，而是採取開放的態度來理解思想的可能性，以避免停留在探討有多少種可能存在的文本。

再者，關於《老子》作者或文獻編輯者的背景問題。就方法而言，古代學者對於文字語言的運用與文本章節的劃分，都應與其自身對哲學的思考聯繫起來。以此反思現代讀者的處境，我們必須瞭解到現在的傳世文獻都經過漢朝人的整理[9]。而漢代雖然去古未遠，但在語言文字的隔閡（從六國文字到漢隸）與戰火的侵擾（秦火與楚漢相爭）等因素下，其思想的傳承便出現了一些記載形式上的困境，所以漢代對於先秦文獻的整理勢必存在著重新理解的狀況，亦即從理解前朝思想的歷程來看，漢代人對文獻的

種思想活動沒有文本分類的問題，唯因歷史上獨尊儒術的政治因素，故以解經為其主要活動的經學才劃歸為學儒者所為。縱使如此，人們對古代經典的詮釋行為仍未曾間斷過。有關經與經學的背景筆者參閱了蔣伯潛、蔣祖怡《經與經學‧第一章 所謂「經」》（上海：上海書店出版社，1997年）。

[8] 《道家文化研究》第17輯。

[9] 詳見蔣伯潛《十三經概論》之緒論一‧二部份（臺北：宏業書局，1981年）。

整理顯現出一種再認識。筆者的論點不只是出於歷史事實的觀察，而是人的理解活動本就存在著不斷更新的作用，特別是面對「恢復」古代思想來從事學術活動時，理解即產生詮釋，並發展思想。例如劉笑敢〈從竹簡本與帛書本看《老子》的演變〉[10]即是從語言形式探討老子思想的發展現象，並指出這些現象會造成重要的哲學概念或術語的同化趨勢，如「無為」與「無為而無不為」；但也有失真的情況，如「絕聖棄智」與「絕仁棄義」。就版本比較而言，筆者同意劉文所作的歸納。然而，筆者認為古人對《老子》文本的整理不應只落入增益、完善或扭曲、減損老子思想的分判，而應該意識到我們在歷史的契機下遇見另外一種學術意義。換言之，面對這些（出土文獻）文本的內容不應有判教的問題，亦即不是時代越久的《老子》文獻就擁有絕對的價值，或者以為出土文獻的現身並無改於後人對老子哲學的詮釋。對於簡帛研究者來說，我們只是正好站在一個偶然的歷史優勢，看到前人所未見的文本，或是說我們正好窺見了歷史的某個樣貌，不過我們也必須保守地說這個樣貌並非歷史的全貌。再者，即使研究者對古代思想的原樣可以有很多的臆測，然而客觀上仍應當藉由種種合理的程序來使古典哲學有全幅的展現，因此，當我們面對經典文獻時，除了通過傳統以訓詁、考證為主的解經方法與「國學進路」外，在理解經典的意義上還有「哲學進路」得以相輔相成。[11]

　　第三個回應則是針對上述第一個問題而來的。筆者認為，若

---

[10]　該文副標題為「兼論古文獻流傳中的聚焦與趨同現象」，收入武漢大學中國文化學院編《郭店楚簡國際學術研討會論文集》。

[11]　關於「國學進路」與「哲學進路」的方法學意義，筆者參考袁保新〈秩序與創新─從文化治療學的角度省思道家哲學的現代義涵〉（《鵝湖》第 314 期，2001年 8 月）。

我們能對出土文獻保持上述的客觀態度，則對《老子》文本的推測應不成問題。將出土文獻視爲創作性文本或許是個回答，但如此說法卻可能意味著主觀的態度。因爲從哲學史的發展來說，文本出現的次序或許存在著創新的可能，比如竹簡《老子》相對於帛書《老子》，又帛書《老子》相對於王弼本《老子》，甚至還可以假設竹簡《老子》之前還有更古的版本留存著，然而這樣的假設如果都未經反省，則創造性文本的說法將只會使文獻與作者（詮釋者或編輯者）跟歷史割裂了，所以需慎重地面對創造性觀念所隱含的主觀性。另外，我們也應避免將《老子》文本在思想史的地位及其研究價值等問題保留在書目版本或考據中，亦即我們沒有充分的理由來判定《老子》文獻是近古的最好。對哲學研究者而言，語言文字背後的思想以及詮釋理路所蘊含的意義世界才是關懷的所在。

第二：竹簡《老子》所顯示的先秦儒道關係。

由於通行本《老子》書中雖明顯出現反對儒家仁義的文句，但其文句卻未出現在竹簡《老子》中，如「絕聖棄智」（王弼本〈十九章〉）簡文作「絕智棄辯」（甲本）；「絕仁棄義」（同前）簡文作「絕僞去詐（作）」（甲本）；「大道廢，有仁義」（王弼本〈十八章〉）簡文作「大道廢，安有仁義」（丙本）；「六親不和，有孝慈」（同前）簡文作「六親不和，安有孝慈」（丙本）。因此，竹簡《老子》思想的研究便涉及戰國早期的學術發展是否蘊含援儒入道、援道入儒[12]、儒道相謀[13]、儒道互補或互濟[14]以及儒道兼習[15]等論述。由此可知，主

---

[12] 周鳳五〈郭店楚簡的形式特徵及其分類意義〉（《郭店楚簡國際學術研討會論文集》）；黃人二〈讀郭簡《老子》並論其爲鄒齊儒者之版本〉（出處全前）。

[13] 李存山〈從郭店楚簡看早期道儒關係〉（姜廣輝主編《郭店楚簡研究》（《中國哲學》第 20 輯），瀋陽：遼寧教育出版社，1999 年）。

張竹簡《老子》表現儒道關係的關鍵，在於看到不同的《老子》傳本所記載之文句不同的緣故，而還沒涉及到理論系統的問題。筆者所謂系統的問題是就理論的開放性而言，意即儒道二家的理論各自能夠補益、修正對方的優缺點，進而充實自身的體系，顯現「儒道互補」的情況。但是誠如陳德和先生所考察的，「儒道互補」的論述在當代學者的研究中是多義的，然而最終仍應在對話中保持各自學理的完整性才是[16]。因此，如果只是文辭記載之差異的因素，那麼帛書本與王弼本《老子》版本應當也各有其立論的基礎。如此，則無須評斷他們必然不合於老子思想的原貌，也就是說儒道互不互補、老子思想反不反儒，單只訴諸版本流傳的不同來立論，未免流於獨斷，況且論據也不夠充分。再者，根據《老子》版本的文句差異，我們固然可以說出土文獻有儒道互補的可能，但卻不能因此斷定儒道互補是某種學說的「原樣」。雖然從理論自身的發展可以推斷思想開始的型態，但是面對既有的文本進行詮釋纔是論證效力比較可靠的方法，所以筆者對用儒道互補的型態來詮釋道家思想史的作法持保留態度，因為，如此解讀文本乃是沒有反省儒道互補的詮釋預設能否合理地解釋文本使然。

　　第三：有關老子哲學的詮釋。

　　由研究者們對楚簡《老子》哲學的表述用語，如處世哲學、修身養德、非理性的直覺思維、治世準則、主體能動性、精神之

---

[14] 張立文〈論簡本《老子》與儒家思想的互補互濟〉（《道家文化研究》第 17 輯）。

[15] 劉澤亮〈從郭店楚簡看先秦儒道關係的演變〉（《湖北大學學報》，1999 年第 2 期）；劉宗漢〈有關荊門郭店一號楚墓的兩個問題—墓主人的身份與儒道兼習〉（姜廣輝主編《郭店楚簡研究》（《中國哲學》第 20 輯））。

[16] 〈儒道互補論的辯析與詮定〉，此文收入《儒家思想的哲學詮釋》（臺北：洪葉文化，2003 年）。

自由、形上與形下之境界、本源性的存在、宇宙論、生成論、宇宙生成規律、本體論、最高實體等來看，可見現代學者在哲學詮釋上所做的努力[17]。筆者曾以老子的「天道」思想爲線索[18]，指出研究者們對楚簡《老子》的理解都可劃歸在「客觀實有」與「主觀境界」二個詮釋架構中[19]。換言之，楚簡《老子》的出土並未徹底改變當代中國哲學對老子哲學的詮釋。然而，藉由出土文獻的特殊機緣來檢視楚簡《老子》本文，實則能讓我們對於當代老子哲學研究有更深刻的啓發。此由於考據證據顯示，楚簡《老子》分爲三篇[20]，而無論這些文獻被認爲是一部書或是節錄本，乃至於是原本，它所帶給現代人的是另一種文本與文字記錄。在如此情況底下，當研究者再以當代哲學詮釋進路來解讀楚簡《老子》時，我們能否在其中發現某種研究現況呢？面對出土文獻的研究，筆者認爲，我們可後設地從研究進路來觀察，並反省當代學者的詮釋架構來確認天道思想的形上意涵，進而根據主觀境界以及實踐的存有論來貞定楚簡《老子》的天道概念所應有的意義。否則，我們對老子哲學之形而上意義的領會將會陷入西方傳統形上學的框架中，而造成理論內涵的分裂。另外，筆者也認爲我們應從文獻的還原中再次確認天道的形上意涵需從價值理序的理論規範中

---

[17] 沈清松〈郭店竹簡〈老子〉的道論與宇宙論—相關文本的解讀與比較〉(《哲學與文化》第 26 卷第 4 期，1999 年 4 月)可爲代表。又例多不盡舉，其他論文請參見註 5 所提供的研究資料出處。

[18] 以下所述根據〈從當代老學詮釋架構論郭店楚墓竹簡老子的天道思想〉，《通識教育與跨域研究》第 4 期，2008 年 7 月。

[19] 有關這二個詮釋進路的比較反省，可參閱袁保新《老子哲學之詮釋與重建》(臺北：文津出版社，1991 年)。

[20] 楚簡《老子》依楚簡形制的不同分爲三組，而且沒有帛書《老子》「道篇（經）」「德篇（經）」的分別，分章也不明確。詳見荊門市博物館《郭店楚墓竹簡·前言》及同書〈老子釋文注釋〉的說明。

來理解，以免境界型態的形而上學被推測為主觀的設想。再者，藉由天道思想的天文背景，亦可指出楚簡《老子》在考據成果之餘，還需從天人關係的互動中來理解，才不至於誤以為道家哲學是「蔽於天而不知人」(《荀子·解蔽》)，而形成一元、單向的想法。如此一來，凡以宇宙生成論、宇宙本體論或形上實體對楚簡《老子》所作的詮釋說明，即與文本間存在著不一致的解讀，而這主要是來自古代文獻之研究者的詮釋立場與取向的不同。換言之，倘若研究者未對詮釋進路有所澄清，即用某些意識型態來解讀楚簡《老子》，則將造成過度詮釋。現今出土文獻的思想研究未能被人重視之原由，實乃因研究者的思維架構依然停留在當代中國哲學詮釋之成果中，故在方法論與詮釋架構未能有所修正或突破下，面對古典文獻的新材料亦難以引起反省意識。

二、太一生水

　　關於〈太一生水〉的研究現況，譚寶剛〈近十年來國內郭店楚簡《太一生水》研究述評〉[21]提供我們回顧的參考，其文中分成幾個方面來說明。一、關於作者、時代和學派屬性，二、太一之名的來源或含意的考察，三、水在太一生水宇宙生成過程中的地位和作用，四、太一生水宇宙生成圖式的描繪，五、太一生水與老子文獻的關係，六、太一生水是宗教神話論還是自然哲學說。有鑑於郭店楚簡整理者指出〈太一生水〉與竹簡《老子》丙組為同一形制與書體，而且他們認為簡文可能與竹簡《老子》丙組原

---

[21]　《史學月刊》，2007 年第 7 期

屬同一冊[22]，所以筆者將譚文的第一、五方面視爲〈太一生水〉與竹簡《老子》或道家的關係的探討。根據筆者的觀察，雖然郭店楚簡整理者將〈太一生水〉、竹簡《老子》丙組分成兩篇來看待，但研究者的討論卻仍以爲〈太一生水〉與當時《老子》的解說有關，甚至認爲它是對《老子》某些經文的闡發。例如李學勤〈荊門郭店楚簡所見關尹遺說〉[23]即認爲〈太一生水〉所述太一生成天地陰陽四時的過程，很明顯就是對王弼本《老子·四十二章》的引伸解說。又郭沂〈關尹：太一本原論〉[24]以爲從簡文「太一」原寫作「大一」，以及老子的「道」又可作「一」解來看，所以〈太一生水〉還包括對竹簡《老子》所說「有狀混成，先天地生，敓穆，獨立不改，可以爲天下母。未知其名，字之曰道，吾強爲之名曰大」(對應王弼本二十五章)進行闡釋。郭文並認爲老子思想是〈太一生水〉「宇宙生成論」的基礎。又陳偉《〈太一生水〉校讀並論與《老子》的關係》[25]則主張不只上述二十五、四十二兩章，從〈太一生水〉所說：「天道貴弱，削成者以益生者，伐於強，積於弱。是故天不足西北，其下高以強；地不足於東南，其上□□□。不足於上者，有餘於下；不足於下者，有餘於上」，這段敘述也與《老子·七十七章》密切相關。上引譚文的述評更主張〈太一生水〉爲老聃(《老子》作者)所作，因而他反對黃釗〈竹簡《老子》應爲稷下道家傳本的摘抄本〉[26]文中所謂〈太一生水〉是稷下道家遺著

---

[22] 荊門市博物館《郭店楚墓竹簡》，p.125。

[23] 收入《郭店楚簡研究》(《中國哲學》第二十輯)。

[24] 《郭店竹簡與先秦學術思想·第三卷·第四篇·第三章》(上海教育出版社，2001年)，p.744。

[25] 《古文字研究》第22輯，2000年7月。

[26] 《中州學刊》，2000年第1期。

的講法，也不認同羅熾〈《太一生水》辨〉[27]認爲〈太一生水〉是戰國中後期楚國黃老道家的作品。筆者認爲不只是〈太一生水〉文中沒有《老子》經文，而且《老子》文中也沒有「太一」一詞，顯然可見在考證上無法直接證明二者之間的關係，故知研究者對簡文作者與學派的判斷當屬推測。唯筆者認爲，〈太一生水〉與《老子》的關連可從比較其思想皆蘊含天地萬物生成次序的觀念來探討。

　　至於上引譚文第二方面的述評，筆者將其歸納爲「太一」概念所引起之與道家、數術關係的探討。譚文認爲「太一」首先是道家老聃的哲學概念，而不是來自於數術的星名或宗教的神名。但如上引李學勤〈荊門郭店楚簡所見關尹遺說〉雖認爲「太一」與道家中的關尹一派有關，不過卻在〈太一生水的數術解釋〉[28]中又指出「太一生水」是受數術家的影響，這方面可參考長沙子彈庫楚帛書、漢代《易緯》、《樂緯》、《春秋緯》、〈天官書〉、阜陽雙古堆「太一行九宮式盤」而得知。雖然如此，但李文中也指出郭店楚簡的年代只有「太一歲於水，行於時」的天文術數觀念，尚未與八卦結合形成九宮圖。而莊萬壽〈太一與水之思想探究〉[29]則指出「太一」作爲合義複詞是「大」與「一」的聯合詞組，其意涵皆與道家有關，除了《老子》之外，亦可從《莊子·天下》、《禮記·禮運》、《呂氏春秋·大樂》、《易·繫辭》、《淮南子·本經訓》、《史記·禮書》的記載來理解太一意涵，太一是天地萬物的創造者，也是典章禮樂的本原，莊文中更推斷〈太一生水〉的思想最

---

[27]　《湖北大學學報》（哲學社會科學版），2004 年第 6 期。
[28]　《道家文化研究》第 17 輯。
[29]　副標題爲「〈太一生水〉楚簡之初探」，《哲學與文化》26 卷第 5 期，1999 年 5 月。

近於《鶡冠子》。又魏啓鵬〈《太一生水》札記〉[30]亦認爲「太一」本作「大一」，並且分作「大」、「一」來看待，如此即是《老子》中的道體。

又「太一」作爲數術的概念，同時也引伸至古代天文觀念的探討，上引莊萬壽〈太一與水之思想探究〉即述及太一作爲星神的文獻紀錄，而馮時〈郭店楚簡《太一生水》研究〉[31]除了探討太一在古典天文思想中的記載外，還指出「太一」在古代作爲「極星」的一員，它不只是天文觀測活動的結果，亦可作爲曆法的基礎，進而對農務、政治、宗教、社會等活動產生影響。馮文又指出「天一」、「泰一」皆爲極星，而太一作爲數術的基本概念即來自於「天一」的數字理念：「一」爲「天數」與「陽數」，它是數字的基礎，同時通過奇爲天、偶爲地以及奇爲陽、偶爲陰的設定，數字加「一」減「一」可以形成天地之間的概念與陰陽的相互轉換，所以「一」被借喻爲萬物之源，而成爲「道」的前身。馮文進一步說明，後代數術思想即從「太一生水」到「天一生水」再到「一生水」，使之綜合生成數與後天八卦與五行方位相配合，而有「九宮圖」的觀念。[32]

筆者認爲「太一」不是道家文獻中的專名，因爲除了《莊子》、《鶡冠子》提到之外，《荀子》、《禮記》、《呂氏春秋》、《楚辭》以及馬王堆漢墓帛畫〈太一將行圖〉等皆有太一之名。另外，「水」在天地生成中處何地位，這個問題也非道家思想所獨發。所以〈太

---

[30] 《中國哲學史》，2000 年第 1 期。
[31] 以下所述詳見《出土古代天文學文獻研究‧第二章》（臺北：台灣古籍，2001 年）。
[32] 此可參考《出土古代天文學文獻研究》附錄圖版「九宮八卦方位圖」與「太一下行九宮圖」，p.328。

一生水〉乃是古代太一思想多向發展中的某一記載。再者,〈太一生水〉所述的太一、水、天地、神明、陰陽、四時、滄熱、溼燥等概念,皆是用來說明萬物得以生存發展的基本因素,故「太一」與道家的「道」概念應有相合之處(簡文中肯定太一「道亦其字也」)。又從天文之「天一」觀念來看,太一被當作開始或本源,乃象徵著宇宙變化活動的出發點,而這個始源又隨時運作在其所生化的萬有中而與它們同在,就如數字可分為眾多「一」的總和,以顯現出萬變總不離其源。進而言之,「太一生水」即指出太一是變化的源頭。由〈太一生水〉所謂的「太一藏於水,行於時。周而又始,以記為萬物母;一缺一盈,以記為萬物經」,可知太一應該以「生成天地萬物的根源」來詮釋。另外從數術的觀點來理解太一生水,也反映出古代學者試圖根據太一來規畫人間秩序。尤有進者,筆者認為數術之哲學性應從天道推演人事上來詮釋,《繫辭傳》云:「作易者,其有憂患乎」,此憂患即意謂價值觀感。數術固然有其工具性,但以之做為價值解釋時,則其目的當在從人的實踐困境中提出數術方面的解決之道。

筆者將上引譚文第三、四方面的述評歸納為宇宙論或宇宙生成論的探討。上文所舉魏啟鵬〈《太一生水》札記〉引《文子·道原》、馬王堆黃老帛書《道原》、《淮南子·俶真訓、精神訓》說明「水」是太一生成天地萬物中的一種過渡狀態[33]。龐樸〈一種有機的宇宙生成圖式〉[34]先指出「水反輔太一」是由「太一生水」之化生而來,其宇宙論不同於《老子》與《易》的宇宙論,後又於〈「太一生水」

[33] 有關「水」的概念亦引發魏啟鵬〈《管子·水地》新探〉探討南方楚地文化重水的傳統可與〈太一生水〉相呼應。該文收入《楚簡〈老子〉柬釋》(臺北:萬卷樓圖書,1999年)。
[34] 副標題為「介紹楚簡《太一生水》」,收入《道家文化研究》第17輯。

說〉[35]進一步將「太一」與「水」的關係視爲具有輔助功能的母子關係。龐文認爲〈太一生水〉在水之前加上太一，乃是以普遍本原代替具體本原。又比利時學者戴卡琳（Carine Defoort）〈太一生水初探〉[36]認爲〈太一生水〉的宇宙論背景與宗教、政治、兵戰有關。另外將〈太一生水〉關連到其他古典理論的則有葉海煙〈〈太一生水〉與莊子的宇宙論〉[37]，該文指出〈太一生水〉的宇宙觀可與《莊子》的天人關係作比較。或如王志平〈〈太一生水〉與〈易〉學〉[38]申論〈太一生水〉具備《易》學天道觀的理路。

有關研究者對於〈太一生水〉採取宇宙論的哲學詮釋方面，筆者以丁四新〈《太一生水》考論〉[39]爲代表來討論。丁文認爲太一概念是哲學本體論及宇宙論的說法，且將太一分爲形上形下兩種狀況。丁文認爲太一的超越性可以即物而存，所以太一的形上規律已經規定了太一可以存在於形下的狀況中。另一方面丁文又指出太一所具備「生物者不生、物物者不物」的超越性可統一形上形下二種存在，這說明了太一可以內在於萬物。筆者認爲，丁先生既標舉出太一爲「本體」，又以爲太一可以超越生物並即物而存，如此不免混淆形上學與宇宙論的界線，而且從本體的概念來說，也無法表達出〈太一生水〉所強調的在生成過程中，水、天地反輔太一，神明、陰陽、四時、滄熱、燥溼等相輔成歲的互動世界觀。再者，西方傳統「宇宙論」（Cosmology）概念乃在於探

---

[35] 收入《郭店簡與儒學研究》（《中國哲學》第 21 輯，瀋陽：遼寧教育出版社，2000 年）。

[36] 劉海波譯，收入《道家文化研究》第 17 輯。

[37] 《哲學與文化》第 26 卷第 4 期，1999 年 4 月。

[38] 副標題爲「兼談中國古代的宇宙論」。收入李學勤、謝桂華主編《簡帛研究 2001（上冊）》（桂林：廣西師範大學出版社，2001 年）。

[39] 《郭店楚墓竹簡思想研究・第二章》，p.90。

究變化的因果關係、變化現象背後的因素,以及宇宙的本質、結構和起源等等思辨問題,而不涉及社會、人生或價值理論。相較於中國古代的宇宙論,則其所謂的「天、地、人」乃皆有其相互關係,亦即中國哲學的宇宙論目的在解決人生和政治問題,而非探討客觀對象的自然性,所以「太一」除了做爲天文學的星宿外,它並不具備實在的客觀性。換言之,〈太一生水〉只有在古天文思想方面才有宇宙論意義,就其本文的脈絡而言,它與西方哲學仍有詮釋架構上的差異,那麼逕自援引如宇宙本原、宇宙本體、形上實體、終極創造者等概念來說明〈太一生水〉的思想或主要概念,是否會造成詮釋上的混淆?筆者於此持保留態度。

最後,關於「太一生水」是宗教神話論還是自然哲學說的述評,筆者認爲這方面所涉及的是以(廣義的)宗教思想來解讀簡文。上文已指出,在古代天文觀念中,「太一」於宗教崇拜上將祂當作「北極神」(星官),李零〈讀郭店楚簡太一生水〉[40]對此作了更詳細的說明。其文中指出「太一」有三種含義:一、哲學上的終極概念,它是道的別名,也叫「大」、「一」、「太極」。二、作爲天文學上的星官,它是天極所在,斗、歲(太歲)遊行的中心。三、作爲祭祀崇拜的對象,它是天神中的至尊。另外,李文從考古的「圖學」看《太一生水》,以爲它有三個視覺材料可供參考:一是戰國「兵避太歲」戈,由大一神和三龍組成;二是西漢馬王堆《避兵圖》(或作〈太一出行圖〉),其組成同前圖,但多四個武弟子;三是東漢曹氏朱符,一星在下、三星在上,點線連接如「Y」,有「大、天一」三字。李文更進一步說這些圖就是古書所說的「一星在後、三星在前」的「太一鋒」,它是由「太一一星」合「天一三星」所

三星」所組成的。三星即古書所說天一、地一、太一,而天一是
青龍,地一是黃龍,太一是天一、地一的合題,其與「太一一星」
不同。而《太一生水》所說「太一藏於水」的太一,其地位與「太
一鋒」的第二個太一相當[41]。李文結論認爲《太一生水》的內容屬
於宇宙論,與數術之學關係最大,而同陰陽家特別是道家最密切。
另外張思齊〈太一生水與道教玄武神格〉[42]文中則指出道教玄武神
來自太一神信仰,而玄武神尚黑、主北、屬水,正與太一作爲北
方星宿之神有關。筆者認爲探討「太一」與宗教崇拜相關之問題
者,乃是帶有後設意味的觀點,因爲太一作爲一個宗教對象而爲
我們所熟知,尤其是成爲道教活動中的神祇,乃是漢代之後的事。
但是隨著〈太一生水〉的出土,確實提供我們一條往前溯源的線
索,簡文使我們確認古人對「太一」觀念的瞭解不只是把它當作
天文學的對象,而且祂在信仰面向的發展,至少在戰國後期已經
出現脈絡。

　　上引譚寶剛〈近十年來國內郭店楚簡《太一生水》研究述評〉
的結論中指出,〈太一生水〉的研究仍有四個方面尚待挖掘,一是
太一生水的宇宙生成論與《黃帝四經》天道環周論有何關連[43];二
是太一生水的宇宙生成論是否與社會人事有關;三是太一生水的
宇宙生成論與簡文所謂「必托其名」、「亦托其名」有何內在關連;
四是太一生水理論是否有缺陷。筆者認爲,〈太一生水〉的思想乃
是立基於對天道(天文、數術)的經驗事實,並表現古代學者如

---

[41] 李零〈三一考〉中認爲,水、天一、地一組成另一種「三一」觀念。《哲學與
文化》第 26 卷第 4 期,1999 年 4 月。
[42] 收入武漢大學中國文化學院編《郭店楚簡國際學術研討會論文集》。
[43] 這點是受到魏啓鵬〈《黃帝四經》探源〉的啓發,該文刊於《中國哲學》第 4
輯(北京:三聯書店,1980 年)。

何看待人類所生活的世界。此一文獻內容並未解釋何謂太一、天地、神明、陰陽等主要環節的概念，而是直接就觀察所得提出對宇宙變動的理解，故其相應的詮釋應是視太一的活動過程乃在說明週而復始的世界觀，以及指出太一做為萬物母、萬物經的根源。再者，古人是從實在的生活世界來詮釋他所觀察到的內容，那麼那些根據宇宙生成過程、存在物的本質、現象背後的因果律則等知識理路所建立之終極存有者、形上本體、宇宙實體等的詮釋觀點，即與古典文獻存在著不相應的理解，這也提醒我們唯有釐清概念詞語才能精確地詮釋古代的宇宙觀。

三、緇衣

郭店楚簡〈緇衣〉[44]除了作為出土文獻為研究者所關注外，更由於《禮記・緇衣》(今本〈緇衣〉)在文獻出處上曾被視為《子思子》之一篇[45]，而使這篇簡文引起許多有關子思學派的討論，關於這部分的問題留待下篇〈魯穆公問子思〉再討論，以下單就楚簡〈緇衣〉的思想研究來述評。

郭店楚簡〈緇衣〉思想研究的現況可分為二方面，一是通過章句訓詁的方式，演繹簡文的義理，例如劉信芳〈郭店簡《緇衣》

---

[44] 郭店本〈緇衣〉釋文有：荊門市博物館編《郭店楚墓竹簡》，涂宗流、劉祖信《郭店楚簡先秦儒家佚書校釋》(臺北：萬卷樓圖書，2001 年)，李零《郭店楚簡校讀記（增訂本）》，劉信芳〈郭店簡《緇衣》解詁〉(武漢大學中國文化學院編《郭店楚簡國際學術研討會論文集》)。

[45] 《隋書・音樂志》記載蕭梁時人沈約云：「中庸、表記、坊記、緇衣，皆取子思子」。

解詁〉[46]除了考證簡本〈緇衣〉各章外，還分析簡本〈緇衣〉一至四章討論好惡之理；五至九章討論上下之理；十至十三章討論教刑之理；十四至十九章討論言行之理；二十至二十二章討論交友之理，進而指出簡本最後一章（第二十三章）綜括全文，以「恆」作為討論的終結。劉文並且認為好惡、上下、教刑、言行、朋友等關係，都以恆為其基本要求。換言之，「恆」觀念是最後一章的核心，也是〈緇衣〉的基本思想。

上述的研究取向實亦包括文獻學的方法，亦即通過簡本與今本〈緇衣〉在個別字詞上的使用不同來比較二者思想差異，例如彭浩〈郭店楚簡〈緇衣〉的分章及相關問題〉[47]即舉出簡本第一章與今本第二章的不同，並認為後者「緇衣」就賢者說，前者「緇衣」就朝服說。彭文又舉出簡本第十一章與今本第十四章的不同，認為簡本用「邦家」優於今本用「百姓」，因為該章所論乃是君臣關係，並且涉及國家的安危。或如李學勤〈論楚簡《緇衣》首句〉[48]在區分今傳本「好賢」與簡本作「好美」時指出，「賢」、「美」雖然都可與「惡」對立，但是「賢惡」與「美惡」的意義卻有其根本上的不同，前者有明確的道德價值意涵，而後者則沒有。李文認為好賢就是尊賢，也是一種美德，而好美卻蘊含明顯的危險，故不應當提倡。

第二方面的研究現況是從思想到學術史的角度來探討簡本〈緇衣〉與今本〈緇衣〉的關係，並涉及〈緇衣〉作者是否為子思的問題。後一個問題尤其為研究〈緇衣〉者所注意，凡筆者所

---

[46] 收入武漢大學中國文化學院編《郭店楚簡國際學術研討會論文集》。
[47] 《簡帛研究》第 3 輯（桂林：廣西教育出版社，1998 年 12 月）。
[48] 廖名春編《清華簡帛研究》第二輯（北京：清華大學思想文化研究所，2002 年 3 月）。

見探討子思或《子思子》的論文皆有提及。如日本學者淺野裕一〈郭店楚簡〈緇衣〉篇的思想史意義〉[49]即考證〈緇衣〉（包括〈中庸〉〈坊記〉〈表記〉）可能出自子思學派，而且《子思子》與《禮記》皆有〈緇衣〉等四篇文獻。不過，李零《郭店楚簡校讀記（增訂本）》推論「《緇衣》是記孔子之言，子思子和公孫尼子都是傳述者」。換言之，《子思子》與《公孫尼子》可能都有〈緇衣〉這一篇，亦即子思子和公孫尼子同時傳述〈緇衣〉，而孔子才是作者[50]。筆者認爲這就指出〈緇衣〉不能視爲孔門弟子所作出的儒學詮釋，而是孔子之學的直接展示，如此則涉及了以子思學派判斷郭店楚簡的儒學思想的問題。筆者擬於下文再述評子思學派的問題，此處先就〈緇衣〉作爲孔學而言。邢文〈楚簡《緇衣》與先秦禮學〉[51]在探討了〈坊記〉、〈中庸〉、〈表記〉、〈緇衣〉首章文體形式之後，認爲〈緇衣〉諸篇記錄的是孔子之學，由此可知先秦《禮》學與孔子的關係。林素英〈從施政策略論〈緇衣〉對孔子理想君道思想之繼承〉[52]則以今本、郭店本、上博本〈緇衣〉相互對照，並探討緇衣的理想君道表現乃在於好賢惡惡禮敬大臣、謹言慎行以爲臣民表率、君臣良好的互動關係、實踐活動的貫徹等。該文的結論並指出應以「德主刑輔」的思想來看待〈緇衣〉的政

---

[49] 刁小龍翻譯，發表於清華大學思想文化研究所與輔仁大學文學院聯合主辦「新出楚簡與儒學思想國際學術研討會」，2002 年 3 月 31 日-4 月 2 日。後收入謝維揚、朱淵清主編《新出土文獻與古代文明研究》（上海：上海大學出版社，2004 年），又收入淺野裕一《戰國楚簡研究・第四章》，佐藤將之監譯（臺北：萬卷樓圖書，2004 年）。該文另外反對武內義雄將〈中庸〉等四篇置於戰國末至秦初的說法，並引用馬王堆帛書《周易》、易傳及郭店楚簡以爲證明。

[50] 參考李書 p.70-71。

[51] 收入武漢大學中國文化學院編《郭店楚簡國際學術研討會論文集》。

[52] 副標題爲「兼論簡本與今本〈緇衣〉差異現象之意義」，《哲學與文化》第 34 卷第 3 期，2007 年 3 月。

治思想。

上海博物館藏戰國楚竹書有〈緇衣〉一篇[53]，研究者亦有以之與禮記本、郭店簡本〈緇衣〉比較[54]，如王金凌〈《禮記・緇衣》今本與郭店、上博楚簡比論〉[55]以通讀〈緇衣〉爲方法，並從語意分析辨明今本、郭店本與上博本三者之文義的短長。又如鍾宗憲〈《禮記・緇衣》的論述結構及其版本差異〉[56]從文體發展的角度觀察，先指出今本〈緇衣〉有寫法、篇章、思想等三個問題，再以此與郭店本、上博本比較。鍾文在思想方面的結論認爲「好賢」雖是〈緇衣〉的主要思想所在，然而在儒家的治術觀念上，今本〈緇衣〉強調的是一種樸直簡守的自修化民的概念，如用「易事」「易知」來突顯主題，或以「恆德」來呼應「刑不煩」，這顯然比郭店本與上博本所呈現出來的還清楚。

筆者認爲郭店楚簡與上博簡的出土，顯示〈緇衣〉這篇儒學文獻在戰國時期已有一定時間的流傳。誠如東漢經學家鄭玄所云：「名曰緇衣者，善其好賢者厚也」[57]。〈緇衣〉所言包括君臣之道、君臣之德、君臣關係、君民關係、交友之道、言行關係等廣義的爲政之道，故如欲對其作思想研究，則不僅要視之爲儒家的政治觀念，而且也要注意到〈緇衣〉乃是一篇「禮」的記錄。亦

---

[53] 馬承源主編《上海博物館藏戰國楚竹書（一）》（上海：上海古籍出版社，2001年）。

[54] 筆者曾取得虞萬里〈儒家經典《緇衣》的形成〉一文，此乃長達 5 萬多字的講稿，發表於中央研究院中國文哲研究所專題演講（2006 年 11 月 10）。該文稿結合簡文〈緇衣〉，提出文獻學、考據及詞章方面的研究，極具參考價值。

[55] 「新出楚簡與儒家思想國際學術研討會」會議論文。

[56] 收入陳福濱主編《新出楚簡與儒家思想論文集》（台北：輔仁大學文學院，2002年 7 月）。

[57] 《禮記注疏》中孔穎達《正義》疏語引鄭玄《目錄》。

即我們的此研究不只是要參考古代的注疏,更應回到孔子儒學的本懷來探討,由此乃見原始儒家人文之道與德政觀念,故筆者在〈郭店楚簡〈緇衣〉異文詮釋及其儒學意涵〉[58]中即依前述觀點來進行探討。再者,在沒有所謂祖本或原本出現之前,何種版本必然優勝,實是未定之論,因而期待這種絕對客觀文本的出現,在哲學的研究意義上實可謂過於理想。有鑑於此,研究者應該從開放的義理發展角度來看,就會發現版本雖然不同卻都有其闡釋上的價值,而版本間的異文則是歷史因素與脈絡所顯現的哲思過程,如王博〈郭店楚簡《緇衣》研究〉[59]與歐陽禎人〈郭店簡〈緇衣〉與《禮記・緇衣》的思想異同〉[60]皆以爲由於漢代政治氣氛不同於先秦,故漢人在編輯《禮記》時對文句作了調整,而上引劉信芳〈郭店簡《緇衣》解詁〉則是很特殊地推測〈緇衣〉可能是當時南方學者的作品。因此,假如我們肯認楚簡〈緇衣〉與今本〈緇衣〉之間的異文存在著脈絡,並以哲學史爲其內部因素來觀察,則古典文獻的語文脈絡,就不僅是傳達文字通假或缺漏字的可能性,更是我們理解古典義理的基礎,而且藉由文句記錄的不同,我們還可進一步探索出土文獻的詮釋空間。上引拙文的研究即分析楚簡〈緇衣〉與今本〈緇衣〉二者的本文差異,實蘊含著孔門及其後學對孔子思想的理解,這也顯示出土文獻的研究意義。

---

[58] 《東吳哲學學報》第 17 期,2008 年 2 月。
[59] 《簡帛思想文獻論集》(臺北:台灣古籍出版社,2001 年)。
[60] 收入丁四新主編《楚地出土簡帛文獻思想研究(二)》(武漢:湖北教育出版社,2005 年)。

四、魯穆公問子思（子思學派）

〈魯穆公問子思〉的內容主要是記載子思與魯國國君的對話。由於它在傳達為臣之道中，亦隱指當時君上對待臣下的態度問題，故此篇簡文也就成為討論郭店儒簡有關君臣關係的材料。然而由於在文獻學上〈緇衣〉的作者與子思有關，加上在思想史上《荀子・非十二子》曾以「五行」批評子思和孟子，故〈魯穆公問子思〉的內容記錄有「子思」之名便引起研究者對子思學派或思孟學派的探討，筆者將其相關探討於此一併述評。李學勤〈荊門郭店楚簡中的《子思子》〉中說：

> 《漢書・藝文志》於《諸子略》儒家載：「《子思》二十三篇」，並且說明：「名伋，孔子孫，為魯繆（穆）公師」……現存《禮記》一書有四篇同於《子思子》。《隋書・音樂志》引梁人沈約說：「《禮記・中庸》〈表記〉〈坊記〉〈緇衣〉皆取子思子」。沈約的時代，《子思子》正在流傳，他所說自然是有依據的。唐代《意林》一書，引用《子思子》多處，其中二條見於〈緇衣〉；《文選》李善注也引《子思子》兩條，都見於〈緇衣〉，證明〈緇衣〉確實出於《子思子》。[61]

李文從先秦典籍成書的狀況推斷〈緇衣〉出於《子思子》，並認為該文獻的成書有如《論語》、《孟子》、《荀子》等，皆非出自一人手筆，而是弟子或後學所作。李文主要的論據在於《隋書・音樂志》曾記載〈中庸〉〈表記〉〈坊記〉〈緇衣〉皆出於《子思子》，

---

[61] 收入《郭店楚簡研究》（《中國哲學》第二十輯）。

其後又引〈緇衣〉佚文來佐證此篇為《子思子》中所有。在上引文之後，李文又根據《漢書‧藝文志》對子思的生平記載而推論郭店楚簡〈魯穆公問子思〉一篇也是子思學派所作。姜廣輝〈郭店楚簡與《子思子》〉[62]則從荀子的評語、沈約的記載、《中庸》的學說、子思的性格以及子思的學術主旨在「求己」等觀點，推斷〈唐虞之道〉、〈緇衣〉、〈五行〉、〈性自命出〉、〈成之聞之〉的前半部、〈魯穆公問子思〉和〈六德〉等皆出自《子思子》，而所謂出自《子思子》即亦包括子思後學所記。楊儒賓〈子思學派試探〉[63]經由分析孟子對國君的態度，並根據《孔叢子》對子思事蹟的記載，論定〈魯穆公問子思〉所載「子思曰：恆稱其君之惡者，可謂忠臣矣」是子思的言論。李景林〈從郭店簡看思孟學派的性與天道論〉[64]對於〈魯穆公問子思〉屬子思之書的推斷與李學勤相同。他還以為郭店儒簡與思孟學派有關，並且認為〈性自命出〉、〈成之聞之〉、〈尊德義〉、〈六德〉等四篇形制相同的竹簡在共同涉及「性與天道」的問題下，其思想亦與《中庸》《孟子》一致。李文又指出〈唐虞之道〉的內容乃為孟子所闡發，故前者可視為子思的作品。另外魏啟鵬〈《尸子》與子思之學〉[65]亦接受李學勤的主張，認為〈五行〉、〈緇衣〉、〈魯穆公問子思〉等篇表達了子思學派的政治哲學。因此，魏文即從政治哲學的角度來分析《尸子》傳述子思學派的問題。他以為〈魯穆公問子思〉所述「為義而遠

---

[62] 該文副標為「兼談郭店楚簡的思想史意義」，收入《郭店楚簡研究》（《中國哲學》第 20 輯）。
[63] 該文收入武漢大學中國文化學院編《郭店楚簡國際學術研討會論文集》。楊文認為〈五行〉、〈緇衣〉、〈窮達以時〉、〈唐虞之道〉、〈忠信之道〉皆為子思學派的作品。
[64] 出處同上。該文副標題為「兼談郭店簡儒家類著作的學派歸屬問題」。
[65] 出處同上。

爵祿」的價值取向與《尸子》重德行而輕爵列乃一脈相承，並於結論中指出子思氏之儒帶有法家色彩。比較特殊的是黃人二〈讀郭簡《老子》並論其爲鄒魯儒者的版本〉[66]推測簡本《老子》乃爲思孟學派的儒者所選輯與更動的。另外，席盤林〈論魯穆公變法中的子思〉[67]不探討學派問題，而是參考〈魯穆公問子思〉文獻，並以考證與歷史背景研究爲主，說明魯穆公變法中的子思思想是援齊學入儒學，故而使其學說帶有法家思想。席文並引用《孔叢子》、《孟子》等文獻來佐證子思除了爲臣之道外，還具有尊賢、言利定分、修禮鄰國等思想。

據筆者所見，自郭店楚簡文獻公佈以來，學者莫不以孔孟之間的思想來論斷郭店儒簡在中國哲學史上的地位。之所以形成如此氣氛，一方面是由於墓葬時間不管如何下推，郭店楚簡的成冊都應在《孟子》成書之前[68]；另一方面則從郭店儒簡所顯露的思想來看，它所闡發的哲學最有可能是子思一系的主張。筆者以爲前一論點的考據問題應無疑義，因爲它有考古學上的客觀基礎，但是後一論點所涉及的思想歸屬則有主觀推測的問題，這是需要評論的地方。

有關郭店儒簡的思想被定位爲孔孟之間或是子思學派的作品

---

[66] 收入武漢大學中國文化學院編《郭店楚簡國際學術研討會論文集》。

[67] 原收入魏啓鵬《簡帛〈五行〉箋釋·附錄》（臺北：萬卷樓圖書，2000 年），後刊於《齊魯學刊》，2002 年第 1 期。

[68] 目前以王葆玹〈試論郭店楚簡各篇的撰作時代及其背景——兼論郭店及包山楚墓的時代問題〉（《郭店楚簡研究》（《中國哲學》第二十輯））推測墓葬的下限在西元前 227 年爲最晚，但該文在考據上存在著很明顯的臆測，已被劉彬徽〈關於郭店楚簡年代及相關問題的討論〉（李學勤、謝桂華主編《簡帛研究 2001（上冊）》）推翻，劉文並提出西元前 278 年是其下限（此是王文的上限）。筆者在論證效力上認同劉文的看法。

的問題，就時代的劃分而言，它們上是一樣的。其所不同的是，前者並未舉出具體的人物例證，而後者則有。關於前者的說法可以龐樸〈孔孟之間──郭店楚簡中的儒家心性說〉為代表，其文云：

> 孔子以後，弟子中致力於夫子之業而潤色之者，在解釋為什麼人的性情會是仁的這樣一個根本性問題上，大體上分為向內求索與向外探尋兩種致思的路數。向內求索的，抓住「人之所以異於禽獸者幾希」處，明心見性；向外探尋的，則從宇宙本體到社會功利，推天及人。向內求索的，由子思而孟子而《中庸》；向外探尋的，由《易傳》而《大學》而荀子。[69]，

　　龐文不但將孔子之後的思想路線分為二條，一為向內求索，另一則為向外探尋，而且通過對郭店儒簡心性說部份的研究，斷定其乃屬於向內求索的路線，從而在思想史上將郭店儒簡有關心性說的部份歸屬為上承孔子而下啟孟子的思想。然而令筆者不安的是：龐文歸納孔子歿後對「仁者」的探求有二條思索的路徑，如此推論是否會窄化思想的發展，亦即在孔孟之間的儒學闡釋是否都能統攝在明心見性與從本體到人事的思維型態中呢？《韓非子‧顯學》指出孔子之後儒者一分為八（包括子思之儒），《史記‧儒林列傳》則說孔子歿後的七十二子是「散游諸侯，大者為師傅卿相，小者友教士大夫，或隱而不見」。無論是韓非所知影響力較大的八位儒者，或者是司馬遷所說散見在各個階層的儒生，從儒學史的角度而言，孔門後學的活動應意味著孔子的學說在歷史中成

---

[69] 收入姜廣輝主編《郭店楚簡研究》（《中國哲學》第 20 輯）。

爲脈絡而爲後人不斷地發展著。既然孔子的學說在歷史中流傳著，則理解孔子的學說或解決孔學所遺留下來的問題就不會只有二條路線，而是會隨著學者的問題意識與學術性而顯現出多元意義的詮釋。因此，性善的回應或天道下貫性命的詮釋模式皆是在孔學的脈絡與儒學史中的發展。當我們在方法上能將文獻解讀還原到文本文字的客觀性中，則應保留各種詮釋的可能，而這正是我們面對出土文獻可以有更多發言權的理由。

　　進而言之，從郭店文獻對孔子學說知悉的程度來看[70]，處在孔孟之間的郭店儒簡的作者，應是在孔子思想的背景下來繼承與轉化儒學。亦即簡文是接續孔子的問題意識與學說來探索先秦思想的。戰國儒者們或許以爲解決了孔子所面對的問題，或另作發揮，即他們在各自的問題意識中有了不同的提問方式，所以關於簡文思想是否必然地影響孟子，從詮釋的脈絡而言我們應保留其相異處再來比較。但若因爲郭店楚簡在時間上早於《孟子》成書，即說郭店儒簡一定影響到孟子，則不免流於主觀上的臆測。筆者認爲這可從二方面來說明。首先就文獻記載而言，雖然郭店簡〈尊德義〉所述「德之流，速乎置郵而傳命」在文字上相合於《孟子‧公孫丑上》「德之流行，速於置郵而傳命」，但在《孟子》文脈中那是孔子的話。這就證明筆者上文所言，郭店儒簡比較熟悉孔子的學說，所以即使竹簡〈五行〉中「金聲而玉振之」的文字相同於《孟子》書中的記載，但若兩者間的語意、語脈完全不一樣，則遑論其繼承與發展的關係[71]。再就理論程序而言，在研究方法上郭店儒簡與孟子思想的關係應以觀念的比較爲主，至於有關郭店

---

[70] 如〈六德〉篇中已有六經的各部書名，而〈語叢〉也有《論語》中的語句。
[71] 請詳見下文〈五行〉部分的評述。

文獻提供某一哲學理論某種明確的因素的說法，則我們只能保留其可能性。亦即我們純然承認郭店楚簡以孔子學說為其前理解，但若以郭店楚簡為線索來推測孟子的思想，則我們認為在方法上不無商榷之處。換言之，簡文的思想對儒學的具體發展是否具備必然的決定因素，應根據更多明確的證據以為推論，而非徒恃文辭的相似性來推測。因此，筆者認為郭店楚簡的儒家文獻當是上承孔子的思想發展，但是若要宣稱它們必定影響到孟子學說中的哪個部份，則有待更多的論據來證明。

　　另外有關文獻考證的問題，筆者以為〈緇衣〉不一定出於《子思子》，其反證是程元敏〈《禮記・中庸、坊記、緇衣》非出於《子思子》考〉[72]，該文中證明〈緇衣〉既非子思所作，也不是出自《子思子》。程文的論點主要有二個：一、因為《公孫尼子》的佚文與竹簡〈緇衣〉相同，而且南齊劉瓛比南梁沈約更早提出〈緇衣〉出於《公孫尼子》，所以〈緇衣〉為公孫尼子所作，且出於《公孫尼子》；二、李學勤〈荊門郭店楚簡中的《子思子》〉中所說的《子思子》的四條佚文，在竹簡〈緇衣〉中僅有半句，而此殘句乃是儒家思想的共語，非《子思子》所獨有。筆者認為，考據所重的邏輯形式在歸納法，而歸納法的論證效力不是絕對的，所以當推論的結果另有反證出現，則原先歸納的結論應重新審視。準此，則程文的考證應能推翻李文的觀點。比較李文與程文的推論，其中唯一可以確定的是〈魯穆公問子思〉與子思的學術活動背景有一定的關連，此因魯穆公與子思的關係見於史冊之中。至於要推斷〈緇衣〉乃至所有郭店儒簡為子思學派的作品，則須待更多的論據。

---

[72] 收入《張以仁先生七秩壽慶論文集》（臺北：學生書局，1999 年）。

五、窮達以時

　　〈窮達以時〉思想的探討主要在天人關係上，如龐樸〈天人三式—郭店楚簡所見天人關係試說〉[73]將〈窮達以時〉視爲天人有分、天人爲二思想之代表，並指出其內容在傳達命運之天是一種客觀且獨立於個人之外的實體。然而，同樣的文獻卻有不同的理解，如張立文〈《窮達以時》的時與遇〉[74]則認爲「窮達以時」的「時」若理解爲「遇不遇，時也」（《荀子‧宥坐》），並配合其所云「遇不遇，天也」，則「遇不遇」作爲「天時」與商周「君權天授說」合而觀之，窮困和顯達取決於「天時」即天人相合的思想。張文同時指出〈窮達以時〉所述忠臣遇暴君之感嘆，亦爲一種對主體人格的尊重，表示了天人相分的蘊涵。筆者認爲研究者在詮釋〈窮達以時〉時皆能指出有關儒家天人關係中的道德性，由此可知其論點的差異不在於人的觀念，而在於對天的解讀。李零校讀〈窮達以時〉之札記認爲郭店儒簡的天道觀有一特點：「它（儒家）對『天道』的關心，與其說是『天道』本身（即宇宙論或天人感應一類問題），倒不如說是『天道』對『人事』的影響，特別是它對人性教化的作用」[75]。換言之，天的觀念蘊含了道德行爲的價值歸屬，而且這些觀念也決定了〈窮達以時〉的詮釋進路。凡是接受「天人二分」者，咸以「命運之天」（天命）爲其觀察點，如涂宗流、劉祖信校釋〈窮達以時〉時認爲命運之天是一種社會力，

---

[73] 《郭店楚簡國際學術研討會論文集》。其他二類是：天人合一與天人非一非二、亦一亦二，前者見於〈五行〉、〈成之聞之〉，後者見於〈性自命出〉。

[74] 姜廣輝主編《郭店楚簡研究》（《中國哲學》第 20 輯）。

[75] 《郭店楚簡校讀記（增訂本）》，p.91。

與人的存在互爲條件[76]；或如梁濤〈先秦儒家天人觀辨証─從郭店竹簡談起〉[77]指出，因爲理解到命運天的力量之必然性或偶然性，才使人的主體性得以張揚。或如朱心怡〈知命與反己〉[78]指出命運之天與人不是對等的存在，所以面對這個不可知的力量，人只能在行爲上修德以待天時。前舉諸多詮釋皆循著「分位」、「職分」來解讀「天人之分」，而且在一定程度上傳達出古代儒家的天人思想。筆者歸納上所引述的探討包含幾個問題，一、面對命運之天的必然性或偶然性，人的等待有何意義？二、面對道德實踐的要求，命運之天的主宰性與支配性有何意義？更深入地追問，則「天」「人」有區分是否一定意味著彼此不相涉，甚至成爲相對立的觀念？

對於上述問題，筆者的研究曾以《孟子‧盡心上》的觀念爲探討的關鍵[79]，孟子云：「……士窮不失義，達不離道。窮不失義，故士得己焉；達不離道，故民不失望焉。古之人，得志，澤加於民；不得志，脩身見於世。窮則獨善其身，達則兼善天下」。對比上引研究者對命運之天與道德之人的關係的論述，孟子不失義的觀念不啻表達了有志之士對道德價值的堅持，亦顯窮達的遭遇作爲生命的歷程，在道德活動中當有其深刻的意義。進而言之，命運之天與人之道義的關係乃先秦儒學的課題之一，將「天人關係」分析爲「義命關係」即爲〈窮達以時〉所蘊含之哲學問題。

---

[76] 《郭店楚簡先秦儒家佚書校釋》，p.27。
[77] 《哲學與文化》第 33 卷第 1 期，2006 年 1 月。
[78] 《天之道與人之道‧第五章‧第二節》（臺北：文津出版社，2004 年），該書副標題爲「郭店楚簡儒道思想研究」。
[79] 以下所述參考拙文〈郭店楚簡〈窮達以時〉所蘊含的義命問題〉（《東吳哲學學報》第 15 期，2007 年 2 月）。

　　筆者更進一步指出，〈窮達以時〉「察天人之分」的問題意識是其哲學討論的焦點，而如研究者們亦引用天人關係之相關文獻來比較詮釋，並且認爲簡文所述乃「天人有分」的思想。比如池田知久〈郭店楚簡「窮達以時」研究（上）〉[80]甚爲強調〈窮達以時〉與《荀子》在「天人之分」上的相似性，而如淺野裕一〈〈窮達以時〉中的「天人之分」〉[81]亦認爲〈窮達以時〉與荀子思想相同。然而比較這二篇論文可見，他們的詮釋立場實是受了荀子思想的影響。另外，單就文獻字面上的意思，研究者們亦將「人」與「天」、「世」、「時」、「命」對立起來看待。如李存山〈《窮達以時》與「大德者必受命」〉[82]認爲「德行」的外在工具價值能否實現是由「天」所決定的，而人所能掌握的是德行內在價值的努力。又如張立文〈《窮達以時》的時與遇〉[83]認爲，藉由道德主體性與窮達之時形成區隔，則價值可二分爲外在與內在。李、張二文的說法很明顯地將價值實現分爲二重，其中一重與道德實踐沒有必然的關係，而且如此二分實已隱含了實然與應然的詮釋架構。對於前述問題，筆者認爲孔孟思想乃至〈窮達以時〉所說的天人關係，其所欲表達的內容應是「天」「人」一體相關且無對立相待，而其所蘊含的是「義命合一」的觀念，並且此一義命問題所凸顯之天道存有與價值的關係也應重新以「即存有即價值」的觀念來思考。如林啓屛〈先秦儒學思想中的「遇合」問題—以〈窮達以

---

[80] 《古今論衡》第 4 期，2000 年 6 月。

[81] 該文收入佐藤將之監譯《戰國楚簡研究》（臺北：萬卷樓圖書，2004 年）。二位日本學者的不同在於池田知久主張〈窮達以時〉在《荀子·天論》之後，而淺野裕一則從墓葬時間、荀子生平來考察，認爲前者的說法不能成立，而應是〈窮達以時〉影響荀子。

[82] 收入龐樸等著《古墓新知》（臺北：台灣古籍出版社，2002 年）。

[83] 收入姜廣輝主編《郭店楚簡研究》（《中國哲學》第 20 輯）。

時〉爲討論起點〉[84]即以「德福一致」的問題意識來探討，而丁四新則認爲〈窮達以時〉的結語表達了「以德安命，以人順天，同時又以德涵命，以人導天的思想傾向」[85]。筆者認爲此二人的哲學詮釋皆在觀念上保留人對天的聯繫性，意即道德實踐與時世的運作必然維持一定的關係。

六、五行

　　目前除了考據方面的研究外，有關郭店楚簡〈五行〉思想的探討一般都與 1973 年湖南長沙馬王堆出土之帛書〈五行〉經、說（傳）[86]做比較研究，其主要呈現出二個面向的研究成果。第一個面向是在思想史上，研究者根據《荀子・非十二子》對「思孟五行」的批評，推斷〈五行〉經說解決了一個思想史的公案，而簡帛〈五行〉文獻則證明荀子的批評有所本，有關這方面的觀點以龐樸〈竹帛《五行》篇與思孟「五行」說〉[87]爲代表。另有研究者據史傳子思的相關著作，將〈五行〉的相關討論延伸到〈中庸〉與〈大學〉，如李學勤〈從簡帛佚籍《五行》談到《大學》〉[88]與丁

---

[84] 《鵝湖學誌》第 31 期，2003 年 12 月。
[85] 《郭店楚墓竹簡思想研究・第六章・第三節　簡書的天人之辨》，p.260。
[86] 〈五行〉釋文以荊門市博物館所編《郭店楚墓竹簡》爲主，另有李零《郭店楚簡校讀記（增訂本）》，帛書〈五行〉經說釋文有劉信芳《簡帛五行解詁》（臺北：藝文印書館，2000 年），魏啓鵬《簡帛《五行》箋釋》（臺北：萬卷樓圖書，2000 年），龐樸《竹帛《五行》篇校注及研究》（臺北：萬卷樓圖書，2000 年）。
[87] 收入《竹帛〈五行〉篇校注及研究》。
[88] 《孔子研究》，1998 年第 3 期。

四新〈簡帛《五行》經說研究〉[89]。

　　另外，筆者視楚簡〈五行〉到帛書〈五行〉經、說的形成為一發展過程[90]，故將簡帛〈五行〉文獻的異同比較也當作思想史的研究來看待。有關這方面的研究，如有陳麗桂〈從郭店竹簡〈五行〉檢視帛書〈五行〉說文對經文的依違情況〉[91]指出帛書說文的釋經傾向仁義方面的解讀；又龐樸〈竹帛《五行》篇比較〉[92]指出帛書經文按仁義禮智聖的次序敘述，而竹簡本則先述聖智，即將最重要的觀念放前面。而如邢文〈楚簡《五行》試論〉[93]、〈《孟子·萬章》與楚簡《五行》〉[94]則指出〈五行〉的核心觀念在聖智之論，但因帛書本經文的更動表現出它對前述論點的不解，所以造成簡帛經文的對應不一致。徐少華〈楚簡與帛書《五行》篇章結構及其相關問題〉[95]認同邢文的判斷，而且指出帛書本的順序削弱了「德」這個主題與中心思想。丁四新〈簡帛《五行》文本比較〉[96]也同意邢文所說的帛書的更動弱化了〈五行〉論聖智之主題。關於這個問題，丁文認為有三個可能性：1.帛書偏重於向構造聖智的內在心性學開拓，而忽略對聖智的強調，2.或許受到《莊子》外篇對聖智的批判的影響，因而弱化對聖智的處理，3.帛書編者故意區

---

[89] 《郭店楚墓竹簡思想研究·第三章》。

[90] 或謂筆者在版本上預設了竹簡本在帛書本之前，但解說應在原典之後乃合理地預設，而且從文本的比較來看，簡本與帛書在版本上應當作共時的文本，所以有文獻差異可論，也可作思想史研究。

[91] 《哲學與文化》第 26 卷第 5 期，1999 年 5 月。

[92] 收入《竹帛〈五行〉篇校注及研究》。同作者另有〈《五行》補注〉，補充說明「中心之智」的意思，發表於「簡帛研究」網站（http://www.jianbo.org/），2001 年 7 月 7 日。

[93] 《文物》，1998 年第 10 期。

[94] 收入姜廣輝主編《郭店楚簡研究》（《中國哲學》第 20 輯）。

[95] 《中國哲學史》，2001 年第 3 期。

[96] 《郭店楚墓竹簡思想研究·第三章 簡帛《五行》經說研究·第一節》。

隔「智」與「聖」,而著重「聖」的闡發。而如李存山〈從簡本《五行》到帛書《五行》〉[97]則指出〈五行〉經文雖強調聖智的重要性,但帛書本編者的改動卻是不明或有意削弱聖智的重要性,其結果反而提升了仁義在文獻中的重要性;又梁濤〈簡帛《五行》經文比較〉[98]也認為簡帛經文的差別在於對仁義禮與聖智關係的理解不同。[99]

簡帛〈五行〉所引起探討的第二個研究面向乃是與儒學相關的問題。根據研究者參與討論的論文數量來看,筆者依序歸納為五個主要論題:

（一）形上學、天道觀、天人合一或合德。如黃熹〈儒學形而上系統的最初建構〉[100]認為〈五行〉之德是一形上形下的融合,郭齊勇〈郭店楚簡《五行》的心術觀〉[101]論述〈五行〉的主題旨在強調道德的內在性與形上性,詹群慧〈試論楚簡《五行》篇的「德之行」〉[102]指出〈五行〉透過形於內的德之行使天人可以溝通。綜觀研究者的論述焦點都在「德之行」之天道思想與人道之善的關係,故筆者歸納其問題意識乃是關於天人關係的模式該如何詮釋。有關這方面的探討,如林素英〈以「五行之和」凸顯天道之德性〉[103]指出「聖」之德乃天德之境界,郭梨華〈「德之行」與「行」

---

[97] 收入武漢大學中國文化學院編《郭店楚簡國際學術研討會論文集》。

[98] 收入龐樸等著《古墓新知》。

[99] 與上述種種觀點相合的還有林志鵬〈簡帛「五行」篇文本差異析論〉(《中國文學研究》第 15 期,2001 年 6 月),周鋒利〈簡帛〈五行〉經說的詮釋特色初探〉(「簡帛研究」網站,2003 年 11 月 16 日)。

[100] 副標題為「〈五行〉所展示的儒學形而上體系」,該文發表於《中國哲學史》,2001 年第 3 期。

[101] 收入龐樸等著《古墓新知》。

[102] 《管子學刊》,2003 年第 1 期。

[103] 《從郭店簡探究其倫常觀念·第四章·第三節》(臺北:萬卷樓圖書,2003

的哲學意義〉[104]說明「德之行」的哲學意義建構了人和天的聯繫性，亦即人可透過「行德」與「天」通，還有郭齊勇〈再論「五行」與「聖智」〉[105]強調〈五行〉的天道觀蘊含深刻的道德形上學。

　　（二）倫理道德思想。如梁濤〈荀子對思孟「五行」說的批判〉[106]主張〈五行〉思想具備雙重道德律，張衛紅〈試論《五行》的成德進路〉[107]亦持同樣觀點。而如龐樸〈三重道德論〉[108]則認為五種德之行的和是屬於「三重道德」裏的天地道德或宇宙道德，此一觀點為大多數研究者所接受。前所引述皆探討〈五行〉所蘊含之道德哲學型態為何，但筆者認為實際上它涉及了〈五行〉思想的詮釋架構的問題。

　　（三）「金聲而玉振之」相關問題。如郭梨華〈竹簡《五行》的「五行」研究〉[109]指出金聲玉音之和為音聲相應，其「和」的效力在於保持不同質素之間的平衡。如果我們進一步探討則有樂音如何與德行聯繫，而且與傳統「五行」有何關連等問題，如郭梨華〈簡帛〈五行〉的禮樂考述〉[110]、劉信芳〈「金聲玉振之」及相關問題〉[111]、邢文〈《孟子・萬章》與楚簡《五行》〉[112]等即從事這方面的研究。筆者認為前述探討的關鍵在於「金聲而玉振之」

年）。

[104] 《簡帛研究彙刊》第一輯（第一屆簡帛學術討論會論文集）（臺北：中國文化大學史學系與簡帛學文教基金會籌備處，2003 年）。

[105] 《中國哲學史》，2001 年第 3 期。

[106] 《中國文化研究》，2001 年夏之卷。同樣的觀念另見於〈簡帛《五行》新探——兼論《五行》在思想史的地位〉，收入龐樸等著《古墓新知》。

[107] 《石河子大學學報》（哲學社會科學版）第 3 卷第 4 期，2003 年 12 月。

[108] 收入《竹帛《五行》篇校注及研究》。

[109] 收入武漢大學中國文化學院編《郭店楚簡國際學術研討會論文集》。

[110] 《哲學與文化》26 卷第 5 期，1999 年 5 月。

[111] 收入《簡帛五行解詁》。

[112] 收入《郭店楚簡研究》（《中國哲學》第 20 輯）。

的譬喻的實質意義爲何。

　　（四）探討「慎獨」觀念。由於《荀子‧不苟》、《禮記‧禮器、大學、中庸》皆有「慎其獨」一詞，故四篇傳世文獻多爲研究者所引以與〈五行〉「君子慎其獨」相互比較，如梁濤〈郭店楚簡與「君子慎獨」〉[113]與錢遜〈是誰誤解了「慎獨」〉[114]。其他研究如潘小慧〈《五行篇》的人學初探〉[115]將〈五行〉「慎獨」觀念與孟、荀思想比較，朱心怡〈具五行與慎獨〉[116]認爲慎獨之修養工夫在慎德，而如劉信芳〈簡帛《五行》慎獨及其相關問題〉[117]則以爲慎獨攸關群體與個體意識。筆者認爲〈五行〉「慎獨」的研究應該從前述四篇文獻的「慎獨」概念的比較著手，誠如戴璉璋〈儒家慎獨說的解讀〉[118]所指出的，慎獨說都與儒家心學有關，而根據帛書〈五行說〉對慎獨的解讀，「慎」乃是超越軀體與德行形式的自我惕勵的工夫，此工夫呈現「心」獨一自主的特性。

　　（五）心性論與身心觀問題。由於〈五行〉標舉「形於內」與「不形於內」、「中心」與「外心」在道德行爲中的差異，又帛書〈五行說〉對「慎獨」以「體」解釋之，故引起學者從心性論來探索先秦之身心關係問題。如郭齊勇〈郭店楚簡《五行》的儒家身心觀與道德論〉[119]，黃俊傑〈孟子後學對身心關係的看法──

---

[113] 收入廖名春編《清華簡帛研究》第一輯。

[114] 收入全上。

[115] 副標題爲「以「心－身」關係的考察爲核心展開」，《哲學與文化》第 26 卷第 5 期，1999 年 5 月。

[116] 《天之道與人之道‧第四章‧第三節》。

[117] 收入《簡帛五行解詁》。

[118] 《中國文哲研究集刊》第 23 期，2003 年 9 月。

[119] 東吳大學主辦「中國哲學與全球倫理學術研討會」會議論文，2000 年 5 月 20－21 日。

以馬王堆漢墓帛書《五行篇》爲中心〉、〈馬王堆帛書《五行篇》「形於內」的意涵—孟子後學身心觀中的一個關鍵問題〉[120]，而如潘小慧〈《五行篇》的人學初探〉則認爲慎獨之心在排除身體的影響，朱心怡〈具五行與慎獨〉則以爲外心、中心作爲心的不同發用皆是形於內。筆者認爲此一論題實乃涉及當代哲學的問題意識，即思考儒學中的身心問題是否與「身／心」或「身－心」相關？

上述乃是大範圍的分類，其中的個別論題間當然也會有所關連，如筆者的研究即曾對第 1、2、3 個論題加以探討[121]。根據筆者的研究，關於「天人關係」的哲學詮釋，〈五行〉之義理乃強調道德價值雖由人道賦予，然而此一價值之普遍性的根源不在人文活動上，而應上溯至形而上的天道。至於在倫理道德思想方面，〈五行〉所謂的人道之「善」乃以心性論爲內涵，此從經文之「慎獨」觀念與帛書說文之解釋可得知。此外，有關「金聲而玉振之」的命題，〈五行〉乃藉由樂音的和諧性來表達天人合德的完滿互動，以呈現人道與天道在價值意涵上的整體性。魏啓鵬《簡帛〈五行〉箋釋》[122]即通過考證指出「玉音者，象上帝之音也，天音也」，並認爲〈五行〉乃謂有德者五行形於內，故能始於人道而達於天道，即能始於善而成於德。

再者，對於竹簡〈五行〉與子思學派的關係的討論，龐樸〈竹帛《五行》篇與思孟「五行」說〉從義理上證成佚書的內容即是荀子所批評的對象。筆者認爲龐文是從反對者（荀子）來瞭解所

---

[120] 皆收入《孟學思想史論（卷一）》（臺北：東大圖書，1991 年）。

[121] 《郭店楚簡的天道思想・第四章 竹簡〈五行〉的天道思想》（中國文化大學哲學研究所博士論文，2004 年 5 月），〈簡帛〈五行〉的人道思想〉（《東吳哲學學報》第 17 期，2008 年 2 月）。

[122] p.25。

謂思孟五行的主張,但是〈非十二子〉中並沒有正面提出荀子所批評的「思孟五行」的內容,而是從外部來說思孟五行不是孔子學說的正統。再加上在流傳至今的文獻中,從未見過確切談論思孟五行的文獻,因此,從簡帛〈五行〉來斷定思孟五行的思想內容,甚至推測郭店儒簡是子思學派的作品,在論證效力上我們應持保留態度。筆者認為,由於《子思子》的原貌未流傳至今,加上《孟子》一書從未有出現「五行」一語,而孟子也從未仁義禮智聖並舉,且是條列式地談論[123],所以面對傳世與出土文獻所能對比的就是〈五行〉與《孟子》都談論到「金聲而玉振之」的問題,即以樂音觀念象徵德性。但是就其表述形式而言,二者所用的「金聲而玉振之」的譬喻,卻只能說這有可能是當時儒者共同的學識背景使然。再者,(禮)樂與德性修養的協調本是先秦儒學的共識,因此這也難以歸納「金聲而玉振之」的說法是子思學派的特色。在考據與文獻學上仍缺乏足夠的證據下,我們難以從義理方面找到直接的內在聯繫。所以若只是斷然地把文本豐富的意涵分家分派,或是將這些出土文獻視為子思到孟子此一單向時間軸線上的作品,則將失去掘發更多文本所可能蘊含的意義。保守而言,若要將竹帛〈五行〉與思孟學派關連起來討論,應該將兩者的內容放在同一學術環境中作比較研究,並視為先秦儒學的多樣面貌。

---

[123] 《孟子·盡心下》曾說:「仁之於父子也,義之於君臣也,禮之於賓主也,智之於賢者也,聖人之於天道也」,縱使朱熹《四書章句集註》認為「聖人」的「人」有可能為衍字,但就此章主題而言,其論述重點不在仁義禮智聖,而是「性」、「命」對揚。

七、唐虞之道

　　〈唐虞之道〉的內容乃以堯舜爲政治典範而藉以闡述禪讓之道，故學者們的研究多從思想史方面來比較先秦禪讓思想的特殊性[124]，如王博〈關於《唐虞之道》的幾個問題〉[125]提到禪讓觀念在戰國時期主要見於《孟子・萬章上》和《墨子・尚賢》，而此二書所本之材料則來自《尚書・堯典》，意即孟子、墨子所論乃是有歷史依據的。王文指出《荀子・正論》以「諸侯有老，天子無老」來批評禪讓，意謂諸侯可以生時傳位，天子則不能；又〈正論〉所提到施行禪讓的原因是「老衰而擅」、「老者不堪其勞而休」等說法與〈唐虞之道〉一致。特別的是，《禮記・王制》提到「七十致政」，同書〈曲禮上〉、〈內則〉也提到「七十致事」，三者與〈唐虞之道〉「七十而致政」一樣，但前三者都是針對大夫而言，而〈唐虞之道〉則是針對天子而說。

　　關於〈唐虞之道〉屬於何種學派的問題，李景林〈關於郭店簡《唐虞之道》的學派歸屬問題〉[126]認爲〈唐虞之道〉禪讓說所根據的是先秦儒家的絜矩之道，或是以修身爲本的德治原則，具體而言即包括「親親」與「尊賢」、孝與忠、血緣倫理與社會倫理

---

[124] 就作爲史料而言，〈唐虞之道〉還可與上博簡〈容成氏〉（收入《上海博物館藏戰國楚竹書（二）》，上海：上海古籍出版社，2002 年）比較，請參考羅新慧〈《容成氏》、《唐虞之道》與戰國時期的禪讓學說〉（《齊魯學刊》，2003 年第 6 期）、梁韋弦〈郭店簡、上博簡中的禪讓學說與中國古史上的禪讓制〉（《史學集刊》，2006 年第 3 期）。

[125] 《中國哲學史》，1999 年 2 期。文中另外提到〈唐虞之道〉與《管子・戒篇》的內容相似，但是〈戒篇〉內容駁雜，應該是它襲用了〈唐虞之道〉的內容。又該文也收入《簡帛思想文獻論集》（臺北：台灣古籍，2001 年）。

[126] 《社會科學戰線》，2000 年第 3 期。

等內與外的統一。李文並指出《中庸》言尊賢、親親、德治，以及〈萬章上〉言唐、虞、夏、商、周之繼統之義，其實質也是親親與尊賢的統一，所以〈唐虞之道〉是思孟一系的作品。姜廣輝〈郭店楚簡與《子思子》〉[127]更進一步認爲〈唐虞之道〉出自《子思子》，其理由是荀子曾批評思孟一派言必稱堯舜以及主張法先王。彭邦本〈楚簡《唐虞之道》初探〉[128]、〈楚簡《唐虞之道》與古代禪讓傳說〉[129]亦主張〈唐虞之道〉爲儒家學說，但從其成書年代晚於《堯典》，約在戰國中期偏晚來看，則其禪讓說應在孟子前。周鳳五〈郭店楚墓竹簡〈唐虞之道〉新釋〉[130]從考證的角度指出〈唐虞之道〉有「稷下學派」的色彩，並推論其乃出自孟子或是孟子後學，而其中心思想屬於儒家。值得一提的是，周文考證原釋文「禪而不傳」的最後一字當讀作「專」，意指專擅、獨佔，筆者認爲如此釋文即指出禪讓觀念所蘊含之政權該如何延續的形式問題。

除了有關儒家學派的說法外，劉文強、宋鵬飛〈論〈唐虞之道〉〉[131]與薛柏成〈郭店楚簡《唐虞之道》與墨家思想〉[132]還主張〈唐虞之道〉與墨家思想有關。劉、宋之文認爲〈唐虞之道〉實爲墨家學說，但爲儒家所用，其區別在於墨家主尚賢之禪讓，而儒家則主親親之禪讓。薛文則是認爲〈唐虞之道〉的「愛親」與「尊賢」是立基於儒家思想上，而且其所謂「利天下而弗利」與

---

[127] 姜廣輝主編《郭店楚簡研究》（《中國哲學》第 20 輯）。
[128] 收入武漢大學中國文化學院編《郭店楚簡國際學術研討會論文集》。
[129] 《學術月刊》，2003 年第 1 期。彭文二篇內容相近，前文著重考證成書年代，此文則著重討論禪讓說。
[130] 《中央研究院歷史語言研究所集刊》第 70 本第 3 分，1999 年 9 月。
[131] 《文與哲》第 4 期，2004 年 6 月。
[132] 《吉林師範大學學報》（人文社會科學版）第 34 卷第 2 期，2006 年 4 月。

墨家思想較有密切聯繫。又比利時學者 Carine Defoort（戴卡琳）〈墨子和楊朱的血液在儒家的筋肉裏——《唐虞之道》的「中道觀」〉[133]以《孟子‧盡心上》云：「楊子取爲我，拔一毛而利天下，不爲也。墨子兼愛，摩頂放踵利天下，爲之。子莫執中，執中爲近之，執中無權，猶執一也。所惡執一者，爲其賊道也，舉一而廢百也」爲參照文獻，並徵引墨子與楊朱之相關文獻，論證〈唐虞之道〉「利天下而弗利」所涉及的禪讓思想是墨子與楊朱的綜合思維。

比較特殊的是李學勤〈先秦儒家著作的重大發現〉[134]的觀點，由於〈唐虞之道〉過分強調禪讓，導致李文懷疑該文獻與蘇代、屑毛壽之流遊說燕王噲禪位其相子之（公元前三一六年）一事有關（這個觀點上引周文、彭文亦論及），故認爲或許該將〈唐虞之道〉劃歸縱橫家。但是梁韋弦〈與郭店簡《唐虞之道》學派歸屬相關的幾個問題〉[135]卻有不同意見，該文首先認爲《尙書‧堯典》記堯舜禪讓，以及《禮記‧禮運》說大同之世，都是古代存在禪讓制的事實反映，而且儒墨對於尊賢與禪讓問題的態度並非有所區別，也不是抱持相反立場，即不能僅依據是否尙賢與禪讓來判斷〈唐虞之道〉屬於儒家或墨家，故梁文結論指出〈唐虞之道〉的內容與儒家思想的特徵接近，所以該文獻也不是縱橫家之言，而是戰國時期的儒家後學所作。

美國學者 Sarah Allan（艾蘭）〈《唐虞之道》：戰國竹簡中任命以德的繼位學說〉[136]以其《世襲與禪讓——古代中國的王朝更替傳

---

[133] 楊彥妮與作者合譯，收入《儒家文化研究》第一輯（新出楚簡研究專號），2007年6月。

[134] 姜廣輝主編《郭店楚簡研究》（《中國哲學》第20輯）。

[135] 《文史哲》，2004年第5期。

[136] 張海晏譯，收入《儒家文化研究》第一輯，2007年6月。

說》爲背景，認爲世襲與禪讓存在著衝突，前者缺乏道德依據，禪讓則是對權力世襲的非法篡奪，故儒家的孟子與荀子則是以天命轉移來解釋並調和前述狀況。Allan 的研究認爲〈唐虞之道〉以「愛親」爲禪讓的原則，這不是墨家所贊成的，而且墨家也不認同禪讓是權力轉換的最佳途徑，故此文不是墨家文獻。又〈唐虞之道〉對禪讓的說法也與孟子、荀子對禪讓的解釋不同，所以也不是儒家的文獻。至於從燕王噲禪讓的故事來看，〈唐虞之道〉也絕不是縱橫家的言論，更不會如《韓非子》所說的禪讓乃奪取統治權。筆者認爲 Allan 的論文乃是否認〈唐虞之道〉應該屬於某一學派，而視簡文只是單純論述並贊成禪讓的傳統。又，Allan 還英譯〈唐虞之道〉，若將翻譯當作詮釋來看，則 Allan 的譯文即提供了我們瞭解非以中文爲學術語言者對出土文獻的理解的參考。

　　針對〈唐虞之道〉的內容作細部的哲學研究者有郭梨華〈「禪讓」之說的哲學意義—試就『唐虞之道』的內容解析〉[137]，其文中討論二個問題，一是《竹書紀年》記載「舜囚堯」的內容與先秦諸子所肯定的不同，因而引起現代學者主張堯、舜、禹之間的禪讓是墨、儒二家所僞造的。郭文參考李學勤的考古研究與 Morgan《古代社會》的理論，認爲堯舜禪讓是古代氏族之間的軍事民主的推舉制度，而在推舉過程中難免產生爭議，所以造成先秦典籍有不同的詮釋與記載。郭文所探討的第二個問題則是禪讓的哲學意義，該文中以考證的方法，說明〈唐虞之道〉「禪而不傳」的第一個字應是「播」的異構，而「播」有佈告於眾的意義，與簡文所謂的「利天下而弗利」相呼應，符應原始部落聯盟的軍事民主的推舉制，是公天下的想法。前引「禪而不傳」的「傳」應作「專」

---

[137] 《哲學論集》第 33 期，2000 年 6 月。

解，即是「獨」的意思，其與公天下相反，禪而不傳也符合《禮記・禮運》中孔子所說天下爲公及人不獨親其親的思想。郭文根據前述研究，最後指出〈唐虞之道〉以「堯舜之行，愛親尊賢」等論述表達禪讓的條件，愛親爲「孝」，尊賢爲「義」，在孔子學說中，孝與義的基礎在「仁」，而孝與義的結合就是「公」。郭文的研究其實爲上述研究者們對〈唐虞之道〉學派之探討提供了明確的思索方向。

筆者撰文之前，全衛敏〈郭店楚墓竹簡《唐虞之道》篇研究述評〉[138]曾對大陸學者有關〈唐虞之道〉的研究現況做過簡略的評論，而且全文在展望〈唐虞之道〉未來的研究課題時指出，應針對禪讓思潮在古代形成的社會歷史背景，以及春秋「禪」的思想到戰國「禪讓」的流變歷程來加以探討。綜合上述可知，〈唐虞之道〉的研究成果主要是思想史意義的，然而除了與古籍中之禪讓思想相關的記載比較外，筆者以爲〈唐虞之道〉的思想還可從「王道」觀念的脈絡來進行考察。《漢書・藝文志》云：「諸子十家……皆出於王道既微，諸侯力政，時君世主好惡殊方。是以九家之術蜂出並作，各引一端，崇其所尚，以此馳說，取合諸侯」，可見王道乃是先秦諸子的共同問題意識之一，亦是先秦諸子學說對政治探討的具體化，其中所涉及的問題對象甚多，譬如老子的聖人之治、墨子的尚同思想、孟子的王霸之辨、韓非子的法術勢等，而〈唐虞之道〉的王道思想即在論述禪讓如何可能用於治天下，其文獻的特殊性亦同時反映古代學者面對禪讓的歷史，分別從各自的學術背景提出多元的思想詮釋。

---

[138] 《管子學刊》，2003 年第 1 期。

八、 忠信之道

　　周鳳五〈郭店楚簡《忠信之道》考釋〉[139]文中主張〈忠信之道〉內容是對《論語·衛靈公》所載孔子「言忠信，行篤敬，雖蠻貊之邦行矣」一語的闡述，在〈郭店竹簡的形式特徵及其分類意義〉[140]中，周鳳五更進一步認爲〈忠信之道〉是前引「言忠信」章的註解。李存山〈讀楚簡《忠信之道》及其他〉[141]認爲〈忠信之道〉的內容乃教導、要求當權者做到「忠信」，而且忠、信也是作爲執政者或當權者的最基本的政治倫理原則。筆者認爲李文如此理解「忠信」，則忠信將只是做爲施政者的內涵，其未必是普遍的道德性。李剛〈郭店楚簡《忠信之道》簡論〉[142]亦認爲簡文所謂忠信是對統治者提出政治倫理理想，其乃與一般忠信不同的「大忠」與「大信」。李文又指出〈忠信之道〉的思想受道家影響，而有「儒道相謀」的傾向。李文另從《論語》中子張問忠信，以及子張爲陳國人來推測〈忠信之道〉可能是子張及其弟子的作品[143]。金春峰〈論郭店簡《六德》、《忠信之道》、《成之聞之》之思想特徵與成書時代〉[144]則認爲〈忠信之道〉以生死論忠信，又以天地爲忠信之本，其忠信觀念不具血緣親情之內容，故與孔子、思孟思想有異。金文更指出〈忠信之道〉的思想融合儒、道、法，其

---

[139] 《中國文字》新 24 期，1998 年 12 月。
[140] 武漢大學中國文化學院編《郭店楚簡國際學術研討會論文集》。
[141] 姜廣輝主編《郭店楚簡研究》（《中國哲學》第 20 輯）。
[142] 《西北建築工程學院學報》（社會科學版）第 2 卷第 1 期，2006 年 6 月。
[143] 李剛〈郭店楚簡〈忠信之道〉的思想傾向〉（《人文雜誌》，2000 年第 4 期）則是前引〈郭店楚簡《忠信之道》簡論〉的略述。
[144] 收入在《《周易》經傳梳理與郭店楚簡思想新釋》（臺北：台灣古籍出版社，2003 年）。

乃漢初陸賈、賈誼等人融合儒道、儒法的先河，亦反映出楚文化
融合儒道、儒法的思想特點。另外黃君良〈《忠信之道》與戰國時
期的忠信思潮〉[145]認爲〈忠信之道〉的作者賦予忠信一種宇宙義，
忠信作爲治國的普遍原則在於養民與樹德，黃文更以子張之儒的
特點在講忠信，而推斷〈忠信之道〉的作者是子張的門徒後學，
文中並引述《左傳》、《禮記》、《大戴禮記》，認爲〈忠信之道〉的
忠信符合《左傳》的觀念，而且《大戴禮記・子張問入官、小辨》
是簡文的延續和發展，此發展至戰國時期與禮義的探討結合，形
成《禮記・禮器、祭統、祭義》談心內外問題及重情的思潮。

　　筆者認爲，忠信的意義當作儒家政治思想的特質，其哲學性
不僅在『信』的觀念，而還有「忠」觀念的加入。因爲信主要是
普遍而客觀的意思，如《老子・八章》「言善信」、〈二十一章〉「其
精甚真，其中有信」，「信」乃強調客觀性的建立。然而當孔子提
出「主忠信」(〈子罕〉)一語，則是以「忠」的內涵賦予信的意義，
所以〈忠信之道〉不只是政治思想的意義，更應探討其所蘊含的
儒學意義。〈顏淵〉：「主忠信，徙義，崇德也」(孔子答子張問崇德)，
〈學而〉：「曾子曰：『吾日三省吾身，爲人謀不忠乎？與朋友交而
不信乎』」，〈顏淵〉：「居之無倦，行之以忠」(孔子答子張問政)，〈子
路〉：「居處恭，執事敬，與人忠」(子答樊遲問仁)，〈八佾〉：「君使
臣以禮，臣事君以忠」，〈先進〉：「所謂大臣者，以道事君，不可
則止」。從《論語》文獻來看，「忠」的履行的對象並非侷限在君
上或國君，其實踐活動也不圈限在君臣關係之間，所以「忠」的
表現不會是階級關係的鞏固，而是有關「道」（德）的體現。〈里
仁〉記載「曾子曰：『夫子之道，忠恕而已矣』」，朱子注云：「盡

己之謂忠」[146]，由此可知，先秦儒學「忠」德的觀念乃涉及自我的實踐，亦即理學所謂主體，而究其深刻的特質則是「內心」的問題，這在「忠」字也不言而喻。再關於「信」，孔子云：「言必信，行必果，硜硜然，小人哉」(〈子路〉)，又云：「言忠信，行篤敬，雖蠻貊之邦行矣」(〈衛靈公〉)，孟子云：「大人者，言不必信，唯義所在」(〈離婁下〉)。孔孟儒學所謂信乃是以內涵價值來定義[147]，以之對照〈忠信之道〉謂「節天地也者，忠信之謂此」，則簡文隱含忠信之外在客觀義，而不顯孔孟儒學以仁義內在樹立忠信之觀念，此亦是〈忠信之道〉可深入探討的著力點。至於〈忠信之道〉的作者與時代歸屬的問題，上述的研究者的討論僅從少數例子來推測。除非文獻足徵，否則這些問題難以有明確的判斷。

九、 成之聞之

由於郭沂〈《大常》（原題《成之聞之》）考釋〉[148]將〈成之聞之〉原簡 1 改排在簡 30 後面，形成簡文敘述為「……是以君子貴成之。聞之曰：古之用民者……」；又郭文以簡 31「天降大常，以理人倫。制為君臣之義，著為父子之親」為篇首，故筆者認為〈成之聞之〉的思想可從二方面分述。一是有關政治實踐方面，簡文的論述主要在教化人民上，例如「君子之求諸己」，將「言」（政

---

[146]　《四書章句集註》（臺北：鵝湖出版社，2000 年）。

[147]　《左傳・哀公十六年》記載「周仁之謂信」，《左傳・宣公十五年》記載「信載義而行之為利」，《左傳・哀公十六年》記載「復言，非信也；期死，非勇也」，文例顯示儒學講信的文化脈絡。

[148]　《郭店竹簡與先秦學術思想・第一卷・肆》。

令）視為「窮源反本者之貴」,「欲人之愛己也,則必先愛人」,「君
子之蒞民,身服善以先之,敬慎以導之」等觀念,皆是有關政教。
〈成之聞之〉另一方面的論述是有關道德實踐,相關內容可再細
分為實踐根據與實踐者的本性。關於道德實踐的研究,由於「君
子貴成之」可解為「誠之」,故李學勤〈郭店簡「君子貴誠之」試
解〉[149]將簡文與《中庸》「是故君子誠之為貴」的相關論述比較。
上引郭文也認為〈成之聞之〉的思想上承《中庸》「天命之謂性,
率性之謂道,修道之謂教」,而且下開孟子「自反」「反求諸己」「求
其放心」之學。由此看來,實踐者的內在道德性是〈成之聞之〉
思想的探討重點之一,例如朱心怡〈尊德明倫之治道〉[150]即指出
〈成之聞之〉的「求諸己」和「反本」,與《大學》「修身」、「知
本」的思想頗相合。再就道德實踐者的內涵而言,〈成之聞之〉的
研究者則有不同討論。如李學勤〈試說郭店簡《成之聞之》兩章〉
[151]改聖人之性章（簡26後半至簡28）「聖人之性與中人之性,其生而
來有非之,節於而也」為「……生而來有別之,即於儒也」,李文
並認為此章是在闡釋《論語・庸也》「中人以上,可以語上也」及
〈陽貨〉「性相近」、「上智與下愚」等語。但是金春峰〈論郭店簡
《六德》、《忠信之道》、《成之聞之》之思想特徵與成書時代〉[152]認
為李文所謂聖人之性章論性近似於董仲舒所謂「聖人之性不可以
名性……名性者,中民之性」（《春秋繁露・實性第三十六》）的觀點,
金文並指出〈成之聞之〉將人性二分為聖人之性與中人之性的作
法,以及「民皆有性而聖人不可慕也」的觀點,皆與孔子「性相

---

[149] 《中國歷史文物》,2002年第1期。
[150] 《天之道與人之道・第六章》。
[151] 收入廖名春主編《清華簡帛研究》第一輯。
[152] 收入在《《周易》經傳梳理與郭店楚簡思想新釋》。

近也習相遠也」的觀點不同，更與孟子「人皆可以爲堯舜」的觀點背道而馳。另外金文認爲〈成之聞之〉的天是自然之天，其將道德置於法天地，以天地爲準則，因而切斷了倫理道德與宗族親情及仁恩的臍帶，這是老子道家思想的特點。金文又指出〈成之聞之〉以法家「御民」的觀點看待君民關係，而且簡文論述君民關係也著眼於功利，故〈成之聞之〉還反映楚文化融合儒道、儒法的思想特點。筆者認爲，從人性論問題而言，上述相關討論其實涉及道德實踐者的人性觀的詮釋，此應當結合〈成之聞之〉有關政治實踐的論述來探討，亦即從德性化政治的儒學特徵來探討簡文的人道思想。

又姜廣輝〈郭店楚簡與《子思子》〉[153]根據《論語》孔子云「爲己」、「正其身」，《中庸》言「本諸身」、「求諸其身」，東漢徐幹《中論・修本、貴驗》引子思曰「勝其心」、「求己」、「自己」，唐代馬總《意林》引子思曰「信在言前」、「率身」等相關文獻的記載，而歸納子思的學術主旨在「求己」，並以此判斷〈成之聞之〉「求之於己」、「求諸己」的部分簡文出自《子思子》。另外王博〈釋「槁木三年，不必爲邦旗」〉[154]通過〈齊物論〉、《黃帝四經》、《韓非子》、《尚書》、《國語》、《論語》、《禮記》等來考證簡文「槁木三年，不必爲邦旗」應解爲服喪的表現，並以此推測〈成之聞之〉的作者爲子張氏之儒。黃君良〈「槁木三年，不必爲邦旗」試釋〉[155]則通過文字訓詁，考證「槁木三年，不必爲邦旗」應解釋爲三年的

---

[153] 該文副標爲「兼談郭店楚簡的思想史意義」，收入姜廣輝主編《郭店楚簡研究》（《中國哲學》第 20 輯）。

[154] 該文副標爲「兼談〈成之聞之〉的作者」，收入武漢大學中國文化學院編《郭店楚簡國際學術研討會論文集》。

[155] 《中國文化研究》，2003 年第 3 期。

柘木不一定能製作旗桿，此是借植木爲旗桿做比喻，以表達一種循序漸進、持之以恆的育才觀念，由此還可申論儒家育民、化民、教民的觀念。又黃文末根據〈成之聞之〉有關「信」與「反本」的思想特色，推斷簡文的作者爲子張氏之儒，此亦可與上引黃君良〈《忠信之道》與戰國時期的忠信思潮〉有關子張氏之儒之說相呼應。筆者認爲，由於沒有《子思子》與子張的實際文本可供參照，故對於〈成之聞之〉的作者的推測應抱持保守態度。

〈成之聞之〉因爲少數錯簡緣故，復經研究者重新排列並命名而有「君子於教」[156]、「教」[157]、「求己」[158]、「成聞」[159]、「天降大常」[160]、「大常」[161]、「天常」[162]等名稱，雖然如此，但在考據之外，研究者還關注〈成之聞之〉的天道思想，例如丁四新〈郭店儒家簡書的天命、天道觀〉[163]在討論〈成之聞之〉時，即指出「天降大常，以理人倫」的意思含有天命的理性規範作用，亦即天常內在地規範著人倫，而且天常從天命的超越性中轉化爲現實之人倫秩序或規範，故簡文所謂的「君子慎六位以祀天常」與「君子治人倫以順天德」乃是相通的。丁文還指出〈成之聞之〉意涵天德以治人倫，且必須以天德爲人性修養的根本，故由此反映出

---

[156] 涂宗流、劉祖信《郭店楚簡先秦儒家佚書校釋》。

[157] 李零《郭店楚簡校讀記（增訂本）》。

[158] 廖名春〈郭店楚簡儒家著作考〉（《孔子研究》，1998 年第 3 期）。

[159] 張立文〈郭店楚墓竹簡的篇題〉（姜廣輝主編《郭店楚簡研究》（《中國哲學》第 20 輯））。

[160] 郭沂〈郭店楚簡〈天降大常〉（〈成之聞之〉）篇疏證〉（《孔子研究》，1998 年第 3 期）。

[161] 陳偉〈關於郭店楚簡〈六德〉諸篇編連的調整〉（《江漢考古》2000 年第 1 期）。

[162] 周鳳五〈郭店楚簡〈天成篇〉疏證〉。待刊稿。參見廖名春〈郭店楚簡〈成之聞之〉篇校釋〉，該文收入廖名春編《清華簡帛研究》第一輯。

[163] 《郭店楚墓竹簡思想研究·第六章·第二節》。

郭店楚簡天命觀乃是朝向心性學發展。又上引朱心怡〈尊德明倫之治道〉的研究亦與丁文相合，朱文中指出〈成之聞之〉的思想將人倫之理歸根於天，人倫就具有絕對的價值規範，而安倫盡分就是順應天德的表現，故天人由此合一。丁四新《郭店楚墓竹簡思想研究》在研究〈成之聞之〉的治道與倫理時，還指出天德之境與德性生命的實踐有關[164]。筆者認為，有關〈成之聞之〉的探討應先著重在「天常」、「天德」、「天心」等三個核心概念，這一方面可說明簡文的天道思想，另一方面也呈現出簡文對實踐價值之根源的思考[165]。再者〈成之聞之〉的內容除了詮釋《尚書》的語句之外，它的敘述顯然與《論語》「君子求諸己，小人求諸人」（〈衛靈公〉）、「君子務本，本立而道生」（〈學而〉）、「中人以上，可以語上也；中人以下，不可以語上也」（〈雍也〉）、「性相近也，習相遠也」（〈陽貨〉）、「唯上知與下愚不移」（全前）等觀念有關，凡此皆指出〈成之聞之〉蘊含「人道」與「天道」相互呼應的深刻思想，亦是其值得探討之處。

十、尊德義

　　〈尊德義〉所述乃儒家典型思想，內容多涉及君子治民的論述，其思想可以「人道」為代表，例如簡文云：「莫不有道焉，人道為近。是以君子，人道之取先」。〈尊德義〉所述乃是對照其文中「民之道」、「水之道」、「馬之道」以及「地之道」而來。再如

---

[164] 同上註，詳見〈第八章　郭店楚簡儒道思想通論（Ⅲ）：治道與倫理〉，p.337。
[165] 請參考拙著《郭店楚簡的天道思想‧第五章》。

簡文云：「察諸出，所以知己，知己所以知人，知人所以知命，知命而後知道，知道而後知行」，則是蘊含人與命的關係。另外，在治民方面，〈尊德義〉云：「上好是物也，下必有甚焉者」，《禮記‧緇衣》作「上好是物，下必有甚者矣」，簡本〈緇衣〉作「上好此物也，下必有焉者矣」，由此可見《論語》風行草偃之效的觀念爲古代學儒者之共識[166]。綜合觀之，政治乃〈尊德義〉的問題意識，而研究者們的探討有二方面可供參考，一是認爲〈尊德義〉的主要內容在闡釋德政思想，如陳明〈民本政治的新論證—對《尊德義》的一種解讀〉[167]將簡文的論證分爲三個理論架構，一是「道」與「德」：比較儒道二家與原始圖騰思想的關係，可知〈尊德義〉的「民倫」觀念表現出不以君主意志爲主的客觀性，且其內容又有本之於天的神聖性，因而簡文可謂有民本思想。第個二理論架構是「德」與「恆」：〈尊德義〉的德是德治主義，恆則帶有天道意涵，亦是聖王理想。第三個理論架構是「教」與「政」：教是於人倫上盡心，政是於制度上盡力，陳文認爲〈尊德義〉對這二者皆肯定。

　　〈尊德義〉政治思想的其他研究則集中在以簡文「民可使導之，而不可使知之。民可導也，而不可強也」來解讀《論語》。龐樸〈「使由使知」解〉[168]一方面根據鄭玄、何晏的注以及邢昺的疏，指出《論語‧泰伯》「子曰：民可使由之，不可使知之」的解釋關鍵在將「可」和「不可」理解作「應不應該」或「能不能夠」，前

---

[166] 《論語‧顏淵》：「季康子問政於孔子曰：『如殺無道，以就有道，何如』？孔子對曰：「子爲政，焉用殺？子欲善，而民善矣。君子之德風，小人之德草。草上之風，必偃」。

[167] 收入武漢大學中國文化學院編《郭店楚簡國際學術研討會論文集》。

[168] 《文史知識》，1999 年 9 期。

者是應然判斷，後者是實然判斷，但龐文認為二者皆有愚民主義的意味。龐文另一方面舉程子、朱子、康有為、梁啓超、郭沫若的解讀，指出宋代以來的學者極力澄清孔子沒有愚民之意。再者，龐文還引述〈尊德義〉「民可使道之，而不可使智之。民可道也，而不可強也」以及〈成之聞之〉「上不以其道，民之從之也難。是以民可敬道也，而不可□也；可御也，而不可牽也」，他認為這些文獻乃有關解決〈泰伯〉篇的問題，故〈尊德義〉的說法（包括〈緇衣〉、〈成之聞之〉）皆是反省治民之道在於身教抑或言教。龐文結論〈尊德義〉「為政者教道之取先」的觀念符合儒家的基本思想。錢遜（「使由使知」和「可道不可強」）[169]接續龐文的討論，認為〈尊德義〉與〈泰伯〉所說若回到〈為政〉「道之以德，齊之以禮」來看，則身教與言教都是治國治民的方法。而且錢文對「民可使道之」提出不一樣的解讀，其認為從〈泰伯〉「民可使由之」來看，〈尊德義〉所謂「民可使道之」乃意謂「可以使百姓順道而行」，故「道」不做引導解，這也就與簡文「民可道（導）而也不可強也」的意思不同，因而錢文認為〈泰伯〉與〈尊德義〉確實反映了孔子的愚民思想，不過錢文指出這是當時基於維護「君君臣臣父父子子」的等級秩序而有的說法。蓋莉〈關於「民可使由之不可使知之」的釋讀〉[170]則參考康有為句讀〈泰伯〉為「民可，使由之；不可，使知之」，而將〈尊德義〉句讀為「民可，使道之；而不可，使智之」或「民可使，道之；而不可使，智之」。蓋莉認為如此句讀亦與簡文「民可道也，而不可強也」的意思一致，並符合〈堯曰〉「不教而殺謂之虐」以及〈尊德義〉「民不可惑也」

---

[169] 廖名春編《清華簡帛研究》第一輯。
[170] 《孔子研究》，2000年第3期。

的意思。彭忠德〈完整理解郭店楚簡「尊德義」後，再說「民可使由之」章〉[171]亦接續上述探討，並從古漢語語法來解讀〈尊德義〉的文義。彭文一方面將「民可使道之而不可使知之」屬於上一段的結尾，而「民可從也，而不可強也」則屬於下一段的開頭，並指出前句意謂能用禮樂之德引導民眾，但不能夠使民眾知道「德」，而後句意謂能引導民眾，但不能強制民眾。彭文另一方面指出〈尊德義〉在論述德治的重要性，而非討論「使民」的問題，故彭忠德由此也修正自己之前的解讀[172]。再者，彭文認為〈泰伯〉應句讀為「民，可使由之，不可使知之」，而且如此理解〈尊德義〉與〈泰伯〉並非謂孔子有愚民思想，而只是反映出儒家（孔子、孟子、朱子）承認事實上的民愚，所以沒有辦法（不可、不能）使民眾知道禮樂之德。

筆者認為，民可「使由」、「使知」或「使道」的問題涉及古代人民在無知識教育背景下，為政者該以何種思維進行政教，換言之，在上位者應以何種統治觀念面對被統治者。從孔孟儒學來看，無論是統治者或被統治者，皆應具有人之內在道德性者，「我欲仁，斯仁至矣」（〈述而〉），「人皆有不忍人之心」（〈公孫丑上〉），故愚不愚人民或人民愚不愚並非關鍵，而是主政者的仁心如何展現仁政或是君子當為政以德，這纔是儒家精神之所在。因此，若說〈尊德義〉乃針對《論語》有所回應，則詮釋「民可使導之，而不可使知之。民可導也，而不可強也」也應當順著孔子學說的核

---

[171] 《孔孟月刊》39 卷第 9 期，2001 年 5 月。

[172] 〈也說民可使由章〉，刊於《光明日報・理論週刊》，2000 年 5 月 16 日。文中也回應了吳丕〈再論儒家使民思想〉（《光明日報・理論週刊》，2000 年 6 月 13 日）與尹振環〈別誤解民不可使智之〉（《光明日報・理論週刊》，2000 年 7 月 18 日）的討論。

心觀念來說明。

　　另外菅本大二〈郭店楚簡《尊德義》中的禮治思想〉[173]以〈尊德義〉「刑不逮於君子，禮不逮於小人」爲問題意識來比較《禮記・曲禮》、《荀子・富國》、《新書・階級》中相類似的文獻，並指出〈曲禮〉、〈富國〉、〈階級〉等三篇文獻中的「禮」與「刑」是依照身份地位來適用於各個層級的人。菅本又指出，〈階級〉所云：「古者禮不及庶人，刑不至君子」的相關敘述還與〈尊德義〉相互聯繫，即〈尊德義〉一方面消極地以「禮」與「刑」來表述「君」「民」分類及其統治思想，另一方面簡文又強調君主以「禮」「樂」來統治人民。菅本進一步以〈尊德義〉的思想來與《荀子》比較，並認爲由此可反映出孔子之後「禮治」的兩個方向，一是「禮」作爲統治上的外在規範，這是荀子思想；二是「禮」作爲人內在精神的倫理規範，這是孟子思想。菅本最後指出，〈尊德義〉的「禮」是接近孔子「道之以德，齊之以禮，有恥且格」的觀點，而荀子的「禮」雖有外在規範的意思，但其中又帶有身份升降的標準且具備強制力，所以〈尊德義〉與荀子的禮治觀念彼此還是有異。筆者認爲菅本的討論雖然涉及儒學「禮」觀念的發展，然而其本質問題應在於荀子思想爲何有「禮法」(「師法之化，禮義之道」)的特徵？若與孟子比較，則關鍵在於二者對「人性」的哲學詮釋。然而〈尊德義〉並無人性觀念的相關論述，所以簡文固然可與荀子的禮治做比較，但進一步的研究應說明兩者有關「禮」觀念的差異的根源何在。

---

[173] 副標題爲「以荀子的禮治思想比較爲中心」，發表於政治大學中文系主辦之「出土簡帛文獻與古代學術」國際研討會，2005 年 12 月 2-3 日。

十一、 性自命出

〈性自命出〉主張「性自命出，命自天降。道始於情，情生於性」與「凡道，心術為主……唯人道為可道也」，所以研究者們主要圍繞在「心」、「性」、「情」相關問題的探討上，以下所述可為相關研究的代表：

陳來〈荊門竹簡之《性自命出》篇初探〉[174]文中認為〈性自命出〉反映出幾個論點：1.好惡為性，此可與〈樂記〉「好惡無節於內，物誘於外」以及《荀子》以好惡論情的思想作比較。2.喜怒之氣為性，此可與《大戴禮記·文王官人》「民有五性（氣），喜怒欲懼憂」作比較。3.簡文「情生於性」一語的內容在〈語叢二〉有更進一步的表達。4.簡文「四海之內，其性一也。其用心各異，教使然也」繼承了孔子「性相近也，習相遠也」的思想。又簡文沒有人性善或者人性惡的意識，此與〈樂記〉「人有血氣心知之性，無喜怒哀樂之常」相近。5.簡文具有「物誘性動」的思想，此比〈樂記〉的「心動」多講了「性動」。6.簡文含有「習以養性」的思想，此可與《大戴禮記·保傅》所引孔子之語比較，由此亦見「習以養性」與孟子「存心養性」的思想不同。7.「性自命出，命自天降，道始於情，情生於性」以及「修身近至仁」可與《中庸》比較。8.以德治民，此顯示楚地儒家政治思想。陳文並推演上述論點，得出二點結論，一是〈性自命出〉不是性善論，而是近於自然人性論，即以自然屬性論性。二是〈性自命出〉在派別上與子游、公孫尼子、子思等人有關。

---

[174] 姜廣輝主編《郭店楚簡研究》（《中國哲學》第 20 輯）。

陳麗桂〈郭店儒簡〈性自命出〉所顯現的思想傾向〉[175]指出簡文所要凸顯的主題有心、性、情、義、道、禮、樂、習（學）、教等，其中性是天生本然的身心狀態，心是有主體意識的存在，心（志）的作用決定了性的呈顯，情是心靈交通的媒介與訂定人文儀節的依據，義作為善的表徵亦與情配合，道主要是治「心」之術的人道，禮與樂是人道的核心課題，它們乃是透過學習與教化培養出來的。陳文在結論中指出〈性自命出〉只提《詩》、《書》、《禮》、《樂》而不及《易》，又《易》在儒家中屬天道，而且簡文甚是強調禮樂教化，所以〈性自命出〉的思想傾向告子、荀子，而非思孟學派。

魯瑞菁〈《郭店竹簡・性自命出》的思想特色〉[176]主要探討〈性自命出〉的天、命、性、情、心、物、教、道、學、習、身等概念，其中「天命」是「性」發生的源頭，但簡文不對天、命的根源作追問。又「性」是喜怒哀悲之氣，它們會被外在的物、勢引動而成為情，如此，〈性自命出〉的性論是「性可善可不善」或「性有善有不善」。又〈性自命出〉所謂「心」具有內在生命的能動性及人格主體的獨立性，也是人的實踐原則或活動原則。至於〈性自命出〉所謂的「情」，魯文認為有兩種意義，一是客觀情事、人類行為的真實情況，二是情緒與情感。魯文由此指出〈性自命出〉可能是南方重情文化的關鍵。關於教、道、學、習，魯文認為這些活動乃實際表現在人的身心兩方面，所以〈性自命出〉落在「心術」與「修身」上來說。

---

[175] 《中國學術年刊》第 20 期，1999 年 3 月。
[176] 《靜宜人文學報》第 14 期，2001 年 8 月。

　　張茂澤〈《性自命出》篇心性論大不同於《中庸》說〉[177]文中認爲〈中庸〉所說的「心」是至誠本心，而〈性自命出〉的「心」則是心理心、經驗心。而且〈性自命出〉所云之「心」無獨立自在的性質，所以簡文強調後天學習、教養的重要性，因此人的性善或性僞由此而出。再者，張文指出〈中庸〉以先天的「德」解釋人性，而〈性自命出〉的性則是從「氣」來解，所以對〈中庸〉來說，後天的教育學習及制度賞罰只是輔助道德修養，更重要的是透過道德修養來發揮出先天的德性。張文最後總結〈性自命出〉早於《中庸》並且下開荀子，而荀子在心性論上較具體且有系統。

　　丁原植《楚簡儒家性情說研究》[178]亦推斷〈性自命出〉與《中庸》的哲學考慮是不同的。丁書認爲《中庸》講「天命之謂性，率性之謂道，修道之謂教」是以天、命、性、道、教連貫起由「天」而來的人文教化及其作爲人義的規劃，並強調了人道價值在由「天」到「教」的過程中的重要性。而關於〈性自命出〉所說「性自命出，命自天降。道始於情，情生於性」，丁書指出簡文的觀念乃是從「始」與「生」在哲學觀念的不同來看，其所謂「道」非由「情」必然地產生，但作爲人存實情的「情」，卻是人「性」的直接展現，其由「性」而生，所以〈性自命出〉之天、命、性都是一種本然，而非直接含有價值。

　　郭齊勇〈郭店楚簡《性自命出》的心術觀〉[179]認爲〈性自命

---

[177] 《人文雜誌》，2000 年第 3 期。

[178] 詳見 p.45-47（臺北：萬卷樓圖書，2002 年）。此書是根據丁原植《郭店楚簡儒家佚籍四種釋析》（臺北：台灣古籍出版社，2000 年）的研究成果，再對照上博簡〈性情論〉加以申論。

[179] 《安徽大學學報》（哲社會科學版），2000 年第 5 期。此文出自〈郭店楚簡身心觀發微〉上半部（收入武漢大學中國文化學院編《郭店楚簡國際學術研討會論文集》）。

出〉的主題在「心術」，其目的在建立人的主體性，而心術的內容包括 1.以心志導情氣；2.以禮樂之教養性培氣；3.內外交修，心身互正。此外，郭齊勇〈郭店儒家簡與孟子心性論〉[180]文中又進一步指出，〈性自命出〉雖以「喜怒哀悲之氣」和「好惡」來界定氣，但是情氣並沒有排除好惡中的善端，所以情不僅僅指自然情欲，也指道德情感，而這正是孟子所要發揮的。郭齊勇〈郭店楚簡身心觀發微〉[181]另外申論〈性自命出〉與〈五行〉所說的身心合一是天人合一的觀念。

東方朔〈《性自命出》篇的心性觀念初探〉[182]首先指出「性」字原初並無善的意思，此「性」可釋為人之欲望。而「欲」即當節而不流於縱，當教而不使出位。東方朔以此觀察《論語》，指出孔子言性實乃兼才而論，故有上智下愚之說。再者，東方朔指出「情」字有「情感」、「情態」、「情實」三義，而「心」之覺感有二種形式：「心知」和「情心」，並且由此可說「性」為「情」之源，而「心」為「情」所由生之「官」，故〈性自命出〉是即情言性。東方朔還進一步主張言性不言情即心性論斷流為枯槁，言情不言性即情不復為情而流為荒蕩。東方朔認為如何保持心、性、情三者的平衡乃是各種心性論的課題，也是構成我們對實存的人產生不同瞭解的原因，而〈性自命出〉即像是一部有關人之實存的道德心理學，並且〈性自命出〉也是實存社會學的。東方朔還指出〈性自命出〉的心性論概念所表達的是人的實存面向，亦是人的具體生活世界的面向，而非本體論的面向。

---

[180]　《武漢大學學報》（哲社會科學版），1999 年第 5 期。
[181]　收入武漢大學中國文化學院編《郭店楚簡國際學術研討會論文集》。
[182]　收入武漢大學中國文化學院編《郭店楚簡國際學術研討會論文集》。

馬育良〈先秦儒家對於「情」的理論探索〉[183]所論可分為以下幾點：1.〈性自命出〉的性、情只是未發已發之別，並無性情善惡異質的問題。2.馬文認同龐樸先生唯情主義的說法，其以為真情流露是儒家的重要精神，此即率性，故「率性之謂道」應從〈性自命出〉的角度來解釋。3.「性自命出，命自天降」和「凡人雖有性，心弗取不出」蘊含將人的道德資質納入人心的思想，此亦啓發孟子，只是孟子更加突出了「心」在道德實踐中的溝通和開發功能。4.《荀子》主張「心」可以瞭解真理的想法是受到〈性自命出〉中心論的影響，而〈性自命出〉的主張則是強調心要有定志須從「教」入手。

另外，陳昭瑛〈性情中人：試從楚文化論《郭店楚簡‧性情篇》〉[184]從楚人的精神特質、審美意識、生活禮俗、巫祝文化的關連，指出楚文化重情、重身、情身相依、身心不二的思想傾向，並以此探討〈性自命出〉的特色除了以教養轉化性情的基本教義外，還顯示感性生命在道德生活與實踐中的重要性，以及道德實踐中的生命狀態的情感表現。

郭店楚簡的研究數量中，〈性自命出〉是僅次於竹簡《老子》，此由於〈性自命出〉包含了哲學史上孔子之後的各種儒學發展。筆者認為簡文可統整為「人道」（人文、人義）的哲學問題，而上述研究成果也指出〈性自命出〉的思想不僅在「心」、「性」、「情」三者的理論關係，並且也涉及如何實踐道德的問題，而研究者多與《荀子》比較即是反應簡文此一思想特色。又〈性自命出〉簡35與簡67末皆有分篇符號，顯示簡文具備論理上的劃分，其中文

獻後半部多涉及禮樂政教問題，亦隱含〈性自命出〉對於本質問題以及成德功夫的體用論的考量，故筆者認爲〈性自命出〉的人道思想還須就儒學的體用觀有所探討。另外，〈性自命出〉所涉及性善不善的人性論問題亦是研究者關注所在，《孟子・告子上》公都子指出當時存在著三種性與善概念的組合狀況，惟孟子性善論凸顯於其中。觀孟子回答「乃若其情，則可以爲善矣，乃所謂善也。若夫爲不善，非才之罪也」，之後還列舉四端之心，此顯示孟子即心言性的理路。而〈性自命出〉在強調「情生於性」下，又說「好惡，性也。所好所惡，物也。善不善，性也，所善所不善，勢也。凡性爲主，物取之也⋯⋯人之雖有性，心弗取不出」，筆者認爲簡文的思維模式與孟子相合，然其比孟子更強調物、勢的作用與人之有本性（「性自命出，命自天降」），所以簡文應視爲儒家性善論的問題意識的參考文獻。

十二、 六德

　　因爲〈六德〉以數爲紀的特色，所以它的內容可與相關傳世文獻比較，徐少華〈郭店楚簡《六德》篇思想源流探析〉[185]引古代著作排比如下：

　　　　《論語・陽貨》「六言」：仁、知、信、直、勇、剛
　　《周禮・地官・大司徒》「六德」：仁、知、聖、義、和、忠
　　　　《新書・六術》「六行」：仁、智、信、義、禮、樂
　　敦煌《孝經注》殘片「六德」：仁、智、信、義、禮、忠

---

[185] 收入武漢大學中國文化學院編《郭店楚簡國際學術研討會論文集》。

郭店楚簡《六德》：仁、智、信、義、聖、忠

　　徐文認為〈六德〉是《論語》的進一步發展，並可與簡帛〈五行〉比較。另外徐文指出〈六德〉與《孟子》成書接近，亦與二戴《禮記》關係密切，例如簡文「門內之治恩掩義，門外之治義斬恩」，《大戴禮記・本命》作「門內之治恩掩義，門外之治義斷恩」。徐文又認為〈六德〉亦開漢儒「三綱六紀」、「三從四德」之先河，但不含有天人感應與陰陽五行的思想。筆者認為，〈六德〉所傳達乃儒學在戰國時期的特殊發展，例如〈六德〉「仁內義外」之說便不同於孟子駁告子仁內義外的主張[186]，可見孔子之後的儒家思想有更多面向的轉折。又如〈六德〉以父、子、夫為內，以君、臣、婦為外，即反映出周禮之君臣關係所蘊含的父子關係，儒家學者已將二者分別看待。[187]

　　對於簡文所顯現「以術為紀」的特色，顏世鉉〈郭店楚簡〈六德〉箋釋〉[188]認為〈六德〉與「五行」術數思想有關，而且與子思學派的「五行」說為同一體系，簡文內容是二者的結合。筆者認為「以術為紀」固然反映了〈六德〉的特殊性，但亦應關注其中的儒學本懷，龐樸〈三重道德論〉[189]即從完整的儒家道德學說體系來分析，並指出〈六德〉所論屬於人倫道德這一層，其乃最初一級的普遍道德，亦是人類的基礎組織。而李維武《六德》的哲學意蘊初探〉[190]根據〈性自命出〉「性自命出，命自天降」，指出「六德」的形成根源在「性」，亦即「德」的形成在形上的天道。

---

[186] 詳見本書第五章第三節的論證。
[187] 詳見本書第五章第二節的論證。
[188] 《歷史語言研究所集刊》第 72 本第 2 分，2001 年 6 月。
[189] 《歷史研究》，2000 年第 5 期。
[190] 《中國哲學史》，2001 年第 3 期。

但是李文又指出〈六德〉的內容主要是將抽象的德性與現實的社會生活整合，並表現為三種社會關係，即聖智之德與禮樂、刑法、政治的關係，仁義之德以父系家族血緣為基礎的人際關係，忠信之德與農業社會的生產關係。

　　然而，對〈六德〉所述抱持批判態度者亦有之，金春峰〈論郭店簡《六德》、《忠信之道》、《成之聞之》之思想特徵與成書時代〉即認為「位」有上下之分的意思，是等級、尊卑關係的概念，而〈六德〉又主張「六位」分為率人與被率、使人與事人二類，所以由此可見簡文與漢人三綱說一脈相承。金文還指出〈六德〉的思想若就整體內容而言，其具有融合儒法的特點，如簡文突出「慶賞」是君的權柄，又如簡文所謂臣之忠的觀念則是建立在國君待我以義的原則上，此可謂斬斷宗法中血脈的聯繫，這方面從〈六德〉的「蓄臣」觀念也可見一斑。金文認為前述君臣觀念在思孟學派的著作中沒有，而在馬王堆帛書〈經法〉、《戰國策·魏策》以及《韓非子·飾邪》中可找到，故〈六德〉的君臣觀念只能是戰國黃老或法家思想。金文另有一觀點值得思考，即孔子乃至思孟學派的倫理道德思想是以宗族恩情為核心，然到了戰國時期，此一儒學特徵完全從道德與政治中退位，雖有忠、孝、信、義仁之名，但是其內容已改變。相較於金春峰的觀點，陳麗桂〈郭店儒簡的外王思想〉[191]卻有不同觀察，該文中指出簡文以父系為主、血緣為先，並且特重血親；更特殊的是，〈六德〉將「婦」剔於門外，亦即簡文將六位分父子夫為內、君臣婦屬外，陳文認為這是父系社會堅持血緣為先的必然結果。

　　上述研究成果顯示〈六德〉對人倫分位的建構，其實蘊含著

---

[191] 《台大文史哲學報》第 55 期，2001 年 11 月。

戰國儒學另一種發展面向，筆者認爲如此發展可從「禮」的意涵來瞭解，如李學勤〈郭店楚簡《六德》的文獻學意義〉[192]說明簡文「門內之治恩掩義，門外之治義斬恩」引用了《禮記‧喪服四制》的成句，這引發了一連串的探討，包括彭林〈再論郭店簡《六德》「爲父絕君」及相關問題〉[193]，魏啓鵬〈釋《六德》「爲父絕君」〉[194]，李存山〈「爲父絕君」並非古代喪服之通則〉[195]、〈再說「爲父絕君」〉[196]等，他們先後根據喪禮的原則來說明簡文「爲父絕君」的問題，並且提出不同的答案。雖然他們的討論過程主要是採用考證與文獻學的方法，並且是針對禮學的詮釋而言，但是筆者認爲其中還涉及儒學以何觀念看待服喪的問題。《論語‧八佾》記載孔子曰：「禮，與其奢也，寧儉；喪，與其易也，寧戚」。換言之，喪禮雖有一定制度，但絕非人絕對服從或固守外在規範，而是我們要問：人爲何能有禮以及如何有禮。況且〈六德〉有關服喪的論述是跟隨「仁內義外」的觀念而來，如何理解「仁內義外」亦成爲詮釋這段文獻的關鍵。[197]

十三、 語叢

郭店楚簡整理者將〈語叢〉分成四篇，並指出簡文皆抄寫在

---

[192] 收入武漢大學中國文化學院編《郭店楚簡國際學術研討會論文集》。

[193] 《中國哲學史》，2001 年第 2 期。

[194] 副標題「兼答彭林先生」，《中國哲學史》，2001 年第 2 期。

[195] 收入《經學今詮第四編》（《中國哲學》第 25 輯），2004 年 8 月。

[196] 《江蘇社會科學》，2005 年第 5 期。

[197] 詳見本書第五章第三節的論證。

最短的簡上，內容由類似格言的文句組成，其體例與《說苑·談叢》、《淮南子·說林》相似[198]。雖然〈語叢〉的形式屬札記，但〈語叢四〉竹簡字體與形制卻與其他三篇不同[199]，尤其自簡 10 開始，已是成篇論述，故研究者主要針對〈語叢四〉的思想特色來討論。龐樸〈《語叢》臆說〉[200]從簡文宣揚游說之道和南面之術來看，其認為〈語叢四〉既非儒家思想，亦非道家思想，而更近乎法家、縱橫家。林素清〈郭店竹簡《語叢四》箋釋〉[201]認為〈語叢四〉專論言語游說之道，其他三篇則均以討論性情與德行為主。林文還指出，若總結全篇主旨，〈語叢四〉可暫擬篇題為「說之道」。李零《郭店楚簡校讀記（增訂本）》[202]認為簡文內容與陰謀游說、縱橫長短之術有關，其乃類乎《太公》、《鬼谷》，故可屬廣義道家。又有關篇題，李文同前述林文，亦認為可題為「說之道」。朱喆〈《語叢四》學派性質芻議〉[203]則直接根據《漢志·諸子略》與《史記·太史公自序》的說法，判斷〈語叢四〉有關名家、法家、縱橫家的內容皆歸屬道家。然而與上述不同的是，羅運環〈郭店楚簡有關君臣論述的研究—兼論《語叢四》的問題〉[204]不認同將〈語叢四〉與其他三篇區分開來，該文中認為〈語叢四〉的游說之道的主旨

---

[198] 詳見荊門市博物館編《郭店楚墓竹簡·語叢一釋文註釋》之說明。

[199] 參考林素清〈郭店竹簡《語叢四》箋釋〉（收入武漢大學中國文化學院編《郭店楚簡國際學術研討會論文集》）從簡長、抄寫格式、字體、篇章結構，指出〈語叢四〉與其他三篇有明顯差異。李零《郭店楚簡校讀記（增訂本）》的〈凡例〉指出〈語叢四〉字體與道家簡為一類，而且兩者竹簡編線皆為二道。至於〈語叢〉其他三篇字體可歸為一類，而且這三篇竹簡編線皆為三道。

[200] 收入姜廣輝主編《郭店楚簡研究》（《中國哲學》第 20 輯）。

[201] 收入武漢大學中國文化學院編《郭店楚簡國際學術研討會論文集》。

[202] p.44。

[203] 收入武漢大學中國文化學院編《郭店楚簡國際學術研討會論文集》。

[204] 收入武漢大學中國文化學院編《郭店楚簡國際學術研討會論文集》。

不在游說，而是討論用人問題，此乃與前三篇討論人性、倫理道德的內容相關。比較特殊的是黃人二〈戰國郭店楚簡《語叢四》注釋（上）（下）〉[205]不從某家派來看待〈語叢四〉。黃文認爲簡文純然只是在講游說之術。又丁四新《郭店楚墓竹簡思想研究》[206]認爲〈語叢四〉是權謀縱橫游宦之士所做的言論匯集或思想表達，並指出〈語叢〉前三篇是儒家思想。丁文的說法同前引李零與朱喆的論著，其皆認爲〈語叢〉前三篇的內容可歸爲儒家思想。筆者認爲，〈語叢〉有三處記錄見於傳世文獻[207]，由此更可知簡文應爲抄錄格式，所以在沒有其他可供參照的文獻的情況下，〈語叢〉的文句與觀點應只能作爲輔證郭店楚簡其他成篇章與論述的材料來看待。

結論：問題與反省

研究者的成果是不斷累積的，而且實際上蒐羅資料也難免遺珠之憾（尤其是研討會議發表的論文），故筆者的引述亦難以窮盡所有有關郭店楚簡哲學思想的研究論文。然而，本文以歸納方法所做之評述，所著重者在評論，其目的主要是爲了澄清有關出土文獻的研究的問題意識，故本文最後根據以上冗長的論述，提出三點

---

[205] 「簡帛研究」網站，2002 年 3 月 17 日。

[206] 《郭店楚墓竹簡思想研究・第五章 《語叢》四篇探析》，p.218-222。

[207] 1.〈語叢三〉「志於道，據於德，依於仁，遊於藝」，同《論語・述而》。2.〈語叢三〉「毋意，毋固，毋我，毋必」，《論語・子罕》作「毋意，毋必，毋固，毋我」。3.〈語叢四〉「竊鉤者誅，竊邦者爲諸侯。諸侯之門，義士之所存」，《莊子・胠篋》作「彼竊鉤者誅，竊國者爲諸侯。諸侯之門，而仁義存焉」。

對於郭店楚簡哲學研究的反省。

1. **詮釋架構與方法的問題**：當陳寅恪評論馮友蘭《中國哲學史》為「新瓶裝舊酒」時[208]，西學東漸所造成的中國哲學的命運已然成形，此即「格義式」的中國哲學[209]。當代中國哲學的發展普遍地面臨這種境遇，而我們也看到當代新儒家的前輩先生與國內新士林哲學的學者們，在如此時代背景下耕耘出相當的研究成果[210]。以方法學角度反觀，郭店楚簡的哲學研究實際上面對如前所述之遭遇，上引諸位文史哲相關學者的論文中，其所使用實踐理性、主體、本質、本體、實體、超越者、先驗性、自然法則等概念詞語，反應出甚為鮮明的哲學詮釋的立場。而筆者近年的研究試圖從中反省並觀察到，雖然有些學者在行文間甚少出現我們所熟悉的哲學詞語，而保住了傳統中國思想的特色，但對於豁顯義理與哲學性上則失去思想的精彩程度，而無法把古代哲理的義蘊適當地表述出來。再不然囿於方法論意識的不足，有些研究者對郭店楚簡的思想的表述，其概念表達

---

[208] 詳見馮書下冊附錄〈審查報告三〉（臺北：臺灣商務印書館，1993年）。陳寅恪的用語來自馮書下冊第一章〈汎論經學時代〉以新酒與舊瓶譬喻近代中國學術的困境。

[209] 袁保新〈再論老子之道的義理定位—兼答劉笑敢教授〈關於老子之道的新解釋與新詮釋〉，《中國文哲研究通訊》第7卷第2期，1997年6月。有關這方面的問題，還可參考劉笑敢〈「反向格義」與中國哲學研究的困境—以老子之道的詮釋為例〉《南京大學學報》，2006年第2期）、〈中國哲學 妾身未明？—關於「反向格義」之討論的回應〉《南京大學學報》，2008年第2期）。

[210] 當代新儒家的標誌為牟宗三、徐復觀、張君勱、唐君毅四位先生於1958年共同發表了一篇〈為中國文化敬告世界人士宣言〉，副標題為「我們對中國學術研究及中國文化與世界文化前途之共同認識」。後改文題為〈中國文化與世界〉，收入《說中華民族之花果飄零》（臺北：三民書局，1974年），又收入《中華人文與當今世界（下冊）》（《唐君毅全集·卷四之二》，臺北：學生書局，1987年）。新士林哲學的研究以輔仁大學哲學系為主，近年黎建球主編《哲學與文化》368期（2005年1月）「輔仁學派的理論與實踐專題」則為明顯的標誌。

仍不免帶有西方哲學的語言，結果導致理論分際的模糊。我們該如何避免對郭店簡文的詮釋產生觀念混淆的困境呢？筆者認為唯有在問題意識上做出澄清以瞭解我們的提問是否相應於出土文獻，同時也採取比較（對比）的方法，藉以釐清我們所使用的詮釋架構是否能夠還原到簡文中。否則縱使有再多思想類的出土文獻，對眾多哲學研究者而言，依然只有材料的新穎而無義理的新意。

2. **思想史的脈絡**：筆者曾以「天道思想」為線索來探討郭店楚簡，並指出研究者們對天人關係的討論乃進一步延伸到治術、心性論、道德哲學、宇宙觀、先秦天道觀等問題。筆者觀察這些研究的立論基礎除了根據郭店楚簡有關天人論述的文獻外，從哲學闡釋的發展過程來看，「中國哲學向來以天人合一或天人不二為宗旨」[211]的脈絡尤顯示郭店楚簡的研究意義。換言之，我們可以觀察到古代學者不只著重在建立人道的意義，他們還意識到人之外的天地萬物應有其道理，且可與之呼應。倘若以前述作為郭店楚簡的研究背景，則簡文除了作為我們研究先秦天人關係的多元材料之外，同時還可啟發我們將研究的問題意識放到哲學思想的歷史中來看待，更可以此檢視郭店楚簡的研究價值。

　　然而筆者發覺，有關郭店楚簡的思想史研究，多反映在分家分派的探討上。而如此將出土文獻遽然歸屬於某一學派（例如子思學派），尤其在這些文獻資料大多是佚書的情況下，是否會導致思想的受限而無法對文本做出開放的理解呢？筆者並

---

[211] 唐君毅《中國哲學原論（導論篇）》（《唐君毅全集・卷十二》，臺北：學生書局，1988 年），p.520。

非意謂以後設的角度探討郭店楚簡的學派形式沒有意義，而是考慮思想的分家分派能夠得到多少的論證效力？又依據郭店楚簡來探討儒家與道家學說的正統或嫡傳為何者，這是否會比文獻所蘊含的義理還更有研究意義呢？雖然司馬談〈論六家要旨〉與班固〈諸子略序〉都引《繫辭下傳》「天下同歸而殊塗，一致而百慮」來區分先秦諸子的學術活動，但是將先秦學術劃分為六家與十家的理想卻只是歸納的工作，那只是史學家以簡御繁來面對思想史，如此作法能否窮盡思想發展過程的意蘊，實則應採保留態度。因此，筆者認為，有關出土文獻的思想研究應當回到文獻的脈絡，並盡可能地開發文本多樣而豐富的意涵，進而與思想史中的家派作比較，如此才不至於將郭店楚簡的文獻限制在思想史的某個地位上，也纔能使文獻的意義得以在思想史中擁有更多的探討空間。

3.　**多元研究觀念重建古典思想**：當代出土文獻的開發過程讓我們理解到簡帛文獻研究是跨學術領域的，從眾多的研討會議論文集、期刊專題、出版專書等，我們可以看到如果沒有考證、辭章的基礎，則義理也難以呈現。從古代的時空背景來看，漢代人以小學作為經學的附庸[212]即已指出當代學者面對出土文獻應有的基礎觀念。不過，現代學術研究的專業分工，當然不可能讓學者有太多的心力可以致力於多領域的研究，故若能保持不同學術領域間的對話，則參與出土文獻的研究者，將會意識到考證與文獻學的論證過程與結果的存在。換言之，投身於古代思想的探討應避免獨白式的哲學詮釋，而應建立起多元的研究觀念以探討出土文獻的哲理。然而，古代哲學的意義世界雖

---

[212] 參考蔣伯潛、蔣祖怡《經與經學・第二十章 經學的附庸—文字學》

須經由國學途徑，但更重要的是，「『意義從脈絡而來』，而經典重要觀念的意蘊，除了經典語言文字的表層脈絡，還有文字背後的『生活世界』（life-world），它才是一切行動、知識、理論的意義根源」[213]。因此，若考慮到傳統思想中所擁有之豐富的義理，以及現代哲學詮釋所具備的語言特性與其方法上的必然性，則研究者應該通過國學與哲學的相輔相成，在文句敘述與文獻脈絡中掘發出經典的意涵，使古代經典詮釋顯露其相應的哲學意義。進而言之，哲學問題的研究須兼及發生過程與理論過程，此因哲學問題的發生有其歷史背景，而解決問題的哲學理論亦有其推演，又哲學史告訴我們，理論推演的過程無不蘊含在意義豐盈的文獻中，所以文獻作爲思想的載體當有其存在的意義，它是我們理解古代哲學的依據。因此，出土文獻不只是讓研究者知道文字或文本的記載會有更動與訛誤的可能，而且當我們經由國學方法來理解文獻時，還可藉此進一步探究古代文本所傳承之意義世界。易言之，出土文獻之所以吸引哲學研究者的目光，其緣由即在於哲學研究者秉持開放的觀念來面對其他領域的發言，如此纔能真實地重建古典哲理。

---

[213] 袁保新〈秩序與創新—從文化治療學的角度省思道家哲學的現代義涵〉，《鵝湖雜誌》第 314 期，2001 年 8 月。

附錄二 郭店楚墓竹簡研究資料目錄

一、書籍類[1]

1. 《中國哲學》編輯部、國際儒聯學術委員會合編《郭店簡與儒學研究》(《中國哲學》第21輯),瀋陽:遼寧教育出版社,2000年。
2. Huang Paulos《湖北荊門郭店1號楚墓發現的〈老子〉竹簡:老子其書其人》,Helsinki:The Finnish Oriental Society,1996年。
3. Sarah Allan & Crispin Williams ed, *The Guodian Laozi: Proceedings of the International Conference, Dartmouth College, May 1998*, Early China Special Monograph Series, no. 6, Institute for East Asian Studies, University of California, Berkeley, 2000。
4. 丁四新《郭店楚墓竹簡思想研究》,北京:東方出版社,2000年。
5. 丁四新主編《楚地出土簡帛文獻思想研究(一)》,武漢:湖北教育出版社,2002年。
6. 丁原植《郭店竹簡老子釋析與研究》(增修版),臺北:萬卷樓圖書,1999年。
7. 丁原植《郭店楚簡儒家佚籍四種釋析》,臺北:台灣古籍出版社,2000年。
8. 丁原植《楚簡儒家性情說研究》,臺北:萬卷樓圖書,2002年。
9. 大阪大學中國哲學研究室編輯《新出土資料和中國思想史》(《中

---

[1] 含研討會論文集、期刊專號與博碩士論文,但若博碩士論文有出版者以出版項為主。

國研究集刊》第 33 期），日本：大阪，2003 年 6 月 1 日。

10. 尹振環《楚簡老子辨析─楚簡與帛書《老子》的比較研究》，北京：中華書局，2001 年。

11. 孔德立《郭店儒簡與子思研究》，曲阜師範大學專門史碩士論文，2002 年。

12. 方連全《郭店簡《太一生水》研究》，國立中山大學中國語文學系研究所碩士論文，2004 年。

13. 王力波《郭店楚簡《緇衣》校釋》，東北師範大學中國古典文獻學碩士論文，2002 年。

14. 王佳靖《《簡帛《五行》校讀》，華東師範大學漢語言文字學碩士論文，2004 年。

15. 王波《郭店楚簡形聲字定量研究》，華東師範大學漢語言文字學博士論文，2007 年。

16. 王博《簡帛思想文獻論集》，臺北：台灣古籍，2001 年。[2]

17. 申寶峻《郭店楚簡《老子》校理》，中國文化大學中國文學研究所碩士在職專班論文，2005 年。

18. 吉田篤志《1998 年度研究報告書 1 郭店竹簡〈老子〉‧馬王堆帛書〈老子〉‧王弼注〈老子〉對照文》，日本：大東文化大學人文科學研究所，1999 年（1998 研究報告書）。

19. 朱心怡《天之道與人之道：郭店楚簡儒道思想研究》，臺北：文津出版社，2004 年。

20. 池田知久《郭店楚簡老子研究》，日本：東京大學文學部中國

---

[2] 該書除了〈人倫與人道〉、〈從帛書《繆和》篇到《淮南子‧繆稱》篇〉、〈論《論語》的編纂〉等三篇外，其餘十五篇皆以郭店楚簡為主題，幾可視為郭店楚簡專書。

思想文化學研究室，1999 年 11 月。

21. 池田知久《郭店楚簡儒教研究》，東京：汲古書院，2003 年。

22. 池田知久監修、大東文化大學郭店楚簡研究班《郭店楚簡之研
    究（一）》，日本，1999 年 8 月。

23. 池田知久監修、大東文化大學郭店楚簡研究班《郭店楚簡之研
    究（二）》，日本，2000 年 9 月 20 日。

24. 池田知久監修、大東文化大學郭店楚簡研究班《郭店楚簡之研
    究（三）》，日本，2001 年 3 月 20 日。

25. 艾蘭（Sarah Allan）＆ 魏克彬（Crispin Williams）主編，邢文
    編譯《郭店《老子》—東西方學者的對話》，北京：學苑出版社，
    2002 年。

26. 何永強《《郭店楚簡》儒家政治倫理思想研究》，重慶師範大學
    倫理學碩士論文，2005 年。

27. 吳勇冀《郭店楚簡〈太一生水〉研究》，暨南國際大學中國語
    文學系碩士論文，2002 年。

28. 吳禮明《郭店儒簡綜治思想研究》，鄭州大學中國古代思想文
    化史碩士論文，2005 年。

29. 呂欣欣《郭店楚簡儒家文獻文藝觀研究》，山東大學文藝學碩
    士論文，2007 年。

30. 李天虹《郭店竹簡《性自命出》研究》，武漢：湖北教育出版
    社，2003 年。

31. 李承律《郭店楚墓竹簡儒家思想研究〉，東京大學大學院人文
    社會系研究科亞洲文化研究專業東亞思想文化領域博士論文，
    2001 年。

32. 李松儒《郭店楚墓竹簡字跡研究》，吉林大學歷史文獻學碩士

論文，2006 年。

33. 李若暉《郭店《老子》校勘簡論》，武漢大學碩士學位論文，2000 年。

34. 李若暉《郭店竹書老子簡考》，濟南：齊魯書社，2004 年。

35. 李泰瑋《郭店楚墓竹簡書法探析》，國立臺灣藝術大學造形藝術研究所碩士論文，2005 年。

36. 李富琪《郭店楚簡文字構形研究》，國立高雄師範大學國文學系碩士論文，2000 年。

37. 李零《郭店楚簡校讀記（增訂本）》，北京：北京大學出版社，2002 年。

38. 李嘉惠《戰國儒家心性情說研究—以《禮記》三篇、〈性自命出〉為中心的考察》，東吳大學哲學系碩士論文，2006 年。

39. 李蓓《從郭店楚簡看漢字構形理據的歷史整合性》，山東大學漢語文字學碩士論文，2006 年。

40. 李銳《孔孟之間「性」論研究—以郭店、上博簡為基礎》，（北京）清華大學專門史博士論文，2005 年。

41. 李曉宇《郭店楚簡《太一生水》探析》，四川大學中國哲學碩士論文，2003 年。

42. 沈智偉《先秦老學圖像之重構——從出土《老子》回應《老子》學諸問題》，暨南國際大學中國語文學系碩士論文，2005 年。

43. 邢文編譯《郭店老子與太一生水》（《《郭店《老子》—東西方學者的對話》修訂改版），北京：學苑出版社，2005 年。

44. 東京大學郭店楚簡研究會編《郭店楚簡之思想史的研究（第一卷）》，東京大學文學部中國思想文化學研究室，1999 年 11 月。

45. 東京大學郭店楚簡研究會編《郭店楚簡之思想史的研究（第二

卷）》，東京大學文學部中國思想文化學研究室，1999 年 12 月。

46. 東京大學郭店楚簡研究會編《郭店楚簡之思想史的研究（第三卷）》，東京大學文學部中國思想文化學研究室，2000 年 1 月。

47. 東京大學郭店楚簡研究會編《郭店楚簡之思想史的研究（第四卷）》，東京大學文學部中國思想文化學研究室，2000 年 6 月。

48. 東京大學郭店楚簡研究會編《郭店楚簡之思想史的研究（第五卷）》，東京大學文學部中國思想文化學研究室，2001 年 2 月日。

49. 林素英《從《郭店簡》探究其倫常觀念》，臺北：萬卷樓圖書，2003 年。

50. 林勝彩《郭店楚簡與先秦學派問題》，國立中山大學中國文學系研究所博士論文，2005 年。

51. 武漢大學中國文化研究院《郭店楚簡國際學術研討會論文匯編》（第 1 至 3 冊），武漢大學中國文化研究院等，1999 年 10 月。[3]

52. 武漢大學中國文化學院編《郭店楚簡國際學術研討會論文集》，武漢：湖北人民出版社，2000 年。

53. 侯才編著《郭店楚墓竹簡《老子》校讀》，大連：大連出版社，1999 年。

54. 姜元媛《《老子道德經》版本的比較—以郭店楚墓竹簡爲研探中心》，淡江大學教育資料科學學系碩士論文，1999 年。

55. 姜廣輝主編《郭店楚簡研究》（《中國哲學》第 20 輯），瀋陽：遼寧教育出版社，1999 年。

56. 范麗梅《郭店儒家佚籍研究—以心性問題爲開展之主軸》，國

---

[3] 此論文彙編的大部份資料都收入下列《郭店楚簡國際學術研討會論文集》，但仍有多篇因故未收入，故筆者視爲與前述論文集爲不同的書籍。

立臺灣大學中國文學研究所碩士論文，2002 年。

57. 席盤林《論魯穆公變法中的子思─郭店楚簡〈魯穆公問子思〉及相關問題研究》，四川大學歷史系碩士學位論文，1999 年夏。

58. 荊門市博物館編《郭店楚墓竹簡》，北京：文物出版社，1998 年。

59. 袁紅梅《郭店楚簡《老子》校釋札記》，南京師範大學中國古典文獻學碩士論文，2005。

60. 涂宗流、劉祖信《郭店楚簡先秦儒家佚書校釋》，臺北：萬卷樓圖書，2001 年。

61. 崔仁義《荊門郭店楚簡《老子》研究》，北京：科學出版社，1998 年。

62. 張光裕《郭店楚簡研究（第一卷：《文字編》)》，臺北：藝文印書館，1999 年。

63. 張守中、張小滄、郝建文《郭店楚簡文字編》，北京：文物出版社，2000 年 5 月。

64. 張羽《郭店儒家簡心性思想研究》，吉林大學古籍研究所博士論文，2003 年。

65. 張青松《郭店楚簡通假字初探》，華南師範大學漢語言文字學碩士論文，2002 年。

66. 張紅《郭店簡《窮達以時》集釋》，吉林大學歷史文獻學碩士論文，2006 年。

67. 張桂光《郭店楚簡通假字初探》，華南師範大學漢語文字學所碩士論文，2002 年。

68. 張富海《郭店楚簡《緇衣》篇研究》，北京大學中國語言文學系碩士論文，2002 年。

69. 張園《郭店楚簡《老子》研究述論》，東北師範大學中國古典
　　文獻學碩士論文，2006。

70. 張鈺《《郭店楚墓竹簡》虛詞研究》，首都師範大學漢語言文字
　　學碩士論文，2004 年。

71. 張靜《郭店楚簡文字研究》，安徽大學漢語文字學所博士論文，
　　2002 年。

72. 梁立勇《郭店楚簡〈性自命出〉篇研究》，（北京）清華大學碩
　　士學位論文，2000 年。

73. 　淺野裕一編《古代思想史與郭店楚簡》，東京：汲古書院，2005
　　年。

74. 莊秀珠《郭店楚簡音系研究》，中國文化大學中國文學研究所
　　碩士論文，2005 年。

75. 莊姿音《郭店楚簡老子甲書法研究》，國立臺灣師範大學國文
　　學系在職進修碩士論文，2005 年。

76. 許美平《早期儒家天道觀—以郭店儒簡為中心》，北京大學哲
　　學、宗教學系碩士論文，2002 年。

77. 郭沂《郭店竹簡與先秦學術思想》，上海：上海教育出版社，
　　2001 年。

78. 郭碧娟《郭店楚簡文字研究—以偏旁構形為主》，政治大學中
　　國文學所碩士論文，2003 年。

79. 陳奕瑄《郭店楚簡五行研究》，彰化師範大學國文學系碩士論
　　文，2002 年。

80. 陳偉《郭店竹書別釋》，武漢：湖北教育出版社，2003 年。

81. 陳靖欣《《郭店楚簡・教（成之聞之）》文字研究》，國立臺灣
　　師範大學國文學系在職進修碩士論文，2005 年。

82. 陳鼓應主編《道家文化研究》第 17 輯（「郭店楚簡」專號），北京：三聯書店，1999 年。

83. 陳錫勇《郭店竹簡老子研究》，臺北：里仁書局，1999 年。

84. 陳霖慶《郭店性自命出暨上博性情論綜合研究》，國立臺灣師範大學國文研究所碩士論文，2003 年。

85. 彭浩《郭店楚簡老子校讀》，武漢：湖北人民出版社，2000 年。

86. 曾馨誼《簡帛《五行》篇研究》，國立臺灣大學中國文學研究所碩士論文，2002 年。

87. 黃占竹《郭店一號楚墓和最早版竹簡老子及太一生水》，"A JSPS Research Project"，1999 年。

88. 黃麗娟《郭店楚簡緇衣文字研究》，國立臺灣師範大學國文研究所碩士論文，2001 年 5 月。

89. 補利軍《《老子》文本變化比較—郭店楚簡、馬王堆帛書、通行本研究》，北京大學哲學、宗教學系碩士論文，2003 年。

90. 賈淑杰《戰國楚簡《五行》校注》，東北師範大學中國古典文獻學碩士論文，2002 年。

91. 鄒安華編著《楚簡與帛書老子》，北京：民族出版社，2000 年。

92. 廖名春《郭店楚簡老子校釋》，北京：清華大學出版社，2003 年。

93. 廖名春《新出楚簡試論》，臺北：台灣古籍出版有限公司，2001 年。[4]

94. 廖名春編《清華簡帛研究》第 1 輯，北京：清華大學思想文化研究所，2000 年 8 月。[5]

---

[4] 除了第四編收錄上博簡相關論文，其它皆為郭店楚簡專題論文。

[5] 此輯內容除了廖名春〈上海博物館藏楚簡《周易》管窺〉之外，其他皆為有關

95. 劉信芳《荊門郭店楚簡《老子》解詁》，臺北：藝文印書館，1999 年。

96. 劉信芳《簡帛五行解詁》，臺北：藝文印書館，2000 年。

97. 劉祖信、龍永芳《郭店楚簡綜覽》，臺北：萬卷樓圖書，2005 年。

98. 劉釗《郭店楚簡校釋》，福州：福建人民出版社，2003 年。

99. 歐陽禎人《郭店儒簡論略》，臺北：台灣古籍出版社，2003 年。

100. 謝君直《郭店楚簡的天道思想》，中國文化大學哲學研究所博士論文，2004 年。

101. 謝佳惠《郭店儒簡四篇政教觀─以〈性自命出〉、〈六德〉為主》，國立臺灣師範大學國文研究所碩士論文，2004 年。

102. 謝佩霓《郭店楚簡《老子》訓詁辨疑》，暨南國際大學中國語文學系碩士論文，2002 年。

103. 謝素菁《郭店儒簡之內聖外王思想》，國立臺灣師範大學國文研究所碩士論文，2004 年。

104. 韓祿伯（Robert G.Henricks）著，邢文改編，余瑾翻譯《簡帛老子研究》，北京：學苑出版社，2002 年。

105. 聶中慶《郭店楚簡《老子》研究》，北京：中華書局，2004 年。

106. 聶保平《先秦儒家情思想初探》，北京大學哲學、宗教學系博士論文，2002 年。

107. 魏啓鵬《楚簡〈老子〉柬釋》，臺北：萬卷樓圖書，1999 年。

108. 魏啓鵬《簡帛〈五行〉箋釋》，臺北：萬卷樓圖書，2000 年。

109. 龐樸《竹帛〈五行〉篇校注及研究》，臺北：萬卷樓圖書，2000

年。

110. 龐樸等著《古墓新知》，臺北：台灣古籍出版社，2002 年。

111. 龐樸等著《郭店楚簡與早期儒學》，臺北：台灣古籍出版社，2002 年。

112. 羅凡晸《郭店楚簡異體字研究》，國立臺灣師範大學國文研究所碩士論文，2000 年。

113. 羅海英《郭店楚簡《忠信之道》研究》，山西大學中國古代史碩士論文，2006 年。

二、 期刊或單篇論文類[6]

1. Attilio Andreini 'The meaning of qing in the Confucian texts from Guodian Tomb no.1'，發表於義大利那普勒斯東方研究大學亞洲系主辦，史華羅教授（Prof. Paolo Santangelo）策劃，義大利非洲和東方研究院，蔣經國基金會協辦的「中國情感與史料分析」（Emotions and the Analysis of Historical Sources in China）國際研討會，2001 年 11 月 5 日至 9 日。

2. Carine Defoort（戴卡琳）〈墨子和楊朱的血液在儒家的筋肉裏—《唐虞之道》的「中道觀」〉，楊彥妮與作者合譯，收入《儒家文化研究》第一輯（新出楚簡研究專號），2007 年 6 月。

3. Donald Harper(夏德安) 'Reading Comprehension and Writing

---

[6] 含報刊類、網站發表類；又，收入上列有關郭店楚簡的研討會論文集、期刊專號、專書和以郭店楚簡爲博碩士論文中者均不列出。另外，一稿多投者以筆者手邊收集到的期刊、書籍或網路資料庫收錄的爲主。

States (as Evidenced in the Guodian Manuscripts)’　武漢大學《郭店楚簡國際學術研討會論文匯編》第 1 冊，1999 年 10 月。

4.Huang Paulos ‘The Guodian Bamboo slip Texts and the Laozi’，〔日〕中國出土資料學會：《中國出土資料研究》第 3 号，1999 年 3 月。

5.Jeffrey Riegal(王安國)　‘The Guodian "ZIYI"——New Evidence for the ZiSi School of EarlyConfucianism?’，武漢大學《郭店楚簡國際學術研討會論文匯編》第 1 冊，1999 年 10 月。

6.Rudolf G. Wangner ‘The Guodian MSS and the "Units of thought" in Early Chinese Philosophy’ 郭店楚簡國際學術研討會論文，1999 年 10 月武漢大學。

7.Sarah Allan（艾蘭）〈《唐虞之道》：戰國竹簡中任命以德的繼位學說〉，張海晏譯，收入《儒家文化研究》第一輯（新出楚簡研究專號），2007 年 6 月。

8.Shirley Chan（陳慧）‘The Political Thinking in the Guodian Ziyi Text’（郭店《緇衣》文本的政治思考），發表於武漢大學等單位主辦「新出楚簡國際學術研討會」，2006 年 6 月 26-28 日。

9.W. Wagner, Rudolf G.　‘The Impact of Conceptions of Rhetoric and Styleupon the Formation of Early Laozi Editions. Evidence from Guodian, Mawangduiand the Wang Bi Laozi’，第 44 屆國際東方學論文，日本，1999 年 6 月。

10.一文〈郭店楚簡的發現是否改變先秦學術思想史〉，《人民日報》，1999 年 5 月 8 日。

11.丁四新、劉琛〈楚簡〈語叢〉前三篇思想論析〉，《江漢論壇》，1999 年第 10 期。

12. 丁四新〈「郭店楚簡國際學術研討會」綜述〉,《孔子研究》,2000年第 2 期。

13. 丁四新〈從簡、帛、通行本比較的角度論《老子》文本的觀念過程和規律（上）〉,「簡帛研究」網站,2002 年 2 月 5 日。

14. 丁四新〈略論郭店簡本《老子》甲乙丙三組的歷時性差異〉,《湖北大學學報》,1999 年第 2 期。

15. 丁四新〈楚簡《太一生水》研究—兼對當前《太一生水》研究的總體批評〉,收入《楚地出土簡帛文獻思想研究（一）》,武漢：湖北教育出版社,2002。

16. 丁四新〈楚簡《太一生水》研究結論述要〉,「簡帛研究」網站,2002 年 2 月。

17. 丁四新〈論孔子與郭店儒簡的天命、天道觀〉,《湘潭師範學院學報》第 21 卷第 5 期,2000 年 9 月。

18. 丁四新〈論郭店楚簡「情」的內涵〉,《現代哲學》,2003 年第 4 期。

19. 丁四新〈簡帛《老子》思想研究之前緣問題報告—兼論楚簡《太一生水》的思想〉,《現代哲學》,2002 年第 2 期。

20. 丁為祥〈從〈性自命出〉看儒家性善論的形成理路〉,《孔子研究》,2001 年第 3 期。

21. 丁原明〈郭店儒簡「性」、「情」說探微〉,《齊魯學刊》,2002年第 1 期。

22. 丁原植〈《老子》哲學的「存有論」〉,《哲學與文化》26 卷 3 期,1999 年 3 月。

23. 丁原植〈從出土〈老子〉文本看中國古典哲學的發展〉,《哲學與文化》26 卷第 4 期,1999 年 4 月。

24. 丁原植〈郭店楚簡《老子》的出土及其特殊意義〉,《國文天地》第 14 卷第 2 期,1998 年 7 月。

25. 丁原植〈郭店儒簡〈性自命出〉的性情觀念〉,台灣大學哲學系主辦「先秦儒家思想學術研討會」會議論文,2001 年 4 月 21 日至 22 日。

26. 丁原植〈楚簡儒家佚籍的性情說〉,北京清華大學主辦「新出楚簡與儒家思想國際學術研討會」會議論文,2002/03/31 - 2002/04/03。

27. 丁巍〈郭店楚墓竹簡中外研究述略〉,《中州學刊》,2000 年第 2 期。

28. 于茀〈郭店楚簡《緇衣》引詩補釋〉,《北方論壇》,2001 年第 5 期。

29. 于振波〈近三十年大陸及港台簡帛發現、整理与研究綜述〉,《南都學壇》,2002 年第 1 期。

30. 大西克也〈談談郭店楚簡〈老子甲本〉「(爻攴)」字的讀音和訓釋問題〉,《中國出土資料研究》第 4 號,2000 年 3 月。

31. 干春松編輯〈郭店楚簡研究—中國社科院哲學所'99 第一次學術新進展報告會紀要〉,《哲學動態》,1999 年第 6 期。[7]

32. 尹紅〈簡論郭店楚簡的樂教思想〉,《華南農業大學學報》(社會科學版),2006 年第 2 期。

33. 尹振環〈「郭店楚墓竹簡老子」與「老子」之辨〉,《歷史月刊》第 145 期,2000 年 2 月。

34. 尹振環〈重寫老子之人,重釋《老子》之書〉,《中洲學刊》,

---

[7] 內含王葆玹:〈郭店儒道竹書研究的現狀和問題〉;郭沂:〈郭店竹簡與先秦哲學史之重寫〉。

2000 年第 2 期。

35. 孔仲溫〈郭店楚簡〈緇衣〉字詞補釋〉,《古文字研究》第 22
    輯,2000 年 7 月。

36. 孔仲溫〈郭店緇衣簡字詞補釋之二〉,收入逢甲大學中國文學
    系、中華民國文字學學會主編《第十屆中國文字學全國學術討
    論會論文論文集》,台中:逢甲大學,1999 年 4 月。

37. 孔德立〈郭店楚簡所見子思的修身思想〉,《管子學刊》,2002
    年第 1 期。

38. 文炳淳〈郭店楚簡〈唐虞之道〉篇雜釋〉,《中國文學研究》第
    八屆學術研討會,2001 年 3 月 24 至 25 日。

39. 方旭東〈郭店一號楚墓墓主身份考異〉,《北京大學學報》(哲學
    社會科學版),1999 年 6 期。

40. 方銘〈《唐虞之道》與孔子的大同理想〉,《人民政協報》,2001
    年 4 月 24 日。

41. 方銘〈郭店楚簡《唐虞之道》中原始儒家的終極理想〉,《南通
    師範學院學報》(哲學社會科學版),2003 年第 4 期。

42. 牛鴻恩〈《論語》的釋名現在可以論定了——《郭店竹簡‧性
    自命出》的「侖會」即《論語》之「論」的含義〉,《長江學術》,
    2007 年第 1 期。

43. 王三峽〈《文子》與郭店楚簡〉,《長江大學學報》(社會科學版),
    2004 年第 3 期。

44. 王子今〈郭店簡〈六德〉「訕謗」「斷訕」試解〉,《簡牘學研究》
    第 3 輯,蘭州:甘肅人民出版社,2002 年 4 月。

45. 王中江〈「身心合一」之「仁」與儒家德性倫理——郭店竹簡
    「(身心)」字及儒家仁愛的構成〉,《中國哲學史》,2006 年第 1

期。

46. 王永平〈郭店楚簡研究綜述〉,《社會科學戰線》,2005 年第 3 期。

47. 王仲翊〈《楚簡老子柬釋》「通假字」之含意商榷—以其「通假字匯解」的部分爲例〉,銘傳大學院應用中國文學系所主辦「第十二屆中國文字學全國學術研討會論文集」會議論文,2001 年 3 月。

48. 王志平〈〈太一生水〉與〈易〉學—兼談中國古代的宇宙論〉,《簡帛研究二〇〇一(上冊)》,桂林:廣西師範大學,2001 年。

49. 王志平〈郭店楚簡〈窮達以時〉叢考〉,收入艾蘭、邢文編《新出簡帛研究:《新出簡帛國際學術研討會文集》》,北京:文物出版社,2004 年。

50. 王其俊〈郭店楚墓儒簡和諧思想初探〉,《孔孟學報》第 85 期,2007 年 9 月。

51. 王幸平〈《性自命出》對孔子人性論的發展〉,《江漢大學學報》(人文科學版),2004 年第 3 期。

52. 王金凌〈《禮記・緇衣》今本與郭店、上博楚簡比論〉,北京清華大學主辦「新出楚簡與儒家思想國際學術研討會」會議論文,2002 年 3 月 31 日-4 月 3 日。

53. 王春〈《太一生水》中的「太一」試詮〉,《山東大學學報》(哲學社會科學版),2005 年第 4 期。

54. 王美鳳〈郭店楚簡的德治思想〉,《西北大學學報》(哲學社會科學版),2000 年第 2 期。

55. 王振復、陳立群〈郭店楚簡《性自命出》的美學意義〉,《復旦學報》(社會科學版),2003 年第 1 期。

56. 王振復〈郭店楚簡《老子》的美學意義──老子美學再認識〉,《學術月刊》,2001 年第 11 期。

57. 王敏光〈從郭店楚簡《老子》看老子與孔子思想的某些會通〉,《太原師範學院學報》(社會科學版),2005 年第 4 期。

58. 王連成〈《郭店楚墓竹簡‧五行》「返」字的識別與釋義〉,「簡帛研究」網站,2008 年 4 月 2 日。

59. 王連成〈《郭店簡‧語叢一》「天生縣,人生卯」的解讀有感〉,「簡帛研究」網站,2008 年 4 月 21 日。

60. 王勝利〈《太一生水》的宇宙生成論和天空型態觀〉,《江漢論壇》,2004 年 12 期。

61. 王博〈帛書〈五行〉與先秦儒家〈詩〉學〉,達慕思會議論文,1998 年 5 月。

62. 王博〈荊門郭店楚簡與先秦儒家經學〉,收入《中國傳統哲學新論──朱伯崑教授 75 壽辰紀念文集》,九洲出版社,1999 年 3 月。

63. 王博〈郭店《老子》為什麼有三組〉,達慕思會議論文,1998 年 5 月。

64. 王博〈關於〈唐虞之道〉的幾個問題〉,《中國哲學史》1999 年第 2 期。

65. 王晶〈郭店楚墓竹簡《老子》瑣議〉,《荊門職業技術學院學報》2003 年第 5 期。

66. 王葆玹〈試論郭店楚簡的抄寫時間與莊子的撰作時代──兼論郭店與包山楚墓的時代問題〉,《哲學研究》,1999 年 4 期。

67. 王寧〈申論楚簡中的「向」字〉,「簡帛研究」網站,2002 年 8 月 15 日。

68. 王寧〈再談《窮達以時》第 14、15 簡的關係〉,「簡帛研究」網站,2002 年 9 月 27 日。

69. 王寧〈釋郭店楚簡中的「噬」與「滋」〉,「簡帛研究」網站,2002 年 8 月 23 日。

70. 王寧《郭店楚簡〈緇衣〉文字補釋》,「簡帛研究」網站,2002 年 9 月 12 日。

71. 王德裕〈從《郭店楚墓竹簡》論子思〉,《重慶師院學報》(哲學社會科學版),2000 年第 3 期。

72. 王德裕〈論《郭店楚簡》中的老子思想〉,《重慶師院學報》(哲學社會科學版),2001 年第 1 期。

73. 王衛峰〈郭店楚簡中的「教」字〉,《蘇州大學學報》(哲學社會科學版),2005 年第 1 期。

74. 王輝〈由郭店楚簡《唐虞之道》說到《尚書·堯典》的整編年代〉,《古籍研究》,2000 年第 3 期。

75. 王輝〈郭店楚簡零釋三則〉,《中國文字》新 26 期,2000 年 12 月。

76. 王輝〈郭店楚簡釋讀五則〉,李學勤、謝桂華主編《簡帛研究二〇〇一(上冊)》,桂林:廣西師範大學出版社,2001 年 9 月。

77. 王澤強〈從郭店竹簡看屈原對儒家思想的承襲〉,《學海》,2002 年第 5 期。

78. 古敬恒〈郭店楚簡文字雜識〉,南開大學中國文字學研究中心主辦「首屆中國文學國際學術研討會」論文,2001 年 8 月 23 日。

79. 左鵬〈荊門竹簡《老子》出土的意義〉,《中國文物報》1995 年 6 月 25 日,第 3 版。

80. 平勢隆郎〈從太歲議論的出現看郭店楚簡〈太一生水〉〉，日本：《第 44 屆國際東方學論文》，1999 年 6 月。

81. 末永高康〈另一個〈天人之分〉—郭店楚簡初探〉，日本：《鹿兒島大學教育學部研究紀要》第 50 卷別冊，1999 年 3 月。

82. 田中智幸〈荊門郭店一號楚墓竹簡老子丙‧太一生水篇試解〉，《鶴見大學紀要》（第一部國語‧國文學編）第 36 卷第 1 分，1999 年。

83. 田文軍、李富春〈帛簡《五行》篇與原始「五行」說〉，《武漢大學學報》（人文科學版），2003 年第 1 期。

84. 白於藍〈《郭店楚墓竹簡》釋文正誤一例〉，《吉林大學社會科學學報》，1999 年第 2 期。

85. 白於藍〈《郭店楚墓竹簡》讀後記〉，《中國古文字研究》第 1 輯，1999 年 6 月。

86. 白於藍〈郭店楚墓竹簡考釋（四篇）〉，李學勤、謝桂華主編《簡帛研究二〇〇一（上冊）》，桂林：廣西師範大學出版社，2001 年 9 月。

87. 白於藍〈郭店楚墓楚簡釋讀札記〉，考古與文物編輯部主編《古文字論集（二）》（《考古與文物》叢刊第 4 號），2001 年 92 號。

88. 白於藍〈郭店楚簡《老子》「董」、「賽」、「齊」校釋〉，《古籍整理研究學刊》，2000 年第 2 期。

89. 白於藍〈郭店楚簡拾遺〉，《華南師範大學學報》（社會科學版），2000 年第 3 期。

90. 白於藍〈郭店楚簡補釋〉，《江漢考古》，2001 年 2 月。

91. 白於藍〈釋「欺」、「綦」〉，《古文字研究》第 22 輯，2000 年 7 月。

92. 白奚〈《老子》「躁勝寒，靜勝熱」釋義新探—以郭店竹簡本爲依據〉，《哲學研究》，2008 年第 3 期。

93. 仝衛敏〈郭店楚墓竹簡《唐虞之道》篇研究述評〉，《管子學刊》，2003 年第 1 期。

94. 向井哲夫〈關於郭店楚簡《老子》〉，《唯物論與現代》第 23 號，1999 年 7 月。

95. 向世陵〈郭店竹簡「性」「情」說〉，《孔子研究》，1999 年第 1 期。

96. 安樂哲、郝大維、彭國翔〈《道德經》與關聯性的宇宙論——一種詮釋性的語脈〉，《求是學刊》，2003 年第 2 期。

97. 成中英〈自郭店楚簡老子反思道家觀點〉，廣東羅浮山道家會議論文提要，1998 年 12 月。

98. 朱湘鈺〈儒家早期心性論探析〉，收入中央大學文學院儒學研究中心《第一屆青年儒學國際學術研討會論文集》，2003 年 9 月。

99. 朱榮貴〈郭店楚簡的孝道思想〉，《經學研究論叢》第 6 輯，臺北：學生書局出版，1999 年。

100. 江林昌〈中國先秦儒道文獻的重大發現與深遠意義：初讀《郭店楚墓竹簡》〉，《煙台大學學報》(哲學社會科學版)，2000 年第 4 期。

101. 江林昌〈郭店儒道文獻的重大發現與先秦兩漢學術史研究〉，《文獻》，2001 年第 1 期。

102. 池田知久〈美國達慕思大學「郭店老子國際研討會」〉，《東方學》第 96 輯，1998 年 7 月。

103. 池田知久〈郭店楚簡《性自命出》篇中〉的「道之四術」〉，

收入長沙市文物考古研究所編《長沙三國吳簡暨百年來簡帛發現與研究國際學術研討會論文集》，北京：中華書局，2005 年。

104. 池田知久著、黃秀敏譯〈郭店楚簡「窮達以時」研究（上）〉，《古今論衡》第 4 期，2000 年 12 月。

105. 池田知久著、黃秀敏譯〈郭店楚簡「窮達以時」研究（下）〉，《古今論衡》第 5 期，2000 年 6 月。

106. 竹田健二〈〈性自命出〉與〈性情論〉的比較〉，「日本漢學的中國哲學研究與郭店、上海竹簡資料」國際交流會議，2003 年 12 月 28 日。

107. 何景成〈郭店楚簡與西方漢學研究〉，《東南文化》2005 年第 3 期。

108. 何琳儀〈郭店《老子》校釋（甲篇）〉，長沙三國吳簡暨百年來簡帛發現與研究國際學術研討會論文提要，2001 年 8 月 16-19 日。

109. 何琳儀〈郭店楚簡選釋〉，李學勤、謝桂華主編《簡帛研究二○○一（上冊）》，桂林：廣西師範大學出版社，2001 年 9 月。

110. 何琳儀〈郭店簡古文二考〉，《古籍整理研究學刊》，2002 年第 5 期。

111. 何鋒、徐義德〈荊門出土戰國時期五部典籍〉，《中國文物報》1995 年 1 月 25 日，第 3 版。

112. 作者不詳〈我國考古史上又一重大發現—最早的竹簡《老子》等典籍在荊門出土〉，《湖北日報》，1994 年 12 月 15 日。

113. 作者不詳〈郭店楚墓竹簡如何改寫中國思想史〉，《中國青年報》，1999 年 11 月 7 日。

114. 余斯大〈郭店楚簡與屈賦中理性觀念之始探〉，《華中師範大

學學報》（人文社會科學版）第 39 卷 6 期，2000 年 11 月。

115. 吳良寶〈讀郭店楚簡札記（三則）〉，《古籍整理研究學刊》，
2001 年第 5 期。

116. 吳根友〈先秦學術原貌的重構—郭沂《郭店竹簡與先秦學術
思想》一書讀後〉，《哲學研究》2002 年第 10 期。

117. 吳根友〈楚簡本〈老子〉「大植若屈」等新解〉，《中國哲學史》，
2001 年第 3 期。

118. 吳根友〈道論在簡本《老子》中的地位及道、德在簡、帛、
王本中的含義異同初探〉，《江漢論壇》，1999 年第 10 期。

119. 吳傑夫〈試論郭店竹書中六篇簡長 32.5 公分的再分類〉，第
一屆出土文獻學術研討會論文，2000 年 6 月 8 日。

120. 吳萬鍾〈郭店楚簡對儒學的啓示〉，收入艾蘭、邢文編《新出
簡帛研究：《新出簡帛國際學術研討會文集》》，北京：文物出
版社，2004 年。

121. 吳銳〈《太一生水》與南方的柔教〉，收入李學勤、謝桂華主
編《簡帛研究二〇〇一（上冊）》，桂林：廣西師範大學出版社，
2001 年。

122. 吳銳〈郭店楚簡與經學—國際簡帛中心第一次學術討論會小
記〉，《國際簡帛研究通訊》第 2 期。

123. 吳禮明〈從《性自命出》看郭店儒簡的法律思想〉，《華北水
利水電學院學報》（社會科學版），2008 年第 1 期。

124. 吳禮明〈從郭店儒簡看封建倫常學說的邏輯發展〉，《華北水
利水電學院學報》（社會科學版），2006 年第 4 期。

125. 呂浩〈《郭店楚墓竹簡》釋文訂補〉，《中國文字研究》第 2 輯，
2001 年 10 月。

126. 呂浩〈《郭店楚簡》札記〉,《古漢語研究》,2003 年第 1 期

127. 呂紹綱〈《郭店楚墓竹簡》辨疑兩題〉,《史學集刊》,2000 年
    2 月第 1 期。

128. 呂紹綱〈性命說—由孔子到思孟〉,《孔子研究》,1999 年第 3
    期。

129. 宋啓發〈從《論語》到《五行》—孔子與子思的幾點思想比
    較〉,《安徽大學學報》(哲學社會科學版),1999 年第 5 期。

130. 李二民〈讀《太一生水》札記〉,李學勤、謝桂華主編《簡帛
    研究二〇〇一（上冊）》,桂林：廣西師範大學出版社,2001 年 9
    月。

131. 李小光〈郭店楚簡〈太一生水〉的宇宙生成圖式論略〉,《哲
    學與文化》第 34 卷第 1 期,2007 年 1 月。

132. 李天虹〈〈性自命出〉的編聯及分篇〉,李學勤、謝桂華主編
    《簡帛研究二〇〇一（上冊）》,桂林：廣西師範大學出版社,2001
    年 9 月。

133. 李天虹〈〈性自命出〉與傳世先秦文獻「情」字解詁〉,《中國
    哲學史》,2001 年第 3 期。

134. 李天虹〈從〈性自命出〉談孔子與詩書禮樂〉,《中國哲學史》,
    2000 年第 4 期。

135. 李天虹〈郭店竹簡〈性自命出〉研究〉,《中國社會科學院博
    士後工作報告》,2000 年 8 月。

136. 李天虹〈郭店楚簡與傳世文獻互徵七則〉,《江漢考古》,2000
    年第 3 期。

137. 李天虹〈釋郭店楚簡〈成之聞之〉篇中的「肘」〉,《古文字研
    究》第 22 輯,2000 年 7 月。

138. 李天虹〈釋楚簡文字「度」〉,《華學》第 4 輯,2000 年 8 月。

139. 李文玲〈《孝經》爲子思撰新考〉,《管子學刊》,2002 年第 2 期。

140. 李水海〈老子不是太史儋考証〉,《江南大學學報》（人文社會科學版）,2002 年第 2 期。

141. 李玉潔〈郭店楚簡儒家哲學思想與宋代理學〉,《河南大學學報》（社會科學版）,2002 年第 1 期。

142. 李存山〈《老子》簡、帛本與傳世本關係的幾個「模型」〉,《中國哲學史》,2003 年 3 期。

143. 李存山〈「爲父絕君」並非古代喪服之通則〉,收入《經學今詮第四編》（《中國哲學》第 25 輯）,2004 年 8 月。

144. 李存山〈「郭店竹簡與思孟學派」覆議〉,收入《儒家文化研究》第一輯（新出楚簡研究專號）,2007 年 6 月。

145. 李存山〈再說「爲父絕君」〉,《江蘇社會科學》,2005 年第 5 期。

146. 李存山〈李覯的性情論及其與郭店楚簡性情論的比較〉,《撫州師專學報》,2002 年第 4 期。

147. 李存山〈莊子思想中的道、一、氣—比照郭店楚簡《老子》和〈太一生水〉〉,《中國哲學史》,2001 年第 4 期。

148. 李存山〈郭店楚簡研究散論〉,《孔子研究》,2000 年第 3 期。

149. 李守奎〈楚簡《老子》《緇衣》中的異文通假與戰國聲紐初探〉,章太炎、黃侃先生紀念會及國際學術研討會論文提要,2001 年 9 月 1-5 日。

150. 李有兵、盧春紅、方哲〈心性本不二—從《郭店竹簡·性自命出》篇論儒家「性」論之特徵〉,《復旦學報》（社會科學版）,

2002 年第 4 期。

151. 李有兵〈一年來若干學術問題討論綜述‧《郭店楚簡》研究〉，《學術月刊》，2001 年第一期。

152. 李孟濤〈試談郭店楚簡中不同手跡的辨別〉，「簡帛研究」網站，2006 年 12 月 3 日。

153. 李承律〈郭店楚簡〈唐虞之道〉中的「愛親」考〉，長沙三國吳簡暨百年來簡帛發現與研究國際學術研討會論文提要，2001 年 8 月 16-19 日。

154. 李承律〈郭店楚簡〈唐虞之道〉的堯舜禪讓說與中國古代堯舜繼承故事的研究〉，東京大學郭店楚簡研究會編《郭店楚簡思想史研究》第五卷，2001 年 2 月。

155. 李承律〈郭店楚簡〈魯穆公問子思〉的忠臣觀〉，東京大學郭店楚簡研究會編《郭店楚簡思想史研究》第一卷，1999 年 11 月。

156. 李承律〈郭店楚簡《性自命出》的性情說和「禮樂」--禮樂之根源問題在思想史上的展開〉，《中國文字》新 32 期，2006 年 12 月。

157. 李若暉〈《老子》異文例釋—以郭店簡本為中心〉，《華學》第五輯，2001 年 12 月，中山大學出版社。

158. 李若暉〈郭店老子零箋〉，《古文字與古文獻》試刊號，1999 年 10 月。

159. 李若暉〈郭店楚簡「行」字略考〉，《中國哲學史》，2000 年 1 期。

160. 李英華〈荀子天人論的幾個問題—兼論郭店竹簡《窮達以時》〉，《海南大學學報》(人文社會科學板) 第 19 卷第 2 期，2001

年 6 月。

161. 李剛〈郭店楚簡〈忠信之道〉的思想傾向〉,《人文雜誌》,2000
年第 4 期。

162. 李剛〈郭店楚簡〈忠信之道〉簡論〉,《西北建築工程學院學
報》(社會科學版),2000 年 6 月（第 2 卷第 1 期）。

163. 李家浩〈關於郭店《老子》乙組一支殘簡的拼接〉,《中國文
物報》,1998 年 10 月 28 日。

164. 李泰瑋〈郭店楚墓竹簡「老子」「太一生水」書法探析〉,《造
形藝術學刊》,2004 年 12 月。

165. 李泰瑋〈郭店楚墓竹簡各篇書風探析〉,《藝術論文集刊》第
3 期,2004 年 12 月。

166. 李泰瑋〈郭店楚簡結字體勢分析〉,《書畫藝術學刊》2007 年
6 月。

167. 李偉山〈論郭店楚簡《老子》是摘抄本〉,《廣西民族學院學
報》(哲學社會科學版),2005 年第 1 期。

168. 李健民〈太一新證——以郭店楚簡為線索〉（1998 年 9 月 23
日午後沙龍講稿）, [日]中國出土資料學會《中國出土資料研
究》第 3 號,1999 年 3 月。

169. 李景林〈關於郭店簡〈唐虞之道〉的學派歸屬問題〉,《社會
科學戰線》,2000 年第 3 期。

170. 李開〈孔廣森古韻冬部獨立與《郭店楚簡》韻例評析〉,《古
漢語研究》,2007 年第 2 期。

171. 李開〈從郭店楚墓竹簡本《老子》看春秋戰國之際道家哲學〉,
《江海學刊》,2002 年第 6 期。

172. 李裕民〈郭店楚墓的年代與墓主新探〉,《陝西師範大學學報》

（哲學社會科學版），第 29 卷第 3 期，2000 年 9 月。

173. 李零〈三一考〉，《哲學與文化》第 26 卷第 4 期，1999 年 4月。

174. 李零〈再讀郭店楚簡《太一生水》〉，收入《李學勤先生從事學術活動四十五週年紀念文集》，上海人民出版社，2000 年。

175. 李零〈郭店楚簡中的「敏」字和「文」字〉，《古文字研究》第 24 輯，2002 年 7 月。

176. 李維武〈〈六德〉的哲學意蘊初探〉，《中國哲學史》，2001 年第 3 期。

177. 李銳〈「民可使由之不可使知之」新釋〉，《齊魯學刊》，2008年第 1 期。

178. 李銳〈仁義禮智聖五行的思想淵源〉，《齊魯學刊》，2005 年第 6 期。

179. 李銳〈從「六位」到「三綱」〉，《學術界》，2003 年第 4 期。

180. 李銳〈郭店楚簡《窮達以時》再考〉，收入李銳《簡帛釋證與學術思想研究論集》，臺北：台灣書房，2008 年。

181. 李銳〈郭店簡《性自命出》「實性」說〉，發表於武漢大學等單位主辦「新出楚簡國際學術研討會」，2006 年 6 月 26-28 日。

182. 李銳〈儒家詩樂思想初探〉，《中國哲學史》，2002 年第 1 期。

183. 李學勤〈天人之分〉，收入《中國傳統哲學新論——朱伯崑教授七十五壽辰紀念文集》，九洲出版社，1999 年。

184. 李學勤〈從簡帛佚籍〈五行〉談到〈大學〉〉，《孔子研究》，1998 年第 3 期。

185. 李學勤〈郭店簡「君子貴誠之」試解〉，《中國歷史文物》，2002年第 1 期。

186. 李學勤〈郭店簡與《樂記》〉，收入《中國哲學的詮釋和發展—張岱年先生 90 壽慶紀念文集》，北京：北京大學出版社，1999 年。

187. 李學勤〈郭店簡與《禮記》〉，《中國哲學史》，1998 年第 4 期。

188. 李學勤〈聖人與中人—談〈成之聞之〉中一段文字〉，《國際簡帛研究通訊》第 4 期，2000 年 8 月。

189. 李學勤〈試解郭店簡讀「文」之字〉，《孔子・儒學研究文叢》（一），2001 年。

190. 李學勤〈試說郭店簡〈成之聞之〉兩章〉，《煙台大學學報》(哲學社會科學版)，2000 年第 4 期。

191. 李學勤〈說郭店簡「道」字〉，《簡帛研究》第 3 輯，桂林：廣西教育出版社，1998 年 12 月。

192. 李學勤〈論郭店簡《老子》非《老子》本貌〉，收入王子今等主編《紀念林劍鳴教授史學學論文集》，北京：中國社會科學院，2002 年。

193. 李學勤〈關於「東宮之師」的討論〉，李學勤、謝桂華主編《簡帛研究二○○一（上冊）》，桂林：廣西師範大學出版社，2001 年。

194. 李曉宇〈郭店楚簡《太一生水》補缺一則〉，《四川大學學報》(哲學社會科學版)，2003 年第 5 期。

195. 李縉雲〈郭店楚簡研究近況〉，《古籍整理出版情況簡報》，1999 年第 4 期。

196. 沈培〈試說郭店楚簡〈性自命出〉關於賚、武、韶、夏之樂一段文字中的幾個字詞〉，發表於香港中文大學中國語言及文學系主辦之「第四屆國際中國古文字學研討會」，2003 年 10 月

15 至 17 日。

197. 沈培〈說郭店楚簡中的「肆」〉,《語言》第 2 卷,2001 年 12 月。

198. 沈培〈讀郭店楚簡札記四則〉,《簡帛語言文字研究》第 1 輯,
    2002 年 11 月。

199. 沈清松〈郭店竹簡〈老子〉的道論與宇宙論——相關文本的
    解讀與比較〉,《哲學與文化》第 26 卷第 4 期,1999 年 4 月。

200. 沈智偉〈郭店楚墓竹簡《太一生水》宇宙論探討〉,發表於輔
    仁大學中國文學系主辦「第四屆先秦兩漢全國研究生論文發表
    會」,2004 年,5 月 1 日-2 日。

201. 沈頌金〈國內郭店楚墓楚簡研究綜述〉,《中國史研究動態》,
    2000 年第 9 期。

202. 谷口滿〈郭店楚簡太一生水二則〉,《中國出土資料學會會報》
    第 9 號,1998 年 10 月。

203. 谷口滿〈郭店楚簡老子的作者和成書時代〉,日本:《第 44 屆
    國際東方學論文》,1999 年 6 月。

204. 谷中信一〈郭店《老子》關係著作五種〉,《中國出土資料研
    究》第 4 號,2000 年 3 月 31 日。

205. 谷中信一〈關於〈郭店楚簡·五行篇〉第 36 號簡背面所寫的
    「△」字〉,《國際簡帛研究通訊》,2000 年第 3 期。

206. 谷萍、喻少柏〈「郭店楚簡」研究走向世界〉,《長江日報》,
    1999 年 7 月 11 日。

207. 邢文〈〈太一生水〉與〈乾鑿度〉〉,《郭店楚簡國際學術研討
    會論文彙編》第二冊,頁 322- 327,1999 年 10 月。

208. 邢文〈郭店楚簡研究述評〉,《民族藝術》,1998 年第 3 期。

209. 邢文〈郭店楚簡與國際漢學〉,《書品》,1998 年第 4 期。

210. 邢文〈楚簡〈五行〉試論〉,《文物》,1998 年第 10 期。

211. 周同科〈郭店楚墓竹簡甲組《老子》隸讀〉,《南京大學學報》
（哲學・人文科學・社會科學版）,2000 年第 6 期。

212. 周守晉〈郭店楚簡中的「是」與「此」〉,《漢語史論文集》,
2002 年 1 月。

213. 周建忠〈荊門郭店一號楚墓墓主考論──兼論屈原生平研究〉,
《歷史研究》,2000 年第 5 期。

214. 周桂鈿〈《郭店楚簡竹簡・緇衣》研究札記〉,《孔子研究》,
1999 年第 1 期。

215. 周淑萍〈郭店楚簡與先秦學術思想史研究〉,《西北工業大學
學報》（社會科學版）,2003 年第 1 期。

216. 周雅清〈郭店楚簡「性自命出」的「性」論〉,《孔孟月刊》
第 501 期,2004 年 5 月。

217. 周鳳五、林素清〈郭店竹簡編序復原研究〉,《古文字與古文
獻》試刊號,1999 年 10 月。

218. 周鳳五〈郭店〈性自命出〉「怒欲盈而毋暴」說,上海大學主
辦「新出土文獻與古代文明國際學術研討會」論文,2002 年 7
月 28-30 日。

219. 周鳳五〈郭店竹簡補釋〉,廣州中山大學主辦「紀念商承祚先
生百年誕辰暨中國古文字學國際學術研討會」論文,2002 年 8
月 5-9 日。

220. 周鳳五〈郭店楚墓竹簡〈唐虞之道〉考釋〉,《中央研究院歷
史語言研究所集刊》第 70 本第 3 分,1999 年 9 月。

221. 周鳳五〈郭店楚簡《忠信之道》考釋〉,《中國文字》新 24 期,
1998 年 12 月。

222. 周鳳五〈郭店楚簡識字札記〉，收入《張以仁先生七秩壽慶論文集》，臺北：學生書局出版，1999 年 1 月。

223. 周鳳五〈楚簡文字瑣記（三則）〉，台灣中國文化大學史學系主辦「第一屆簡帛學術討論會」論文，1999 年 12 月。

224. 周鳳五〈讀郭店楚簡〈成之聞之〉札記〉，《古文字與古文獻》試刊號，1999 年 10 月。

225. 周鋒利〈簡帛〈五行〉經說的詮釋特色初探〉，「簡帛研究」網站，2003 年 11 月 16 日。

226. 孟修祥〈郭店竹簡《性自命出》之音樂美學論〉，《管子學刊》2006 年第 3 期。

227. 孟蓬生〈郭店楚簡字詞考釋（續）〉，《簡帛語言文字研究》第 1 輯，2002 年 11 月。

228. 孟蓬生〈郭店楚簡字詞考釋〉，《古文字研究》第 24 輯，2002 年 7 月。

229. 季旭昇〈讀郭店、上博簡五題：舜、河滸、紳而易、牆有茨、宛丘〉，《中國文字》新 27 期，2001 年 12 月。

230. 季旭昇〈讀郭店楚墓竹簡札記：卞、絕爲棄作、民復季子〉，《中國文字》新 24 期，1998 年 12 月。

231. 季旭昇〈讀郭店楚簡札記之二：《老子》第三十二章「知之不殆」解〉，《中國文字》新 25 期，1999 年 12 月。

232. 東山鐸〈《忠信之道》「禹」字補釋〉，「簡帛研究」網站，2008 年 3 月 10 日。

233. 林文華〈《郭店楚簡・緇衣》引用《尚書》經文考〉，高雄師範大學國文系主辦「第四屆先秦學術研討會」會議論文，2001 年 7 月 16-17 日。

234. 林亨錫〈郭店楚簡〈太一生水〉篇與緯書〉，東京大學郭店楚簡研究會編《郭店楚簡思想史研究》第一卷，1999 年 11 月。

235. 林志鵬〈郭店楚簡〈緇衣〉篇的來源及流傳問題試探〉，第一屆出土文獻學術研討會論文，2000 年 6 月 8 日。

236. 林志鵬〈簡帛「五行」篇文本差異析論〉，《中國文學研究》第 15 期，2001 年 6 月。

237. 林俊宏〈《郭店楚簡》的幾個反省〉，《中國大陸研究教學通訊》第 39 期，2000 年 6 月。

238. 林素英〈從施政策略論〈緇衣〉對孔子理想君道思想之繼承—兼論簡本與今本〈緇衣〉差異現象之意義〉，《哲學與文化》34 卷 3 期，2007 年 3 月。

239. 林素英〈從郭店儒簡檢視文王之人君典型〉，《文與哲》第 7 期，2005 年 12 月。

240. 林素英〈郭店簡「為父絕君」在服制中的文化意義〉，《中國學術年刊》第 23 期，2002 年 6 月。

241. 林啓屏〈先秦儒學思想中的「遇合」問題—以〈窮達以時〉為討論起點〉，《鵝湖學誌》第 31 期，2003 年 12 月。

242. 祁海文〈郭店楚簡與儒家禮樂教化美育觀的發展〉，《吉林師範大學學報》(人文社會科學版)，2004 年第 4 期。

243. 邱理萌〈《郭店楚墓竹簡》的介詞〉，《北方論叢》，2007 年第 2 期。

244. 邱德修〈《郭店簡‧成之聞之》「貴而[羽能][糸襄]---兼論〈中山王器〉「舉賢使 [△]」一語〉，發表於國立高雄師範大學國文系、中國文字學會主辦「第十六屆中國文字學國際學術研討會」，2005 年 4 月 29-30 日。

245. 邱德修〈從郭店楚簡《緇衣》看今本形成的原委〉，國立台灣師範大學國文系主編《台灣師大劉正浩教授先生七秩華誕祝壽論文集》，1999 年 2 月。

246. 邱德修〈郭店簡「爭」與「志」解詁──兼論其與「名」「字」之關係〉，《哲學與文化》34 卷 3 期，2007 年 3 月。

247. 邱德修〈湖北郭店楚簡《緇衣篇》考釋舉例〉，國立台灣師範大學國文系主編《紀念許世英先生九十冥誕學術研討會論文》，1999 年 4 月。

248. 邱德修〈簡本《緇衣篇》校注舉例兼論《緇衣‧鄭注》之貢獻〉，中央研究院歷史語言研究所主辦「第一屆古文字與出土文獻學術研討會」論文，2000 年 11 月 17 日。

249. 金安平〈理解「言公」的兩種方式：《荀子》與郭店楚簡的啟示〉，政大中文系主辦「新出土文獻與先秦思想重構國際學術研討會」會議論文，2005 年 3 月 25-26 日。

250. 金秉駿〈郭店楚簡《五行》篇中的「聖」和「樂」〉，《清華大學學報》(哲學社會科學版)，2006 年第 6 期。

251. 金春峰〈郭店《老子》的文史哲意義〉，收入在《《周易》經傳梳理與郭店楚簡思想新釋》，臺北：台灣古籍出版社，2003 年。

252. 金春峰〈論郭店簡《六德》、《忠信之道》、《成之聞之》之思想特徵與成書時代〉，收入在《《周易》經傳梳理與郭店楚簡思想新釋》，臺北：台灣古籍出版社，2003 年。

253. 侯才〈郭店楚墓竹簡老子的特色〉，《中共中央黨校學報》，2000 年第 1 期。

254. 俞紹宏〈楚簡文字考釋（一則）〉，《大連大學學報》28 卷 2

期，2007 年 4 月。

255. 姜國鈞〈老子教育思想再評價—以郭店竹簡《老子》爲依據〉，《中南大學學報》(社會科學版)，2003 年 2 期。

256. 姜國鈞〈從郭店楚簡內容看「東宮之師」〉，《中州學刊》2002 年第 4 期。

257. 姜國鈞〈緣情立教 內外雙修—郭店楚簡所見儒家學派的教育思想〉，《現代大學教育》，2004 年第 6 期。

258. 姜廣輝〈《郭店楚墓竹簡‧語叢一》疏解（一）〉，「簡帛研究」網站，2002 年 9 月 9 日。

259. 姜廣輝〈《郭店楚墓竹簡‧語叢一》疏解（二）〉，「簡帛研究」網站，2002 年 9 月 12 日。

260. 姜廣輝〈《郭店楚墓竹簡‧語叢一》疏解（三）〉，「簡帛研究」網站，2002 年 9 月 15 日。

261. 姜廣輝〈《郭店楚墓竹簡‧語叢一》疏解（四）〉，「簡帛研究」網站，2002 年 9 月 24 日。

262. 姜廣輝〈《郭店楚墓竹簡‧語叢一》疏解（五）〉，「簡帛研究」網站，2002 年 9 月 27 日。

263. 姜廣輝〈《郭店楚墓竹簡‧語叢一》疏解（六）（七）〉，「簡帛研究」網站，2002 年 10 月 02 日。

264. 姜廣輝〈郭店楚簡與早期儒學（上、下）〉，「簡帛研究」網站，2000 年 2 月

265. 姜廣輝〈郭店楚簡儒家文獻的參考座標〉，「簡帛研究」網站，2000 年 5 月。

266. 姜廣輝〈關於郭店簡《老子》三組簡文的傳本〉，《湖南大學學報》(社會科學版)，2007 年第 1 期。

267. 姚才剛〈郭店楚簡國際學術研討會紀要〉,《中國哲學史》,2000年第 1 期。

268. 姚志豪〈郭店楚簡《老子》的文獻性質〉,《研究與動態》第17 期,2008 年 1 月。

269. 姚治華〈《太一生水》與太以九宮占〉,「簡帛研究」網站,2000年 5 月 18 日。

270. 姚琳琳〈郭店楚簡《老子》中假借字的語音現象分析〉,《瀋陽工程學院學報》(社會科學版),2006 年第 3 期。

271. 柯佩君〈《禮記·緇衣》與簡本〈緇衣〉徵引異同辨析〉,《嘉南學報(人文類)》第 33 期,2007 年 12 月。

272. 紀健生〈郭店一號楚墓是屈原墓嗎—〈論屈原與郭店楚墓竹書的關係〉獻疑〉,《新華文摘》,2000 年第 3 期。

273. 胡平生〈郭店楚墓竹簡中的孝和忠〉,布施學術基金講演會,2000 年 7 月 1 日。

274. 胡治洪〈原始儒家德性政治思想的遮蔽與重光—《緇衣》郭店本、上博本與傳世本斠論〉,收入《儒家文化研究》第一輯(新出楚簡研究專號),2007 年 6 月。

275. 胡治洪〈郭店楚簡國際學術研討會綜述〉,《中國社會科學》,2000 年第 2 期。

276. 胡治洪〈試論郭店楚簡的文化史意義〉,《武漢大學學報》(哲學社會科學版),1999 年第 6 期。

277. 胡芬娜〈郭店楚墓竹簡《老子》「大器曼成」〉,《語文學刊》,2002 年第 5 期。

278. 范常喜〈郭店楚簡《老子》中的假借字〉,《菏澤師范專科學校學報》,2003 年第 1 期。

279. 范毓周〈荊門郭店楚墓墓主當爲環淵說〉,《人民政協報》,1998年 12 月 26 日。

280. 范毓周〈郭店楚簡《唐虞之道》的釋文、簡序與分章〉,「簡帛研究」網站,2002 年 2 月 11 日。

281. 范麗梅〈從郭店楚簡〈唐虞之道〉論先秦儒者堯舜禪讓說之思想建構及意義〉,第一屆出土文獻學術研討會論文,2000 年 6 月 8 日。

282. 范麗梅〈論郭店竹書與《易傳》之天道思想〉,《中國文學研究》第 15 期,2001 年 6 月。

283. 倪勝〈郭店老子「臨事之紀」試釋〉,《蘭州學刊》,2006 年第 11 期。

284. 唐雄山〈郭店楚簡人性思想的現代詮釋〉,《佛山科學技術學院學報》(哲學社會科學版),2003 年第 4 期。

285. 唐衛紅、王群〈淺評〈郭店楚墓竹簡《老子》研究〉〉,《荊門職業技術學院學報》第 15 卷第 2 期,2000 年 3 月。

286. 孫以楷〈也談郭店竹簡《老子》與老子公案—與郭沂先生商榷〉,《學術界》,2004 年第 2 期。

287. 孫以楷〈郭店儒簡—早期儒道之融通〉,華梵大學主辦「第七屆儒佛會通暨文化哲學學術研討會」會議論文,2003 年 9 月 2 -3 日。

288. 孫邦金〈郭店楚簡《性自命出》的天命觀與心性論〉,《長江大學學報》(社會科學版),2004 年第 1 期。

289. 孫星群〈《樂記》成書於戰國中期的力證－以湖北郭店楚墓竹簡爲據〉,《天津音樂學院學報》,2005 年第 3 期。

290. 孫開泰〈〈郭店楚墓竹簡・五行〉篇校釋〉,李學勤、謝桂華

主編《簡帛研究二〇〇一（上冊）》，桂林：廣西師範大學出版社，2001 年 9 月。

291. 孫熙國〈知「道」，成「道」與行「道」—對《郭店楚墓竹簡》儒家「德」論的一種解說〉，《哲學研究》，2007 年第 12 期。

292. 孫福泰〈讀侯才新著《郭店楚墓竹簡老子校讀》〉，《大連教育學院學報》第 16 卷第 2 期，2000 年 6 月。

293. 席盤林〈論子思的臣道思想〉，《孔子研究》，2001 年第 1 期。

294. 席盤林〈論魯穆公變法中的子思〉，《齊魯學刊》，2002 年第 1 期。

295. 徐少華〈從郭店楚簡論中原文化和儒學在楚地的傳承〉，長沙三國吳簡暨百年來簡帛發現與研究國際學術研討會論文提要，2001 年 8 月 16-19 日。

296. 徐少華〈郭店一号楚墓年代析論〉，《江漢考古》2005 年第 1 期。

297. 徐少華〈楚簡與帛書〈五行〉篇章結構及其相關問題〉，《中國哲學史》，2001 年第 3 期。

298. 徐文武〈楚簡《老子》「絕智棄辯」章解讀〉，「簡帛研究」網站，2002 年 6 月 2 日。

299. 徐在國〈郭店楚簡文字三考〉，李學勤、謝桂華主編《簡帛研究二〇〇一（上冊）》，桂林：廣西師範大學出版社，2001 年 9 月。

300. 徐在國〈釋「咎繇」〉，《古籍整理研究學刊》，1999 年第 3 期。

301. 徐洪興〈郭店竹簡《老子》三種：對《老子》一書研究的新的重大發現〉，輔仁大學哲學系主辦「本世紀出土思想文獻與中國古典哲學研究會議」論文，1999 年 1 月 15-17 日。

302. 徐洪興〈疑古與信古——從郭店竹簡本《老子》出土回顧本世紀關於老子其人其書的爭論〉,《復旦學報》,1999 年第 1 期。

303. 徐惠茹〈從楚簡《老子》看老、孔的倫理道德之爭〉,《學術交流》,2004 年第 5 期。

304. 徐寶貴〈郭店楚簡研究三則〉,清華大學思想文化研究所與輔仁大學文學院聯合主辦《新出楚簡與儒學思想國際學術研討會論文集》,2002 年 3 月 31 日-4 月 2 日。

305. 晉榮東〈略論郭店楚簡的思想史意義及其極限〉,《人文雜誌》,2001 年第 1 期。

306. 晏昌貴〈郭店楚簡中的「聖」與「聖人」的觀念〉,《江漢考古》,2000 年第 3 期。

307. 晁福林〈從楚簡「銊絉為上」看老子的戰爭觀〉,《東嶽論叢》,2002 年第 3 期。

308. 晁福林〈郭店楚簡《緇衣》與《尚書・呂刑》〉,《史學史研究》,2002 年第 2 期。

309. 晁福林〈試論先秦道家「無為」思想的歷史發展——從關於郭店楚簡的一個爭論談起〉,《江漢論叢》,2004 年第 11 期。

310. 晁福林〈論老子思想的歷史發展〉,《孔子研究》,2002 年第 1 期。

311. 翁賀凱〈兩漢《禮記》源流新考——從郭店簡與禮記談起〉,《北京大學研究生學誌》,1999 年第 3 期。

312. 袁國華〈郭店竹簡「邵」、「其」、「卡」(卞)諸字考釋〉,《中國文字》新 25 期,1999 年 12 月。

313. 袁國華〈郭店楚墓竹簡〈五行〉「度」字考釋〉,《中國文字》新 26 期,2000 年 12 月。

314. 袁國華〈郭店楚墓竹簡從「匕」諸字以及與此相關的詞語考釋〉，《中央研究院歷史語言所集刊》第 74 本第 1 分，2003 年3 月。

315. 袁國華〈郭店楚簡文字考釋十一則〉，《中國文字》新 24 期，1998 年 12 月。

316. 馬育良〈先秦儒家性情論及其相關理念的現代抉發〉，《皖西學院學報》，2002 年第 1 期。

317. 馬育良〈先秦儒家對於「情」的理論探索〉，《安徽大學學報》（哲學社會科學版），第 25 卷第 1 期，2001 年 1 月。

318. 馬育良〈郭店簡書「信情」解讀〉，《孔子研究》，2005 年第 5期。

319. 馬雲志〈郭店楚簡《唐虞之道》的禪讓觀〉，《蘭州大學學報》（哲學社會科學版），2001 年第 5 期。

320. 馬濤〈從郭店楚簡「老子」看老子的經濟思想〉，《孔孟月刊》第 485 期，2003 年 1 月。

321. 馬寶珠〈郭店楚簡：終於揭開一個謎—訪龐樸〉，《光明日報》，1998 年 10 月 29 日，第 2 版。

322. 高正〈郭店竹書在中國思想史上的定位—兼論屈原與郭店楚墓竹書的關係〉，《中國哲學史》，2000 年第 2 期。

323. 高正〈郭店竹書是稷下思孟學派教材（上）〉，「簡帛研究」網站，2000 年 5 月。

324. 高明〈讀郭店《老子》〉，《中國文物報》第 84 期，1998 年 10月 28 日，第 3 版。

325. 高青蓮〈郭店楚簡「以教治民」思想探析〉，《理論月刊》2007年第 3 期。

326. 高晨陽〈郭店楚簡《老子》的真相及其與今本《老子》的關係—與郭沂先生商討〉,《中國哲學史》,1999 年第 3 期。

327. 高華平〈是「東宮之杯」還是「東宮之師」〉,《古漢語研究》,2003 年第 1 期。

328. 高華平〈對郭店楚簡《老子》的再認識〉,《江漢論壇》,2006 年第 4 期。

329. 涂宗流〈《唐虞之道》中「弗利」淺說〉,《荊門職業技術學院學報》,2000 年第 5 期。

330. 涂宗流〈《郭店楚簡》與中華文明—讓中華文明的元典永放光芒(上)〉,《沙洋師范高等專科學校學報》,2007 年第 4 期。

331. 涂宗流〈《郭店楚簡》的哲學思想與構建和諧社會—讓中華文明的元典永放光芒(下)〉,《沙洋師範高等專科學校學報》,2008 年第 1 期。

332. 涂宗流〈《郭店楚簡平議》前言〉,《荊門職業技術學院學報》,2002 年第 1 期。

333. 涂宗流〈今本《老子》以「常无有」釋「道」—從郭店《老子》到今本《老子》(八)〉,「簡帛研究」網站,2004 年 2 月 26 日。

334. 涂宗流〈今本《老子》的本体論—從郭店《老子》到今本《老子》(九)〉,「簡帛研究」網站,2004 年 3 月 6 日。

335. 涂宗流〈老子、老萊子辨〉,「簡帛研究」網站,2002 年 6 月 2 日。

336. 涂宗流〈老子其人其書—從郭店《老子》到今本《老子》(一)〉,「簡帛研究」網站,2003 年 9 月 28 日。

337. 涂宗流〈老子的「道」與混沌—從郭店《老子》到今本《老

子》(二)〉,「簡帛研究」網站,2003 年 11 月 9 日。

338. 涂宗流〈郭店《太一丙》以「太一」釋「道」—從郭店《老子》到今本《老子》(七)〉,「簡帛研究」網站,2004 年 2 月 15日。

339. 涂宗流〈郭店《老子》與今本《老子》的比較研究〉,《荊門職業技術學院學報》,2003 年第 5 期。

340. 涂宗流〈郭店《老子乙》的「日損」與「清靜」〉,《沙洋師範高等專科學校學報》,2005 年第 2 期。

341. 涂宗流〈郭店《老子甲》的傾向性—與本《老子》的比較研究〉,《荊門職業技術學院學報》,2003 年第 2 期。

342. 涂宗流〈郭店楚簡《語叢一、三》編連問題的再思考〉,《荊門職業技術學院學報》第 16 卷第 1 期,2001 年 1 月。

343. 涂宗流〈郭店楚簡道家作品芻議—郭店楚簡與老子、老萊子、關尹子〉,《荊門職業技術學院學報》,2002 年第 2 期。

344. 涂宗流〈郭店楚簡與陸九淵心學〉,《荊門職業技術學院學報》,2005 年第 2 期。

345. 涂宗流〈對天下大治的哲學思考—評郭店楚簡老子乙「言道家之用」〉,《沙洋師範高等專科學校學報》,2001 年第 2 期。

346. 涂宗流〈對世界本原的理性回答—評郭店楚簡老子中的「道」〉,《沙洋師範高等專科學校學報》,2001 年第 1 期。

347. 涂宗流〈語叢編連問題的再思考〉,「簡帛研究」網站,2002 年 5 月 24 日。

348. 商瑑〈《郭店·緇衣》的「人道」思想〉,《新生學報》第 2 期,2007 年 7 月。

349. 崔仁義〈荊門楚墓出土的竹簡《老子》初探〉,《荊門社會科

學》，1997 年第 5 期。

350. 崔仁義〈試析與郭店楚簡共存的木片俑〉，《文物》，2007 年第 9 期。

351. 崔仁義〈試論荊門竹簡《老子》的年代〉，《荊門大學學報》，1997 年第 2 期。

352. 崔永東〈《郭店楚墓竹簡》在先秦法律思想史研究上的價值〉，《法學研究》，2000 年第 2 期。

353. 崔永東〈讀郭店楚簡〈成之聞之〉與《老子》札記〉，李學勤、謝桂華主編《簡帛研究二○○一（上冊）》，桂林：廣西師範大學出版社，2001 年 9 月。

354. 崔雲勝、張進文〈郭店楚簡《老子》與今本《老子》關系探析〉，《河西學院學報》，2002 年第 4 期。

355. 張世保〈從郭店儒家簡談古代「樂」的形上特徵〉，《學術月刊》，2001 年第 12 期。

356. 張玉昆〈北京郭店楚墓竹簡學術討論會綜述〉，《國際儒學研究》第 5 輯，1998 年 11 月。

357. 張立文〈略論郭店楚簡的「仁義」思想〉，《孔子研究》，1999 年第 1 期。

358. 張立文〈論郭店楚竹簡的篇題和天人有分思想〉，《傳統文化與現代化》，1998 年第 6 期。

359. 張光裕〈《郭店楚簡研究》第一卷《文字編》校補〉，收入長沙市文物考古研究所編《長沙三國吳簡暨百年來簡帛發現與研究國際學術研討會論文集》北京：中華書局，2005 年。

360. 張先國、周甲祿〈郭店楚簡為中國傳統文化正本〉，《炎黃春秋》，2000 年第 5 期。

361. 張京華〈論老子之學術歸止〉,《中華文化論壇》,2001 年第 1 期。

362. 張厚齊〈郭店竹簡與鄒衍學派關係蠡探〉,《東吳中文研究集刊》13 期,2006 年 6 月。

363. 張思齊〈論「太一生水」的生神圖系〉,《中國道教》,2000 年第 5 期。

364. 張思齊〈論道家「太一生水」的生成途徑〉,《中國哲學史》,2001 年第 3 期。

365. 張盈〈唐虞之道如何可能〉,《中國哲學史》,2001 年第 3 期。

366. 張若松、石佚〈千年佚書—郭店楚簡〉,《湖北檔案》,2002 年第 10 期。

367. 張茂澤〈〈性自命出〉篇心性論大不同於〈中庸〉說〉,《人文雜誌》,2000 年第 3 期。

368. 張書豪〈楚簡「太一生水」的自然觀〉,《東吳中文研究集刊》第 10 期,2004 年 7 月。

369. 張桂光〈《郭店楚墓竹簡·老子》釋注商榷〉,《江漢考古》,1999 年第 2 期。

370. 張桂光〈《郭店楚墓竹簡》釋注續商榷〉,李學勤、謝桂華主編《簡帛研究二〇〇一(上冊)》,桂林:廣西師範大學出版社,2001 年。

371. 張海燕〈郭店楚簡的出土對思想史研究的推動〉,《天津工會管理幹部學院學報》,1999 年第 4 期。

372. 張連航〈出土簡、帛《老子》的「用字」研究,香港中文大學中國語言及文學系主辦之「第四屆國際中國古文字學研討會」會議論文,2003 年 10 月 15-17 日。

373. 張連航〈郭店楚簡古本《老子》所反映的語言現象」，第四屆國際古漢語語法研討會論文，2001 年 8 月。

374. 張道升〈讀《郭店楚墓竹簡老子甲》札記〉，《宿州教育學院學報》，2007 年第 4 期。

375. 張衛紅〈試論《五行》的成德進路〉，《石河子大學學報》（哲學社會科學版）第 3 卷第 4 期，2003 年 12 月。

376. 張曉芬〈試論郭店楚簡〈性自命出〉中的反善之道〉，《輔大中研所學刊》第 15 期，2005 年 10 月。

377. 張鴻愷〈從郭店竹簡《老子》不非「仁」「義」「禮」「樂」論早期之儒道關係〉，《宗教哲學》第 29 期，2003 年 9 月。

378. 張豐乾〈關於郭店竹簡〈老子〉與先秦哲學──與郭沂先生商榷〉，「簡帛研究」網站，2000 年 5 月 24 日。

379. 張豐乾〈關於郭店竹簡《老子》與今本《老子》的關係──就教於郭沂先生〉，「簡帛研究」網站，2000 年 3 月。

380. 張豐乾〈聽的哲學──以「聖」「智」為線索〉，「簡帛研究」網站，2003 年 12 月 28 日。

381. 曹建敦〈郭店楚簡中的「刃」和「紉」〉，《平頂山師專學報》，2001 年增刊。

382. 曹思欽〈簡牘與郭店楚簡答疑〉，《長江日報》，1999 年 10 月 24 日。

383. 曹錦炎〈從竹簡本《老子》、《緇衣》、《五行》談楚簡文字構形〉，，中央研究院歷史語言研究所主辦「第一屆古文字與出土文獻學術研討會」論文，2000 年 11 月 16-17 日。

384. 曹錦炎〈簡評《郭店楚簡研究·文字編》〉，《中國文物報》，1999 年 6 月 30 日。

385. 梁韋弦〈《中庸》與郭店簡《性自命出》篇的人性論〉,《聊城大學學報》(社會科學版),2006 年第 2 期。

386. 梁韋弦〈郭店簡、上博簡中的禪讓學說與中国古史上的禪讓制〉,《史學集刊》,2006 年第 3 期。

387. 梁韋弦〈與郭店簡《唐虞之道》學派歸屬相關的幾個問題,《文史哲》,2004 年第 5 期。

388. 梁惠敏〈郭店竹簡《性自命出》與《樂記》樂論比較談〉,《長江大學學報》(社會科學版),2006 年第 6 期。

389. 梁濤〈《窮達以時》「天人之分」探源〉,「簡帛研究」網站,2001 年 11 月 25 日。

390. 梁濤〈先秦儒家天人觀辨證--從郭店竹簡談起〉,《哲學與文化》第 33 卷第 1 期,2006 年 1 月。

391. 梁濤〈竹簡《性自命出》與《孟子》「天下之言行」章〉,《中國哲學史》,2004 年第 4 期。[8]

392. 梁濤〈竹簡《窮達以時》與早期儒家天人觀〉,《哲學研究》,2003 年第 4 期。

393. 梁濤〈荀子對思孟「五行」說的批判〉,《中國文化研究》,2001 年夏之卷。

394. 梁濤〈從竹簡《窮達以時》說到孔子「知天命」〉,《中華文化論壇》,2003 年第 4 期。

395. 梁濤〈郭店竹簡「仁」字與孔子仁學〉,《哲學研究》,2005 年第 5 期。

[8] 原名〈《性情論》與《孟子》「天下之言性」章〉,發表於清華大學思想文化研究所與輔仁大學文學院聯合主辦「新出楚簡與儒學思想國際學術研討會」,2002 年 3 月 31 日-4 月 2 日。修改後刊出。

396. 梁濤〈郭店楚簡與〈大學〉〉,「簡帛研究」網站,2000 年 4 月 30 日。

397. 梁濤〈郭店楚簡與〈中庸〉公案〉,《臺大歷史學報》第 25 期,2000 年 6 月。

398. 淺野裕一〈郭店楚簡〈緇衣〉篇的思想史意義〉,刁小龍翻譯,發表於清華大學思想文化研究所與輔仁大學文學院聯合主辦「新出楚簡與儒學思想國際學術研討會」,2002 年 3 月 31 日-4 月 2 日。[9]

399. 淺野裕一〈郭店楚簡『太一生水』と『老子』の道〉。大阪大學中國哲學研究室編《中國研究集刊》第 26 號,2000 年。

400. 莊萬壽〈太一與水之思想探究—〈太一生水〉楚簡之初探〉,《哲學與文化》26 卷第 5 期,1999 年 5 月。

401. 許文獻〈郭店楚簡「□」字形構新釋〉,《中國文字》新 27 期,2001 年 12 月。

402. 許抗生〈《性自命出》、《中庸》、《孟子》思想的比較研究〉,《孔子研究》,2002 年第 1 期。

403. 許抗生〈再讀郭店竹簡《老子》〉,《中州學刊》第 5 期,2000 年 9 月。

404. 許抗生〈初談郭店竹簡「老子」〉,《宗教哲學》第 4 卷第 4 期,1998 年 10 月。

405. 許學仁〈戰國楚簡文字研究的幾個問題--讀戰國楚簡「語叢四」所錄「莊子」語暨漢墓出土「莊子」殘簡瑣記〉,《東華人

---

[9] 後收入謝維揚、朱淵清主編《新出土文獻與古代文明研究》,上海:上海大學出版社,2004 年。又收入淺野裕一《戰國楚簡研究・第四章》,佐藤將之監譯,臺北:萬卷樓圖書,2004 年。

文學報》第 3 期，2001 年 7 月。

406. 連劭名〈郭店楚簡《語叢》叢釋〉，《孔子研究》，2003 年第 2
期。

407. 連劭名〈論郭店楚簡〈性自命出〉中的「道」〉，《中國哲學史》，
2000 年第 4 期。

408. 郭沂〈「季子」還是「孝慈」〉，「簡帛研究」網站，2001 年 2
月。

409. 郭沂〈從郭店竹簡看先秦哲學發展脈絡〉，《光明日報》，1999
年 4 月 23 日。

410. 郭沂〈郭店竹簡〈老子〉考釋札記〉，「簡帛研究」網站，2000
年 11 月。

411. 郭沂〈郭店楚簡〈天降大常〉（〈成之聞之〉）篇疏證〉，《孔子
研究》，1998 年第 3 期。

412. 郭振香〈《性自命出》性情論辨析—兼論其學派歸屬問題〉，《孔
子研究》，2005 年 2 期。

413. 郭國慶〈簡本《老子》中所不見的《老子》內容之分析〉，江
蘇古籍出版社《古典文獻研究》總第五輯，2002 年 4 月。

414. 郭梨華〈「德之行」與「行」的哲學意義〉，《簡帛研究彙刊》
第一輯（第一屆簡帛學術討論會論文集），臺北：中國文化大學史學
系與簡帛學文教基金會籌備處，2003 年 5 月。

415. 郭梨華〈「禪讓」之說的哲學意義—試就『唐虞之道』的內容
解析〉，《哲學論集》第 33 期，2000 年 6 月。

416. 郭梨華〈曾子與郭店儒簡的身體哲學探究〉，《政大中文學報》
第 3 期，2005 年 6 月。

417. 郭梨華〈儒家佚籍‧《孟子》及《管子》四篇心性學之系譜〉，

《哲學與文化》34 卷 3 期，2007 年 3 月。

418. 郭梨華〈簡帛〈五行〉的禮樂考述〉，《哲學與文化》26 卷第 5 期，1999 年 5 月。

419. 郭齊勇、丁四新〈簡評郭店楚簡《老子》校讀〉，《江漢論壇》，2001 年第 4 期。

420. 郭齊勇〈出土簡帛與經學詮釋的範式問題〉，《福建論壇》（人文社會科學版），2001 年第 5 期。

421. 郭齊勇〈先秦哲學文化研究的勃興—郭店楚簡國際學術研討會述要〉，香港《文匯報》，1999 年 11 月 16 日。

422. 郭齊勇〈再論「五行」與「聖智」〉，《中國哲學史》，2001 年第 3 期。

423. 郭齊勇〈郭店楚簡《五行》的儒家身心觀與道德論〉，東吳大學主辦「中國哲學與全球倫理學術研討會」會議論文，2000 年 5 月 20 – 21 日。

424. 郭齊勇〈郭店楚簡的研究現狀〉，《中國文哲研究通訊》第 9 卷第 4 期，1999 年 12 月。

425. 郭齊勇〈郭店儒家簡的意義與價值〉，《湖北大學學報》，1999 年第 2 期。

426. 郭齊勇〈郭店儒家簡與孟子心性論〉，《武漢大學學報》（哲學社會科學版），1999 年第 5 期。

427. 郭齊勇〈評《郭店楚墓竹簡思想研究》〉，《孔子研究》，2001 年第 2 期。

428. 陳代波〈郭店楚簡〈性自命出〉篇的人性論簡析〉，《東彊學刊》第 17 卷第 4 期，2000 年，10 月。

429. 陳代波〈試論郭店楚簡對儒家「知命」學說的貢獻〉，山東大

學易學與中國古代哲學研究中心主辦《易學與儒學國際學術研討會論文集（儒學卷）》，2005 年 8 月 15 日。

430. 陳立〈郭店竹書〈六德〉文字零拾〉，第一屆出土文獻學術研討會論文，2000 年 6 月 8 日。

431. 陳仲庚〈「雙邊」的仁學內涵—「唐虞之道」與「孔孟之道」〉，《湖南科技學院學報》，2005 年第 10 期。

432. 陳來〈〈性自命出〉：沈睡了兩千餘年的文獻〉，《文史知識》，1999 年第 9 期。

433. 陳來〈竹帛《五行》篇為子思、孟子所作論—兼論郭店楚簡《五行》篇出土的歷史意義〉，《孔子研究》，2007 年第 1 期。

434. 陳來〈竹簡《五行》篇与子思思想研究〉，「簡帛研究」網站，2006 年 12 月 1 日。

435. 陳來〈郭店楚簡《性自命出》與上博藏簡《性情篇》〉，《孔子研究》，2002 年第 2 期。

436. 陳來〈郭店楚簡與儒學的人性論〉，《儒林》第一輯，2005 年 8 月。

437. 陳來〈郭店簡可稱「荊門禮記」〉，《人民政協報》，1998 年 8 月 3 日。

438. 陳忠信〈〈太一生水〉之混沌神話〉，高雄師範大學國文系主辦「第四屆先秦學術研討會」論文，2001 年 7 月 16-17 日。

439. 陳忠信〈〈太一生水〉渾沌創世初探〉，《鵝湖》第 26 卷第 10 期，2001 年 4 月。

440. 陳松長〈郭店楚簡〈語叢〉小識(八則)〉，《古文字研究》第 22 輯，2000 年 7 月。

441. 陳恩林〈《太一生水》與《老子》及《易傳》的關係—《太一

生水》不屬於道家學派〉,《社會科學戰線》,2004 年第 6 期。

442. 陳高志〈《郭店楚墓竹簡‧緇衣篇》部分文字隸定檢討〉,收入《張以仁先生七秩壽慶論文集》,臺北:台灣學生書局,1999年。

443. 陳偉〈〈太一生水〉考釋〉,《古文字與古文獻》試刊號,1999年 10 月。

444. 陳偉〈〈太一生水〉校讀並論與〈老子〉的關係〉,《古文字研究》第 22 輯,2000 年 7 月。

445. 陳偉〈上博、郭店二本《緇衣》對讀〉,「簡帛研究」網站,2002 年 1 月 22 日。

446. 陳偉〈文本復原是一項長期艱巨的工作〉,《湖北大學學報》,1999 年第 2 期。

447. 陳偉〈郭店竹書〈六德〉「以奉社稷」補說〉,「簡帛網—武漢大學簡帛研究中心」網站,2006 年 2 月 26 日。

448. 陳偉〈郭店竹書原名「成之聞之」、「尊德義」、「六德」三篇的編連問題 〉,《國文學報》第 34 期,2003 年 12 月。

449. 陳偉〈郭店楚簡〈六德〉校讀〉,《古文字研究》第 24 輯,2002年 7 月。

450. 陳偉〈郭店楚簡〈六德〉諸篇零釋〉,《武漢大學學報》(哲學社會科學版),1999 年 5 期。

451. 陳偉〈郭店楚簡別釋〉,《江漢考古》,1998 年第 4 期。

452. 陳偉〈郭店簡書〈人雖有性〉校釋〉,《中國哲學史》,2000年第 4 期。

453. 陳偉〈郭店簡書〈尊德義〉校釋〉,《中國哲學史》,2001 年第 3 期。

454. 陳偉〈讀郭店竹書〈老子〉札記（四則）〉,《江漢論壇》,1999年第 10 期。

455. 陳偉武〈郭店楚簡識小錄〉,《華學》第 4 輯,2000 年 8 月。

456. 陳偉武〈楚系簡帛釋讀掇瑣〉,《古文字研究》第 24 輯,2002年 7 月。

457. 陳偉武〈舊釋「折」及從「折」之字平議一兼論「慎德」和「悊終」問題〉,《古文字研究》第 22 輯,2000 年 7 月。

458. 陳斯鵬〈郭店楚墓竹簡考釋補正〉,《華學》第 4 輯,2000 年8 月。

459. 陳斯鵬〈郭店楚簡文字研究綜述〉,《華學》第 5 輯,2001 年12 月。

460. 陳斯鵬〈郭店楚簡解讀四則〉,《古文字研究》第 24 輯,2002年 7 月。

461. 陳斯鵬〈讀郭店楚墓竹簡札記（10 則）〉,《中山大學學報論叢》,1999 年第 6 期。

462. 陳雄根〈郭店楚簡《老子》「大器曼成」試釋〉,《中國文化研究所學報》2000 年新第 9 期。

463. 陳新洲、周甲祿、張先國〈探求郭店楚簡的奧秘〉,《瞭望新聞週刊》第 12 期,2000 年 3 月 20 日。

464. 陳鼓應〈郭店楚墓竹簡中儒道有關問題〉,台灣大學哲學系主辦「先秦儒家思想學術研討會」論文,2001 年 4 月 21-22 日。

465. 陳鼓應〈郭店簡本《老子》所呈現的重要哲學問題—由改寫哲學史的觀點談起〉,大阪大學中國哲學研究室編《中國研究集刊》第 36 號,2004 年 12 月。

466. 陳寧〈《郭店楚墓竹簡》中的儒家人性言論初探〉,《中國哲學

史》，1998 年第 4 期。

467. 陳榮慶〈從命運天定到修正命運—從《郭店楚墓竹簡‧窮達
以時》看先秦儒家對時運觀的一種解讀〉，《太原理工大學學報》
（社會科學版），2006 年第 1 期。

468. 陳劍〈郭店簡《六德》用為「柔」之字考釋〉，「復旦大學出
土文獻與古文字研究中心」網站，2008 年 1 月 24 日。

469. 陳劍〈釋《忠信之道》的「配」字〉，《國際簡帛研究通訊》
第 2 卷第 6 期，2002 年 12 月。

470. 陳廣忠〈從簡、帛用韻比較論《老子》的作者—與郭沂商榷〉，
《安徽大學學報》（哲學社會科學版），2000 年第 24 卷第 4 期。

471. 陳錫勇〈《郭店楚簡老子校釋》指瑕〉，《鵝湖學誌》第 31 期，
2003 年 12 月。

472. 陳霖慶〈郭店〈性自命出〉—「凡物無不異也者」段解〉，發
表於銘傳大學主辦「掌握學術新趨勢接軌國際化教育國際學術
研討會應用語文組」，2003 年 3 月 15 日。

473. 陳麗桂〈〈太一生水〉研究綜述及其相關簡序問題〉，台灣大
學哲學系主辦「新出土文獻與先秦思想重構國際學術研討會」
會議論文，2005 年 3 月 25-26 日。

474. 陳麗桂〈〈太一生水〉研究綜述及其與《老子》丙的相關問題〉，
《漢學研究》第 47 期，2005 年 12 月。

475. 陳麗桂〈從郭店竹簡〈五行〉檢視帛書〈五行〉說文對經文
的依違情況〉，《哲學與文化》第 26 卷第 5 期，1999 年 5 月。

476. 陳麗桂〈郭店儒簡「〈性自命出〉所顯現的思想傾向〉，《中國
學術年刊》第 20 期，1999 年 3 月。

477. 陳麗桂〈郭店儒簡的外王思想〉，《台大文史哲學報》第 55 期，

2001 年 11 月。

478. 陸建華〈郭店儒簡之禮學─兼與孔子禮學比較〉,《哲學研究》,2005 年第 4 期。

479. 陶磊〈《太一生水》發微〉,「簡帛研究」網站,2000 年 1 月 12 日。

480. 陶磊〈《太一生水》與明堂制度─對東周以後明堂制度之起源的一種考察〉,「簡帛研究」網站,2001 年 7 月 28 日。

481. 陶磊〈思孟五行考辨(上)(下)〉,「簡帛研究」網站,2006 年 11 月 24 日。

482. 陶磊〈郭店儒簡與告子學說〉,「簡帛研究」網站,2000 年 4 月。

483. 彭邦本〈楚簡《唐虞之道》與古代禪讓傳說〉,《學術月刊》,2003 年第 1 期。

484. 彭邦本〈儒墨舉賢禪讓平議─讀《郭店楚墓竹簡》〉,《四川大學學報》(哲學社會科學版),2000 年第 5 期。

485. 彭忠德〈完整理解郭店楚簡「尊德義」後,再說「民可使由之」章〉,《孔孟月刊》39 卷第 9 期,2001 年 5 月。

486. 彭林〈〈六德〉柬釋〉,收入《簡帛研究二○○一(上冊)》,桂林:廣西師範大學出版社,2001 年 9 月。

487. 彭林〈從郭店楚簡看儒、道性情同異〉,「長沙三國吳簡暨百年來簡帛發現與研究國際學術研討會」論文提要,2001 年 8 月 16-19 日。

488. 彭浩〈望山、包山、郭店楚墓的發掘與楚文化〉,日本:《第44 屆國際東方學論文》,1999 年 6 月。

489. 彭浩〈郭店一號墓的年代及相關的問題〉,輔仁大學哲學系主

辦「本世紀出土思想文獻與中國古典哲學研討會」論文，1999
年 1 月 15-17 日。

490. 彭浩〈郭店楚簡〈緇衣〉的分章及相關問題〉，《簡帛研究》
第 3 輯，桂林：廣西教育出版社，1998 年 12 月。

491. 彭浩〈談郭店《老子》分章和章次〉，《中國文物報》第 84 期，
1998 年 10 月 28 日，第 3 版。

492. 彭浩〈論郭店楚簡中的老學著作〉，《中國出土資料研究會會
報》第 4 號，日本中國出土資料研究會。

493. 彭國翔〈從出土文獻看宋明理學與先秦儒學的連貫性—郭店
與上博儒家文獻的啓示〉，《中國社會科學》，2007 年第 4 期。

494. 彭裕商〈讀《郭店楚墓竹簡》札記〉，《古文字研究》第 24 輯，
2002 年 7 月。

495. 曾春海〈朱熹人性論與楚簡儒家佚籍「性情說」之比較〉，《哲
學與文化》34 卷 10 期，2007 年 10 月。

496. 渡邊大〈郭店老子組別竹簡的配列〉，《中國文化》第 57 號，
1999 年 6 月。

497. 湖北省荊門市博物館〈荊門郭店一號楚墓〉，《文物》，1997
年第 7 期。

498. 湯一介〈「道始於情」的哲學詮釋〉，《學術月刊》2001 年第 7
期。

499. 湯一介〈釋「易，所以會天道人道者也」〉，《周易研究》2002
年第 6 期。

500. 湯余惠、吳良寶〈郭店楚墓竹簡零釋（四篇）〉，李學勤、謝
桂華主編《簡帛研究二〇〇一（上冊）》，桂林：廣西師範大學出
版社，2001 年 9 月。

501. 程元敏〈《郭店楚簡・緇衣》引書考〉,《古文字與古文獻》試刊號,1999年10月。

502. 菅本大二〈郭店楚簡《尊德義》中的禮治思想——以荀子的禮治思想比較為中心〉,發表於政治大學中文系主辦「出土簡帛文獻與古代學術國際研討會」,2005年12月2-3日。

503. 馮時〈郭店楚簡《太一生水》研究〉,收入《出土古代天文學文獻研究・第二章》,臺北:台灣古籍出版公司,2001年。

504. 馮國超〈郭店楚墓竹簡研究述評(上)〉,《哲學研究》,2001年第3期。

505. 馮國超〈郭店楚墓竹簡研究述評(下)〉,《哲學研究》,2001年第4期。

506. 馮勝君〈郭店簡與上博簡《緇衣》對比研究叢札(一)〉,《江漢考古》,2004年第4期。

507. 馮勝君〈談《老子》中的「孩」字〉,收入《第十三屆全國暨海峽兩岸中國文字學學術研討會論文集》,臺北:萬卷樓圖書,2002年。

508. 馮勝君〈讀〈郭店楚墓竹簡〉札記(四則)〉,《古文字研究》第22輯,2000年7月。

509. 黃人二〈郭店竹簡小墨釘點之一作用(上)(下)〉,「簡帛研究」網站,2002年3月21日。

510. 黃人二〈郭店楚簡〈窮達以時〉考釋〉,《古文字與古文獻》試刊號,1999年10月。

511. 黃人二〈郭店楚簡〈魯穆公問子思〉考釋〉,收入《張以仁先生七秩壽慶論文集》,臺北:台灣學生書局,1999年。

512. 黃人二〈郭店楚簡國際學術研討會綜述〉,《武漢大學學報》,

2000 年第 2 期。

513. 黃人二〈戰國郭店楚簡《語叢四》注釋（上）（下）〉，「簡帛研究」網站，2002 年 3 月 17 日。

514. 黃占竹〈郭店老子的內容、分章及完整性問題〉，廣東羅浮山道家會議論文提要，1998 年 12 月。

515. 黃占竹〈戰國楚簡和楚國歷史地理〉，日本：第 44 屆國際東方學論文，1999 年 6 月。

516. 黃君良〈《忠信之道》與戰國時期的忠信思潮〉，《管子學刊》，2003 年第 3 期。

517. 黃君良〈「槁木三年，不必爲邦旗」試釋〉，《中國文化研究》，2003 年第 3 期。

518. 黃君良〈竹書《五行》篇中的三個問題〉，《樹仁學報》第 4 期，2008 年 4 月。

519. 黃君良〈看郭店楚簡「性自命出」篇〉，《樹仁學報》第 2 期，2001 年 12 月。

520. 黃君良〈郭店儒簡「六德」成於楚人的推測〉，《樹仁學報》第 3 期，2005 年 1 月。

521. 黃宗義〈郭店楚簡的臨帖與創作〉，發表於台南師範學院語文教育系主辦「九年一貫書法與教學學術研討會—紀念于教授大成逝世三週年」，2003 年 12 月 12 日。

522. 黃海嘯〈郭店儒家簡與稷下學關系試論〉，《中共濟南市委黨校學報》，2005 年第 4 期。

523. 黃釗〈竹簡〈老子〉應爲稷下道家傳本的摘抄本〉，《中州學刊》，2000 年第 1 期。

524. 黃釗〈論郭店楚墓竹簡〈老子〉的文獻價值〉，南華管理學院

主辦「第二屆海峽兩岸道教學術研討會」論文，1999 年 3 月。

525. 黃釗〈關於研究出土簡帛文獻的方法論思考—回顧簡帛〈老子〉研究有感〉，《中國哲學史》，2001 年第 3 期。

526. 黃崇浩〈郭店一號楚墓墓主不是屈原而是慎到〉，《光明日報》，2000 年 1 月 21 日。

527. 黃華珍〈郭店楚墓竹簡〉，日本：《東方》215 號，1999 年 1 月。

528. 黃德寬、徐在國〈郭店楚簡文字考釋〉，《吉林大學古籍整理研究所建所十五周年紀念論文集》，長春：吉林大學出版社，1998 年 12 月。

529. 黃德寬、徐在國〈郭店楚簡文字續考〉，《江漢考古》，1999 年第 2 期。

530. 黃震云、黃偉〈郭店楚簡引《書》考〉，《南陽師范學院學報》，2003 年第 2 期。

531. 黃熹〈儒學形而上系統的最初建構—〈五行〉所展示的儒學形而上體系〉，《中國哲學史》，2001 年第 3 期。

532. 黃錫全〈《唐虞之道》疑難字句新探〉，收入長沙市文物考古研究所編《長沙三國吳簡暨百年來簡帛發現與研究國際學術研討會論文集》，北京：中華書局，2005 年。

533. 楊晉龍〈《五行篇》引用《詩經》文本述論〉，政治大學中文系主辦「出土簡帛文獻與古代學術國際研討會」論文，2005 年 12 月 2-3 日。

534. 楊朝明〈從《窮達以時》看孔子的「時遇」思想—兼談《論語》「學而時習之」章的理解問題〉，收入《出土文獻與儒家學術研究》，臺北：台灣古籍，2007 年。

535. 楊朝明〈郭店楚墓竹簡與儒學研究〉,「簡帛研究」網站,2001
　　年 6 月。

536. 楊澤生〈郭店簡幾個字詞的考釋〉,《中國文字》新 27 期,2001
　　年 12 月。

537. 楊澤生〈關於郭店楚簡《緇衣》篇的兩處異文〉,《孔子研究》,
　　2002 年第 1 期。

538. 楊寶山〈從郭店楚簡《性自命出》看《樂記》的成書年代〉,
　　《國際儒學研究》第 11 輯,2001 年 3 月。

539. 葉坦〈儒家「無爲」說—從郭店楚簡談開去〉,《哲學研究》,
　　1999 年第 7 期。

540. 葉海煙〈《太一生水》與莊子的宇宙論〉,《哲學與文化》第
　　26 卷第 4 期,1999 年 4 月。

541. 葉國良〈郭店儒家著作的學術譜系問題〉,《臺大中文學報》
　　第 13 期,2000 年 12 月。

542. 葛榮晉〈郭簡《老子》的理論价值—郭店竹簡哲學思想初探
　　(一)〉,《石油政工研究》,2002 年第 4 期。

543. 葛榮晉〈儒簡的「性情論」「五行論」—郭店竹簡哲學思想初
　　探(二)〉,《石油政工研究》,2002 年第 5 期。

544. 董京泉〈《道德經》新編及其論証〉,《文史哲》,2003 年第 1
　　期。

545. 董娟〈《六德》釋文補訂四則〉,「簡帛網—武漢大學簡帛研究
　　中心」網站,2007 年 9 月 4 日。

546. 董琨〈郭店楚簡《老子》的語言學札記〉,《古文字研究》第
　　24 輯,2002 年 7 月。

547. 董琨〈郭店楚簡《老子》異文的語法學考察〉,《中國語文》,

2001 年第 4 期。

548. 董蓮池〈《老子》「大器晚成」即「大器無成」說補證〉,《古籍整理研究學刊》,2000 年第 5 期。

549. 董蓮池〈釋楚簡中的「辨」字〉,《古文字研究》第 22 輯,2000 年 7 月。

550. 董鐵柱〈從〈唐虞之道〉談「禪讓」〉,《學園》,1999 年第 1 期。

551. 虞萬里〈上博簡、郭店簡《緇衣》與傳本合校拾遺〉,「簡帛研究」網站,2002 年 2 月 28 日。

552. 虞萬里〈上博簡、郭店簡《緇衣》與傳本合校補証(中)〉,《史林》,2003 年第 3 期。

553. 裘錫圭〈〈太一生水〉「名字」章解釋—兼論〈太一生水〉的分章問題〉,《古文字研究》第 22 輯,2000 年 7 月。

554. 裘錫圭〈《太一生水》「名字」章解釋〉追記〉,《古文字研究》第 23 輯,2002 年 6 月。

555. 裘錫圭〈由郭店簡〈性自命出〉的「室性者故也」說到《孟子》的「天下之言性也」章〉,收入《中國出土古文獻十講》,上海:復旦大學出版社,2004 年。

556. 裘錫圭〈談談上博簡和郭店簡中的錯別字〉,收入《中國出土古文獻十講》,上海:復旦大學出版社,2004 年。

557. 裘錫圭《釋郭店〈緇衣〉「出言有丨,黎民所(從言從丨)」—兼說「丨」為「針」之初文》,收入《中國出土古文獻十講》,上海:復旦大學出版社,2004 年。

558. 解光宇〈郭店竹簡《老子》研究綜述〉,《學術界》,1999 年第 5 期。

559. 詹群慧〈《六德》簡序的再探討〉,「簡帛研究」網站,2003年1月1日。

560. 詹群慧〈對郭店楚簡《唐虞之道》簡序、分章的再討論〉,「簡帛研究」網站,2002年9月27日。

561. 鄒濬智〈《郭店楚簡研究‧第一卷‧文字編》〉,《書目季刊》40卷第4期,2007年3月。

562. 鄒濬智〈楚簡〈緇衣〉與〈語叢四〉「弼」字小議〉,「簡帛研究」網站,2004年2月17日。

563. 寧國山〈郭店《老子》是綱目版《老子》〉,「簡帛研究」網站,2003年10月5日。

564. 寧鎮疆〈《老子》「同文複出」現象的初步研究〉,《齊魯學刊》,2001年第4期。

565. 廖名春〈從郭店楚簡和馬王堆帛書論「晚書」的真偽〉,《北方論叢》,2001年第1期。

566. 廖名春〈郭店楚簡〈五行〉篇校釋札記〉,《中國哲學史》,2001年第3期。

567. 廖名春〈郭店楚簡〈成之聞之〉、〈唐虞之道〉與《尚書》〉,《中國史研究》,1999年第3期。

568. 廖名春〈郭店楚簡〈緇衣〉篇引〈書〉考〉,《西北大學學報》,2000年第1期。

569. 廖名春〈郭店楚簡〈緇衣〉篇引《詩》考〉,收入《華學》第4輯,北京:紫禁城出版社,2000年。

570. 廖名春〈郭店楚簡引《詩》論《詩》考〉,《中國哲學》第22輯,2000年6月。

571. 廖名春〈郭店楚簡與《詩經》〉,收入姚小鷗主編《出土文獻

與中國文學研究》，北京：北京廣播學院出版社，2000 年 8 月。

572. 廖名春〈郭店楚簡儒家著作考〉，《孔子研究》，1998 年第 3 期。

573. 廖名春〈郭店簡〈六德〉〈成之聞之〉新札〉，「簡帛研究」網站，2000 年 11 月 18 日。

574. 廖名春〈郭店簡〈成之聞之〉的編連和命名問題〉，收入清華大學思想文化研究所《清華簡帛研究》第二輯，2002 年 3 月。

575. 廖名春〈郭店簡〈成之聞之〉篇校釋札記〉，《古籍整理研究學刊》，2002 年第 2 期。

576. 廖名春〈郭店簡〈性自命出〉的編連和分合問題〉，《中國哲學史》，2000 年第 4 期。

577. 廖名春〈郭店簡《老子》校釋札記〉，《華學》第 5 輯，廣州：中山大學出版社，2001 年 12 月。

578. 廖名春〈楚簡〈五行〉篇引〈詩〉說〈詩〉考〉，《李學勤先生從事學術活動 45 周年紀念文集》，2000 年。

579. 廖名春〈楚簡《老子》「銛襲爲上」考〉，《煙台師範學院學報》（哲學社會科學版）第 18 卷第 3 期，2001 年 9 月。

580. 廖名春〈楚簡老子校詁（二下）〉，《大陸雜誌》第 98 卷第 6 期，1999 年 6 月。

581. 廖名春〈楚簡老子校詁（二上）〉，《大陸雜誌》第 98 卷第 5 期，1999 年 5 月。

582. 廖名春〈楚簡老子校詁（上）〉，《大陸雜誌》第 98 卷第 1 期，1999 年 1 月。

583. 廖名春〈楚簡老子校詁（下）〉，《大陸雜誌》第 98 卷第 2 期，1999 年 2 月。

584. 廖名春〈楚簡老子校釋（七）〉，武漢大學《人文論叢》1999
　　年卷，1999 年 10 月。

585. 廖名春〈楚簡老子校釋（九）〉，李學勤、謝桂華主編《簡帛研
　　究二〇〇一（上冊）》，桂林：廣西師範大學出版社，2001 年 9
　　月。

586. 廖名春〈楚簡老子校釋（二）〉，《簡帛研究》第 3 輯，桂林：
　　廣西教育出版社，1998 年 12 月。

587. 廖名春〈楚簡老子校釋（三）（上）〉，《大陸雜誌》第 99 卷第 1
　　期，1999 年 7 月。

588. 廖名春〈楚簡老子校釋（三）（中）〉，《大陸雜誌》第 99 卷第 2
　　期，1999 年 8 月。

589. 廖名春〈楚簡老子校釋（三）（下）〉，《大陸雜誌》第 99 卷第 3
　　期，1999 年 9 月。

590. 廖名春〈楚簡老子校釋（五）〉，收入《中國傳統哲學新論—朱
　　伯昆教授 75 壽辰紀念文集》，北京：九洲出版社，1999 年。

591. 廖名春〈楚簡老子校釋之一〉，《華學》第 3 輯，北京：紫禁
　　城出版社，1998 年 11 月。

592. 臧克和〈《尚書》文獻用字與《郭店楚墓竹簡》〉，《中國文字
　　研究》第 2 輯，2001 年 10 月。

593. 蓋莉〈關於「民可使由之不可使知之」的釋讀〉，《孔子研究》，
　　2000 年第 3 期。

594. 趙中偉〈性自命出，命自天降—上海戰國竹簡〈性情論〉與
　　郭店竹簡〈性自命出〉之人性論剖析〉，《輔仁學誌：人文藝術
　　之部》第 29 期，2002 年 7 月。

595. 趙平安〈《窮達以時》第九號簡考論—兼即先秦兩漢文獻中比

干故事的衍變〉，《古籍整理研究學刊》，2002 年第 2 期。

596. 趙平安〈郭店楚簡與商周古文字考釋〉，（北京）清華大學思想文化研究所與輔仁大學文學院聯合主辦「新出楚簡與儒學思想國際學術研討會」論文，2002 年 3 月 31 日-4 月 2 日。

597. 趙平安〈釋古文字資料中的「夌」及相關諸字—從郭店楚簡談起〉，華東師範大學中國文字研究與應用中心編《中國文字研究》第 2 輯，桂林：廣西教育出版社，2001 年 10 月。

598. 趙平安〈釋郭店楚簡〈成之聞之〉中的「夌」字〉，李學勤、謝桂華主編《簡帛研究二○○一（上冊）》，桂林：廣西師範大學出版社)，2001 年 9 月。

599. 趙吉惠〈郭店楚簡與「道德經」文本的演變與校勘〉，《宗教哲學》第 6 卷第 1 期，2000 年 3 月。

600. 趙彤〈郭店楚簡《老子》乙「閉其門」章新解〉，《南陽師範學院學報》第 5 卷 1 期，2006 年 1 月。

601. 趙東栓〈《太一生水》篇的宇宙圖式及其文化哲學闡釋〉，《齊魯學刊》，2001 年第 4 期。

602. 趙建偉〈〈唐虞之道〉考釋四則〉，「簡帛研究」網站，2003 年 9 月 28 日。

603. 趙建偉〈郭店竹簡〈忠信之道〉、〈性自命出〉校釋〉，《中國哲學史》，1999 年第 2 期。

604. 趙建偉〈郭店竹簡《老子》校釋〉，輔仁大學哲學系主辦「本世紀出土思想文獻與中國古典哲學研究兩岸學術研討會」論文，1999 年 1 月 15-17 日。

605. 趙苑夙〈郭店「老子」「△」字考〉，《興大中文研究生論文集》第 8 期，2003 年 5 月。

606. 趙衛東〈《太一生水》「神明」新釋〉,《周易研究》,2002 年第 5 期。

607. 劉力、陳國峰〈子思的人性論思想〉,《重慶師范大學學報》(哲學社會科學版),2003 年第 3 期。

608. 劉大鈞〈〈太一生水〉篇管窺〉,《周易研究》,2001 年第 4 期。

609. 劉文英〈關於《太一生水》的幾個問題〉,《國際儒學研究》第 11 輯,2001 年 3 月。

610. 劉文強、宋鵬飛〈論〈唐虞之道〉〉,《文與哲》第 4 期,2004 年 6 月。

611. 劉固盛〈近 10 年竹簡《老子》研究〉,《學術月刊》,2001 年第 7 期。

612. 劉昌佳〈郭店儒簡的自然人性論及其所涵蘊的價值〉,《東海大學文學院學報》第 46 期,2005 年 7 月。

613. 劉昕嵐〈郭店楚簡〈性自命出〉篇箋釋(上)〉,《北京大學研究生學誌》,1999 年第 1 期。

614. 劉東超〈先秦學術研究:文獻和義理的雙重進路──讀郭沂博士《郭店竹簡與先秦學術思想》〉,《孔子研究》,2002 年第 3 期。

615. 劉信芳〈荊門郭店楚簡〈老子〉文字考釋〉,《中國古文字研究》第 1 輯,1999 年 6 月。

616. 劉信芳〈郭店竹簡文字考釋拾遺〉,《江漢考古》,2000 年第 1 期。

617. 劉信芳〈郭店楚簡〈六德〉解詁一則〉,《古文字研究》第 22 輯,2000 年 7 月。

618. 劉信芳〈郭店簡〈語叢〉文字試解(七則)〉,李學勤、謝桂華主編《簡帛研究二〇〇一(上冊)》,桂林:廣西師範大學出版

社，2001 年 9 月。

619. 劉信芳〈郭店簡「善述者不說」及其相關問題〉，《中華文史論叢》2001 年第 3 輯，上海：上海古籍出版社。

620. 劉信芳〈郭店簡文字考釋二則〉，《古文字與古文獻》試刊號，1999 年 10 月。

621. 劉信芳〈郭店簡文字例解三則〉，《中央研究院歷史語言研究所集刊》第 71 本第 4 分，2000 年 12 月。

622. 劉信芳〈楚簡《老子》釋讀二則〉，收入遼寧人民出版社編《漢字與文化國際學研討會論文集》，北京：北京師範大學漢字研究社，1998 年 8 月。

623. 劉信芳〈試論郭店楚簡〈老子〉「樸」的倫理學意義〉，《理論月刊》，2000 年第 1、2 期合刊。

624. 劉桓〈讀《郭店楚墓竹簡》札記〉，李學勤、謝桂華主編《簡帛研究二〇〇一（上冊）》，桂林：廣西師範大學出版社，2001 年 9 月。

625. 劉祖信、涂宗流〈郭店楚簡《窮達以時》通釋〉，《書法叢刊》，2000 年第 4 期。

626. 劉祖信、崔仁義〈荊門竹簡〈老子〉並非對話體〉，《中國文物報》第 33 期，1995 年 8 月 20 日。

627. 劉祖信、梅訓安〈荊門出土我國最早竹簡〉，《人民日報》海外版，1995 年 2 月 8 日。

628. 劉祖信〈〈太一生水〉淺議〉，收入艾蘭、邢文編《新出簡帛研究：《新出簡帛國際學術研討會文集》》，北京：文物出版社，2004 年。

629. 劉祖信〈荊門楚墓的驚人發現〉，《文物天地》，1995 年第 6

期。

630. 劉釗〈讀郭店楚簡字詞札記（四）〉,《古籍整理研究學刊》,2002
年第 5 期。

631. 劉釗〈讀郭店楚簡字詞雜記（一）〉,《中國語言學會第 10 屆學
術會暨國際中國語文研討會論文》,1999 年 7 月。

632. 劉國勝〈郭店竹簡釋字（八則）〉,《武漢大學學報》(哲學社會
科學版),1999 年 5 期。

633. 劉國勝〈郭店楚簡國際學術研討會綜述〉,《文史哲》,2000
年第 2 期。

634. 劉彬徽〈關於郭店楚簡年代及相關問題的討論〉,李學勤、謝
桂華主編《簡帛研究二〇〇一（上冊）》,桂林：廣西師範大學出
版社,2001 年 9 月。

635. 劉煥藻〈郭店楚簡《老子》研究〉,《理論月刊》,1999 年 5
月。

636. 劉榮賢〈從郭店楚簡看老子思想及其書之起源〉,《靜宜人文
學報》第 12 期,2000 年 3 月。

637. 劉榮賢〈從郭店楚簡論《老子》書中段落與章節之問題〉,《中
山人文學報》第 10 期,2000 年 2 月。

638. 劉樂賢〈〈性自命出〉與《淮南子‧謬稱》論「情」〉,《中國
哲學史》,2000 年第 4 期。

639. 劉樂賢〈〈窮達以時〉與《呂氏春秋‧慎人》〉,《華學》第 4
輯,2000 年 8 月。

640. 劉樂賢〈郭店楚簡雜考（五則)〉,《古文字研究》第 22 輯,
2000 年 7 月。

641. 劉樂賢〈讀郭店簡儒家文獻札記〉,清華大學思想文化研究所

與輔仁大學文學院聯合主辦「新出楚簡與儒學思想國際學術研討會」論文，2002 年 3 月 31 日-4 月 2 日。

642. 劉學文〈論郭店楚簡《太一生水》本体生成系統〉，《新疆大學學報》(社會科學版)，2003 年第 3 期。

643. 劉曉東〈《郭店楚墓竹簡・緇衣》初探〉，《語言文字學》，2000 年第 11 期。

644. 劉澤亮〈從郭店楚簡看先秦儒道關係的演變〉，《湖北大學學報》，1999 年第 2 期。

645. 劉聰〈郭店竹簡與孟子天道觀的轉型〉，《內蒙古社會科學》28 卷 3 期，2007 年 5 月。

646. 劉豐〈從郭店楚簡看先秦儒家的「仁內義外」說〉，《湖南大學學報》(社會科學版) 第 15 卷第 2 期，2001 年 6 月。

647. 劉寶才〈〈唐虞之道〉的歷史與理念──兼論戰國中期的禪讓思想〉，《人文雜誌》，2000 年第 3 期。

648. 劉寶俊〈郭店楚簡「仁」字三形的構形理據〉，《中南民族大學學報》(人文社會科學版)，2005 年第 5 期。

649. 樂勝奎〈郭簡樂論及其主旨〉，《中國哲學史》，2001 年第 3 期。

650. 歐陽禎人〈《六德》與儒家的人學超越〉，《哲學評論》，2002 年第 1 期。

651. 歐陽禎人〈《太一生水》與先秦儒家性情論〉，《孔子研究》，2002 年第 1 期。

652. 歐陽禎人〈《性自命出》、《成之聞之》、《六德》、《尊德義》合論〉，《湖南省博物館館刊》第 4 期，長沙：岳麓書社，2008 年。

653. 歐陽禎人〈《性自命出》的性情思想研究〉，收入丁四新主編

《楚地出土簡帛文獻思想研究（二）》，武漢：湖北教育出版社，2005 年。

654. 歐陽禎人〈從《魯穆公問子思》到《孟子》〉，《武漢大學學報》（人文科學版），第 54 卷第 2 期，2001 年 3 月。

655. 歐陽禎人〈從「反古復始」到「反善復始」〉，《江漢考古》，2002 年第 1 期。

656. 歐陽禎人〈郭店儒簡的宗教詮釋〉，《中國哲學史》，2001 年第 3 期。

657. 歐陽禎人〈郭店簡〈緇衣〉與《禮記・緇衣》的思想異同〉，收入丁四新主編《楚地出土簡帛文獻思想研究（二）》，武漢：湖北教育出版社，2005 年。

658. 歐陽禎人〈超越窮達〉，《郭店楚簡國際學術研討會論文匯編》第 2 冊，1999 年 10 月武漢大學。

659. 歐陽禎人〈楚簡《唐虞之道》「禪而不傳」的理論追蹤〉，收入丁四新主編《楚地出土簡帛文獻思想研究（一）》，武漢：湖北教育出版社，2002 年。

660. 歐陽禎人〈試論《性自命出》的美學思想〉，《湖北師範學院學報》（哲學社會科學版），2001 年第 2 期。

661. 歐陽禎人〈論〈性自命出〉對儒家人學思想的轉進〉，《孔子研究》，2000 年第 3 期。

662. 歐陽禎人《郭店簡《緇衣》與睡虎地簡《爲吏之道》》，《人文論叢》2002 年卷。

663. 潘小慧〈《五行篇》的人學初探——以「心－身」關係的考察爲核心展開〉，《哲學與文化》第 26 卷第 5 期，1999 年 5 月。

664. 潘小慧〈上博簡與郭店簡「性自命出」篇中「情」的意義與

價值〉,《輔仁學誌:人文藝術之部》第 29 期,2002 年 7 月。

665. 潘玉愛〈從《六德》看儒家的人倫意蘊〉,「先秦思想暨出土文獻國際青年學者學術研討會」,2005 年 3 月 27-28 日。

666. 蔣昌和〈楚簡《老子》的性質辨認〉,《湖湘論壇》,2001 年第 6 期。

667. 蔣瑞〈說郭店簡本〈老子〉「大器曼成」〉,《中國哲學史》,2000 年第 1 期。

668. 蔣義斌〈郭店楚簡〈六德〉的仁與聖〉,台灣中國文化大學史學系主辦「第一屆簡帛學術討論會」論文,1999 年 12 月。

669. 蔡仲德〈郭店楚簡儒家樂論試探〉,《孔子研究》,2000 年第 3 期。

670. 蔡運章、戴霖〈論楚簡《太一生水》的宇宙生成模式〉,《四川文物》,2004 年第 2 期。

671. 諸葛俊元〈談「郭店楚簡·性自命出」中「心」與「性」〉,《鵝湖》26 卷第 10 期,2001 年 4 月。

672. 鄭吉雄〈從〈太一生水〉論《乾·彖》所記兩種宇宙論〉,收入武漢大學簡帛研究中心編《簡帛》第 2 輯,上海:上海古籍出版社,2007 年。

673. 鄭杰文〈郭店竹簡《唐虞之道》與儒墨「禪讓說」之比較〉,收入《簡帛考論》,上海:上海古籍出版社,2007 年。

674. 鄭倩琳〈從《郭店·老子甲》「絕智棄辯」章探析《老子》相關思想之詮釋發展〉,《國文學報》第 39 期,2006 年 6 月。

675. 鄭淑媛〈郭店儒家簡與《中庸》對先秦儒家精神修養學的拓展〉,《江漢論壇》,2007 年第 1 期。

676. 鄭善萍〈郭店楚簡《緇衣》「言從行之」「之」字考〉,《東南

研究》，2002 年第 1 期。

677. 鄧佩玲、張光裕〈出土古文獻材料對古漢語語法研究的貢獻
　　　一以《老子》否定詞「不」、「弗」研究為例〉，香港中文大學
　　　「第一屆中國語言文字國際學術研討會」論文，2002 年 3 月
　　　12-14 日。

678. 鄧建鵬〈〈唐虞之道〉「六帝」新釋〉，「簡帛研究」網站，2001
　　　年 9 月 14 日。

679. 鄧建鵬〈〈唐虞之道〉的民本思想〉，《武漢大學學報》（哲學社
　　　學科學版），1999 年 5 期。

680. 鄧建鵬〈楚地心性學與郭店儒家簡及子思之學南傳探析〉，「簡
　　　帛研究」網站，2000 年 10 月 17 日。

681. 鄧球柏〈內聖外王之道：《郭店・老子》的主題〉，《哲學研究》，
　　　2004 年第 1 期。

682. 鄧球柏〈德與善的探索——郭店楚墓竹簡《五行》新說〉，《長
　　　沙大學學報》，2005 年第 3 期。

683. 魯瑞菁〈《郭店竹簡・性自命出》的思想特色〉，《靜宜人文學
　　　報》第 14 期，2001 年 8 月。

684. 魯瑞菁〈《郭店楚簡・太一生水》的思想特色〉，《鵝湖》第
　　　25 卷第 9 期，2000 年 3 月。

685. 黎廣基〈郭店楚簡《老子》「敓」考〉，香港中文大學「第一
　　　屆中國語言文字國際學術研討會」論文，2002 年 3 月 12-14 日。

686. 冀小軍〈釋楚簡中的 "㣽" 字〉，簡帛研究網站，2002 年 7
　　　月 21 日。

687. 橫田恭三〈關於郭店楚簡中裝飾筆畫「︱」的研究〉，「長沙
　　　三國吳簡暨百年來簡帛發現與研究國際學術研討會」論文提

要，2001 年 8 月 16-19 日。

688. 興亮〈郭店楚簡與歷史文化座談會綜述〉，《西北大學學報》（哲學社學科學版），第 30 卷第 2 期，2000 年 5 月。

689. 蕭兵〈「太一生水」的神話學研究〉，《華中師範大學學報》（人文社會科學版），2003 年第 6 期。

690. 蕭漢明〈《太一生水》的宇宙論與學派屬性〉，《學術月刊》，2001 年第 12 期。

691. 錢遜〈「使由使知」和「可道不可強」〉，「簡帛研究」網站，2000 年 5 月 24 日。

692. 錢遜〈對堯舜禪讓意義的認識〉，《國際儒學研究》第 10 期，2000 年 6 月。

693. 駱蘭〈郭店楚簡國際學術研討會綜述〉，《理論月刊》，2000 年第 1、2 期合刊。

694. 鮑青燕〈《孟子》與思孟五行說〉，《武漢理工大學學報》（社會科學版），2005 年 5 期。

695. 戴兆國〈從郭店楚簡看原始儒家德性論〉，《華東師範大學學報》（哲學社學科學版），2002 年 2 期。

696. 薛柏成〈郭店楚簡《唐虞之道》與墨家思想〉，《吉林師範大學學報》（人文社會科學版）第 34 卷 2 期，2006 年 4 月。

697. 謝如柏〈郭店竹書〈性自命出〉心性論探討〉，「第一屆出土文獻學術研討會論文」，2000 年 6 月 8 日。

698. 謝君直〈竹簡五行的天道與人道思想——兼論其對生命教育的啓發〉，南華大學哲學系主辦「第六屆比較哲學研討會」，2005 年 5 月。

699. 謝君直〈從當代老學詮釋架構論郭店楚簡老子的天道思想〉，

《通識教育與跨域研究》第 4 期，2008 年 7 月。

700. 謝君直〈郭店楚簡〈緇衣〉異文詮釋及其儒學意涵〉，《東吳哲學學報》第 17 期，2008 年 2 月。

701. 謝君直〈郭店楚簡〈窮達以時〉所蘊含的義命問題〉，《東吳哲學學報》第 15 期，2007 年 2 月。

702. 謝君直〈簡帛〈五行〉的人道思想〉，《揭諦》（南華大學哲學學報）第 14 期，2008 年 2 月。

703. 謝佩霓〈郭店楚簡「□」構形試探〉，《中國文字》新 28 期，2001 年 12 月。

704. 韓同蘭〈郭店楚簡《老子》新札〉，《古漢語研究》，2002 年第 2 期。

705. 韓旭暉〈「郭店楚簡與歷史文化」學術座談會論點綜述〉，《西安聯合大學學報》（社會科學版），第 3 卷第 3 期。

706. 韓旭暉〈國內郭店楚墓楚簡研究綜述〉，《中國史研究動態》，2000 年第 9 期。

707. 韓旭暉〈郭店楚簡與早期儒家思想研究的新拓展〉，《孔子研究》，2000 年第 5 期。

708. 韓東育〈《老子》17、18 章中「焉」、「案」、「安」字究作何解——兼談《郭店楚墓竹簡》的定論意義〉，《東北師大學報》（哲學社學科學版），2003 年第 4 期。

709. 韓東育〈郭店楚簡太一生水與老子的幾個問題〉，《社會科學》，1999 年第 2 期。

710. 韓星〈郭店楚簡儒家天道觀述略〉，《西北大學學報》（哲學社學科學版），2000 年第 2 期。

711. 韓星〈郭店楚簡儒家禮樂文化精義辨析〉，《人文雜誌》，2000

年第 5 期。

712. 韓星〈郭店儒簡的儒法融通〉,《蘭州大學學報》(社會科學版),
     2003 年第 3 期。

713. 韓國良〈郭店老子的出土與老子一元論思想的確立〉,《郾陽
     師範高等專科學校學報》,2004 年 2 期。

714. 韓碧琴〈《禮記‧緇衣》與郭店楚簡〈緇衣〉之比較〉,《興大
     人文學報》第 33 期,2003 年 6 月。

715. 齋木哲郎〈郭店楚簡〈五行篇〉覺書〉,《東洋古典學研究》
     第 8 號,1999 年 10 月。

716. 聶中慶、李定〈郭店楚簡《老子》校讀札記之一〉,《古籍整
     理研究學刊》,2003 年第 3 期。

717. 聶中慶〈早期儒道關係考辨——從楚簡《老子》與今本《老子》
     比較談起〉,《社會科學輯刊》,2004 年第 1 期。

718. 聶中慶〈郭店楚簡《老子》研究評述〉,《孔子研究》,2003
     年第 2 期。

719. 聶中慶〈郭店楚簡《老子》缺文考補〉,《洛陽大學學報》,2003
     年第 1 期。

720. 聶中慶〈郭店楚簡《老子》通假字研究〉,《語言研究》,2005
     年第 2 期。

721. 聶中慶〈郭店楚簡《老子》構成新論〉,《古籍整理研究學刊》,
     2002 年第 2 期。

722. 顏世安〈從《太一生水》看先秦自然道論的分流〉,《江蘇社
     會科學》,2001 年第 6 期。

723. 顏世鉉〈〈郭店竹書別釋〉讀後〉,《古今論衡》第 9 期,2003
     年 7 月。

724. 顏世鉉〈郭店竹書校勘與考釋問題舉隅〉,《中央研究院歷史語言研究所集刊》第 74 本第 4 分, 2003 年 12 月。

725. 顏世鉉〈郭店楚墓竹簡儒家典籍文字考釋〉,《經學研究論叢》第 6 輯, 臺北: 學生書局, 1999 年。

726. 顏世鉉〈郭店楚簡〈六德〉箋釋〉,《中央研究院歷史語言研究所集刊》第 72 本第 2 分, 2001 年 6 月。

727. 顏世鉉〈郭店楚簡淺釋〉, 收入《張以仁先生七秩壽慶論文集》, 臺北: 學生書局, 1999 年。

728. 顏世鉉〈郭店楚簡散論(二)〉,《江漢考古》, 2000 年第 1 期。

729. 顏世鉉〈郭店楚簡散論(三)〉,《大陸雜誌》第 101 卷第 2 期, 2000 年 8 月。

730. 顏世鉉〈郭店楚簡散論(四)〉,「新出土文獻與古代文明國際學術研討會會議」會議論文, 2002 年 7 月 28-30 日。

731. 顏世鉉〈簡帛書籍的校勘與考釋—以郭店楚簡為主〉, 中央研究院歷史語言研究所九十年度第十七次講論會論文, 2001 年 12 月 24 日。

732. 魏宜輝、周言〈讀《郭店楚墓竹簡》札記〉,《古文字研究》第 22 輯, 2000 年 7 月。

733. 魏宜輝〈試析楚簡文字中的「△」「△」字〉,《江漢考古》, 2002 年第 2 期。

734. 魏宜輝〈論郭店簡、上博簡《緇衣》中用為「從」之字〉,《中國文字》新 31 期, 2006 年 11 月。

735. 魏啓鵬〈《太一生水》札記〉,《中國哲學史》, 2000 年第 1 期。

736. 魏啓鵬〈楚簡《老子》「大成若拙」發微—兼說老子不非禮樂〉,《中國哲學史》, 2001 年第 3 期。

737. 魏啓鵬〈釋《六德》「爲父絕君」—兼答彭林先生〉,《中國哲學史》,2001 年第 2 期。

738. 魏慈德〈郭店楚簡中的臺字及其所從的「⊕」部件〉,中山大學主辦「第十四屆中國文字學全國學術研討會」論文,2003 年 3 月 29-30 日。

739. 龐樸〈《五行》補注〉,「簡帛研究」網站,2001 年 7 月 7 日。

740. 龐樸〈「仁」字臆斷—從出土文獻看仁字古文和仁愛思想〉,「簡帛研究」網站,2000 年 12 月 10 日。

741. 龐樸〈「使由使知」解〉,《文史知識》,1999 年 9 期。

742. 龐樸〈三重道德—漫說郭店楚簡之六〉,《尋根》,1999 年第 6 期。

743. 龐樸〈三重道德論〉,《歷史研究》,2000 年第 5 期。

744. 龐樸〈孔孟之間—郭店楚簡的思想史地位〉,《中國社會科學》,1998 年第 5 期。

745. 龐樸〈親手觸摸一下歷史—漫說郭店楚簡之一〉,《尋根》,1999 年第 1 期。

746. 龐樸〈宇宙生成新說—漫說郭店楚簡之二〉,《尋根》,1999 年第 2 期。

747. 龐樸〈存世最早的道德經—漫說郭店楚簡之三〉,《尋根》,1999 年第 3 期。

748. 龐樸〈另有一種五行—漫說郭店楚簡之四〉,《尋根》,1999 年第 4 期。

749. 龐樸〈本來樣子的三綱—漫說郭店楚簡之五〉,《尋根》,1999 年第 5 期。

750. 龐樸〈竹帛《五行》篇與思孟五行說〉,《哲學與文化》26 卷

5 期，1999 年 5 月。

751. 龐樸〈初讀郭店楚簡〉，《歷史研究》，1998 年第 4 期。

752. 龐樸〈儒聯召開「郭店楚簡」研討會〉，《國際儒學聯合會簡報》，1998 年第 2 期。

753. 羅新慧〈《容成氏》、《唐虞之道》與戰國時期禪讓學說〉，《齊魯學刊》，2003 年第 6 期。

754. 羅新慧〈從郭店楚簡看孔孟之間的儒學變遷〉，《中國哲學史》，2000 年第 2 期。

755. 羅新慧〈郭店楚簡與《曾子》〉，《管子學刊》，1999 年第 3 期。

756. 羅新慧〈郭店楚簡與儒家的仁義之辨〉，《齊魯學刊》，1999 年第 5 期。

757. 羅運環〈郭店楚簡的年代、用途及意義〉，《湖北大學學報》，1999 年第 2 期。

758. 羅運環〈論郭店一號楚墓所出漆耳杯文及墓主和竹簡的年代〉，《考古》，2000 年第 1 期。

759. 羅熾〈《太一生水》辨〉，《湖北大學學報》（哲學社會科學版），2004 年第 6 期。

760. 羅熾〈郭店楚墓竹簡印象〉，《湖北大學學報》（哲學社會科學版），1999 年第 2 期。

761. 藪敏裕（YABU TOSHIHIRO）〈《詩》的最初意義與郭店楚簡《緇衣》篇〉，陳中浙翻譯，《清華大學學報》（哲學社會科學版），2002 年第 17 卷第 2 期。

762. 譚寶剛〈《太一生水》乃老聃遺著〉，荊門郭店楚簡研究中心編《古墓新知》，香港：國際炎黃文化出版社，2003 年。

763. 譚寶剛〈《太一生水》文化意蘊新解〉，《周口師範學院學報》，

2004 年第 4 期。

764. 譚寶剛〈再論《太一生水》乃老聃遺著〉,《徐州師範大學學報》(哲學社會科學版),2004 年第 4 期。

765. 譚寶剛〈近十年來國內郭店楚簡《太一生水》研究述評〉,《史學月刊》,2007 年第 7 期。

766. 譚寶剛〈郭店楚簡《太一生水》「托其名」思想探微〉,《安徽大學學報》(哲學社會科學版) 第 31 卷第 4 期,2007 年 7 月。

767. 譚寶剛〈郭店楚簡《老子》釋讀札記四則〉,《牡丹江教育學院學報》,2005 年第 2 期。

768. 蘇建洲〈「郭店」、「上博(2)」考釋五則〉,《中國文字》新 29 期,2003 年 12 月。

769. 蘇建洲〈郭店楚墓竹簡〈五行〉初探〉,《語文學報》第 10 期,2003 年 12 月。

770. 蘇建洲《《郭店・緇衣》考釋一則〉,「簡帛研究」網站,2003 年 6 月 25 日。

771. 饒宗頤〈涓子〈琴心〉考—由郭店雅琴談老子門人的琴學〉,《中國學術》第 1 輯,2000 年 12 月。

772. 躍進〈振奮人心的考古發現—略說郭店楚簡的學術史意義〉,《文史知識》,1998 年 8 期。

773. 顧史考〈以新出楚簡重遊中國古代的詩歌音樂美學〉,《政大中文學報》第 1 期,2004 年 6 月。

774. 顧史考〈從禮教與刑罰之辯看先秦諸子的詮釋傳統〉,《臺大文史哲學報》第 53 期,2000 年 11 月。

775. 顧史考〈郭店楚簡《成之》等篇雜志〉,《清華大學學報》(哲學社會科學版),2006 年第 1 期。

776. 顧史考〈郭店楚簡儒家逸書的排列調整芻議〉,《中國典籍與文化論叢》第 6 輯, 2000 年 10 月。

777. 顧史考〈郭店楚簡儒家逸書與其對台灣儒學思孟傳統的意義〉, 成功大學中文系主編《第二屆台灣儒學國際學術研討會論文集》, 1999 年 12 月。

778. 顧史考〈讀《尊德義》札記〉, 香港中文大學中國語言及文學系主辦「第四屆國際中國古文字學研討會」會議論文, 2003 年 10 月 15-17 日。

779. 權光鎬〈從郭店簡本《老子》看「絕仁棄義」問題〉,《安徽大學學報》(哲學社會科學版), 2003 年第 4 期。

780. 龔建平〈郭店簡與禮記二題〉,《武漢大學學報》(哲學社會科學版), 1999 年第 5 期。

三、　網站類[10]

1.中國出土資料學會：

　http://www.ricoh.co.jp/net-messena/ACADEMIA/SHUTSUDO/

2.孔子 2000：http://www.confucius2000.com/

3.國學：http://www.guoxue.com/

4.郭店楚簡資料庫：http://bamboo.lib.cuhk.edu.hk/

5.復旦大學出土文獻與古文字研究中心：

　http://www.gwz.fudan.edu.cn/

---

[10] 這些網站皆可瀏覽到出土文獻相關資訊與論文, 亦包括郭店楚簡相關研究, 故可視為郭店楚簡網路資料庫, 因而一併附錄。

6.戰國楚簡研究會：

http://www.let.osaka-u.ac.jp/chutetsu/sokankenkyukai/

7.簡帛研究（國際簡帛研究中心）：http://www.jianbo.org/

8.簡帛資料文哲研讀會：http://homepage.ntu.edu.tw/~d93124002/

9.簡帛道家資料暨上博新出簡研讀會：

http://www2.scu.edu.tw/philos/p1/

10. 簡帛網—武漢大學簡帛研究中心：http://www.bsm.org.cn/

國家圖書館出版品預行編目資料

郭店楚簡儒家哲學研究 ／謝君直著, -- 初版 -- 臺
北市：萬卷樓, 2008.08
　　面；　　　公分
ISBN 978－957－739－636－5 (平裝)

　　1.儒家　2.簡牘　3.先秦哲學

121.2　　　　　　　　　　　97015096

郭店楚簡儒家哲學研究

著　　　者：謝君直

發　行　人：陳滿銘

出　版　者：萬卷樓圖書股份有限公司

　　　　　　臺北市羅斯福路二段 41 號 6 樓之 3

　　　　　　電話(02)23216565．23952992

　　　　　　傳真(02)23944113

　　　　　　劃撥帳號 15624015

出版登記證：新聞局局版臺業字第 5655 號

網　　　址：http://www.wanjuan.com.tw

E －mail　：wanjuan@tpts5.seed.net.tw

承印廠商：晟齊實業有限公司

定　　　價：340 元

出版日期：2008 年 8 月初版

（如有缺頁或破損，請寄回本公司更換，謝謝）

◉版權所有　翻印必究◉

ISBN：978－957－739－636－5